高校入試 特訓 シリーズ

英語長文 難関攻略 33選

改訂版

東京学参
gakusan.co.jp

はじめに

――難関高校合格を目指して，この本を手にしている中学生のみなさんへ

本書は，全国の難関高校を第１志望にし，英語長文の読解力を高めようと考えている中学生のみなさんに向けて書かれたものです。ここでは本書の特長と，そのねらいについて説明します。

Ⅰ ― 実際の難関高校入試問題を使用しています。

難関高校入試で必要とされる知識力や判断力は，難度の高い長文や設問をこなすことによって身につくものです。様々な難関高校の入試問題を解くことによって，志望校に合格する学力を手に入れることができるのです。また，実際の入試問題の「質，量，出題傾向」を体感することにより，志望校への思いも高まるはずです。

本書は，550題を超える難関高校長文問題を分析・検討し，10のジャンル（**論説文〈自然科学〉**，**〈社会科学〉**，**物語文**，**歴史・伝記**，**紹介文**，**エッセイ**，**会話文**，**手紙文**，**資料読解**，**メール・チャット**）を設け，１つのジャンルにつき2~4題を厳選しました。このような構 成にこだわったのは，文体や文章の流れに大きな違いがあり，それぞれのジャンルに特有の読み方があると考えたからです。１つのジャンルの文章を集中的に読むことで，本番で出題される長文のジャンルがわかり，落ち着いて読み進めることができます。

さらに，１つのジャンル内で，「比較的取り組みやすい長文」から「手ごたえのある長文」へと，ステップアップできるように配列しています。少しずつ難易度を高めることで，みなさんが本書を滞りなく最後まで学習できるように配慮しました。

Ⅱ ― 長文問題の「本文」が理解できるように，詳しく説明しています。

みなさんの中に，長文の内容理解があいまいなのに設問は解けてしまい，結果的に高得点をあげている人はいませんか。そして心の中では，そのような状況に危機感を抱いている人はいませんか。

読解力向上のためには，正面から英文に向きあうことが必須です。具体的には，文法的に１文１文を理解し，文と文のつながりを読み取り，そして文章の流れ，すなわち文脈を理解していくことです。この考えに基づき，本書は長文問題の本文に対して詳細な解説を加えています。特に正確な理解が必要とされる文は**構文の理解**という項目で取り上げ，文法的観点から説明しています。

構文の理解では，以下の３点について，詳しい解説を心がけました。第１に，使役動

詞，知覚動詞，分詞構文，仮定法，形式主語構文，強調構文，関係代名詞 what，関係副詞，関係詞の非制限用法，過去完了など，いわゆる「高校内容の文法事項」について。第2に，関係代名詞 that と接続詞 that の区別，名詞節・副詞節の構造理解など，「部分的には中学校で学習するが，深い知識や判断力を要する文法事項」について。第3に，等位接続詞 and, but, or の読み取り，指示語の把握，文中の語や語句の省略など，通常の文法授業ではほとんど扱われない，文と文の関係に注目して読んでいくことが求められる内容，つまり「長文読解の技術」について。

本書では，この3つのポイントを▶**文法 BOX** という項目で，詳細に説明しています。文法理解を土台として，長文問題の本文に積極的にアプローチをかけていく姿勢，つまり，英文精読の姿勢を培っていきます。本書で取り上げた文法事項をマスターすることで，みなさんの英語力は，飛躍的に向上するでしょう。

問題演習後，×の設問については**設問の解説**を熟読し，正解と自分の解答とのズレがどこから生じてきたのかを見つめてください。また，○の設問についても解説を読み，自分の理解が客観的に正しかったことを確認してください。

なお本書では，中学生向けに執筆するという観点から，略字や記号（SVOC など）をあまり使用していません。みなさんの中には，これらの記号に慣れ親しんでいる人も多くいると思います。本書の解説部分に，自分で記号をつけていくのもよいでしょう。

Ⅲ― 効果的な語彙学習ができるように，本文に現れた語や語句の意味を示しています。

難関高校の入試問題を解く上で，単語・熟語の学力は不可欠です。単語・熟語は，英語学習のいわば「主食」「米」のようなものです。新しい単語・熟語に出会うたびに，こまめに覚えていくことが，語彙力強化と読解力強化をもたらします。

そこで本書では，自己学習の利便性向上のために，長文問題ごとに，本文に現れた難度の高い語や語句を一覧できるようにしました。合計で約 400 語になります。英和辞典で意味を調べるのは重要な学習ステップですが，時間的に無理だという人もいると思います。そのようなときは，**語句の整理**という項目を有効活用してください。その後，本文を何度も読みなおすことで，徐々に意味を覚えられるでしょう。

Ⅳ― 長文問題の「設問」に対して，正解の根拠を詳細に解説しています。

英語長文問題には，本文の文法理解と内容理解に基づいて解答を導く，「本文から設問へ」の解き方と，設問で問われている内容を本文に戻って見つけ出すことで解答を導く，「設問から本文へ」の解き方があります。内容一致問題は，「本文から設問へ」と「設問から本文へ」を同時に行うことが必要なので，みなさんは難しく感じるかもしれません。

本書は，1つ1つの設問に対して詳細な解説を加えています。**設問の解説**を理解することにより，「本文から設問へ」と「設問から本文へ」の双方向の学習が可能になります。難度の高い設問については，特に詳しく説明を加えました。

たとえば，内容一致問題では，本文のどの部分が一致するのか，または一致しないのかを指摘し，意味内容の細かな違いについて，明確に示しました。

また，記述問題では，何をどのように書けば正解となるのかを，解答で具体的に示しました。記述問題の勉強法がよくわからない人は，まず問題演習に取り組み，自分で答案を作成し，解説で要求されている正解のポイントを理解してください。そして，そのポイントが自分の答案に含まれているのかをチェックしてください。さらに，模範となる**設問の解答**を読み，再び自分の答案と比較してみましょう。

その他の設問についても，解答へのプロセスを具体的に明示しています。

V — 本文を完全に理解できるように，本文と全訳を照合できるようにしています。

本書は，「本文の理解をおろそかにしない」「読み取りにくい英文から目をそらさない」という意欲のある中学生に向けて書かれています。復習のとき本文を通読し，英文の意味が理解しにくいときは，**全訳**を読んで内容理解に努めましょう。**構文の理解**で取り上げた英文については，全訳部分でも書体を変えて強調しています。

ただし，復習時に注意してほしい点があります。英語長文を読んでいるはずなのに，いつのまにか全訳の暗記になってしまっていないか，ときどき自問してください。自分の中では英語の本文理解のつもりでも，日本語の全訳理解・全訳暗記になっていないか，注意してください。復習の回数が増えるにつれて，全訳を見る回数が自然に減っていくように，復習の質を高めていきましょう。

ここまで，本書の特長と，そのねらいについて説明しました。最後にもう1つ，「復習の密度の濃さ」が大切だ，という点について補足します。

みなさんの中には，同じ長文問題を何度も読む価値が果たしてあるのか，新しい長文問題にどんどんアタックしていったほうが読解力の向上になるのではないか，と考える人もいるでしょう。たしかに，多くの長文問題・過去問題を解くことも有効です。しかし，その前に，難関高校受験の土台となる上級文法内容の理解が不可欠です。難関高校合格のために必要な学力と言ってもよいでしょう。たとえば，関係代名詞なのか接続詞なのか区別できないまま，thatを何となく適当に読み飛ばしながら取り組む10題と，両者の区別を明確にしていこうという気持ちで取り組む5題とでは，その成果の差は明らかです。さらに具体例をあげると，関係詞や接続詞を駆使して書かれた英文には，ある程度のパターンがあり，他の長文でも同様な表現，同じスタイルの構文が出題されています。また，一貫性がなさそうに見える倒置や省略にも一定の規則性があり，その規則性を体得しておくことで，初めての英文も１回目で読めるようになるのです。

質の高い長文を掲載し，その長文について豊富な解説がある問題集に取り組み，志望高校の過去問題に取り組む。難関高校合格を目指す受験勉強のあり方としては，これが最善なのではないでしょうか。本書の長文問題を何度も読みなおすことで，英文を読む力（読解力）を磨きましょう。そして，過去問題にもどんどんチャレンジして，その読解力を発揮しましょう。高い読解力があれば初めて読む長文でも「よく似た英文を見たことがある」と感じられるはずです。

自分の勉強方法に確信が持てなくなったときは，**『はじめに』**を読みなおしてください。自分の勉強に対する信頼感と，前向きな気持ちがよみがえるはずです。みなさんの長文得点力向上，第１志望合格，難関高校合格を，心より願っています。

No pain, no gain.
Where there's a will, there's a way.

本書のしくみと利用法

問題編

❶問題番号

採録した33題に通し番号をつけ，学習の便宜を図りました。**■解説・解答編**の**❼参照**でも，この問題番号が使われています。たとえば「**参照 18**文法 BOX」の **18** は，問題番号を表します。

❷ジャンル名

長文のジャンルを示しています。全部で10のジャンル（**論説文〈自然科学〉**，**論説文〈社会科学〉**，**物語文**，**歴史・伝記**，**紹介文**，**エッセイ**，**会話文**，**手紙文**，**資料読解**，**メール・チャット**）を設定し，難関高校入試の長文問題の全体像を概観できるようにしました。

❸難易度

その長文の総合的な難易度を示しています。高校名や文章の長さや語彙の難しさだけで判断せず，文章の内容が理解しにくいか，設問量が多いか，設問が難しいかも含めて全体的に判断しました。おおよその目安ですが，ぜひ参考にしてください。原則として，1つのジャンル内で採録が3題の場合は **Step1** → **Step2** → **Step3** と配列し，2題の場合は **Step1** → **Step2** とし，4題の場合は **Step2** または **Step3** を2題にしました。

❹タイトル

それぞれの長文にタイトルを付けました。容易に内容が推測できるものは避け，問題演習後には文章の内容がわかるものを考えました。

❺出題校

出題校を挙げています。複数の高校が記載されている場合は，最初に書かれている高校の設問を採録しました。

❻学習のポイント

学習のポイントとして，文章を読むときのアドバイスをしています。また，**■解説・解答編**の**❻文法 BOX** のタイトルを，ここにも掲載しました。

❼行番号

行数を数えやすくし，学習の効率を上げるために，5行ごとに行番号をつけました。
■解説・解答編の❶語句の整理，❷構文の理解を読み，本文と照合する場合に活用してください。

❽本文

書体や文字間隔・行間隔に配慮し，読みやすい本文を心がけました。実際の入試問題にあわせて，本文に段落番号はつけませんでした。

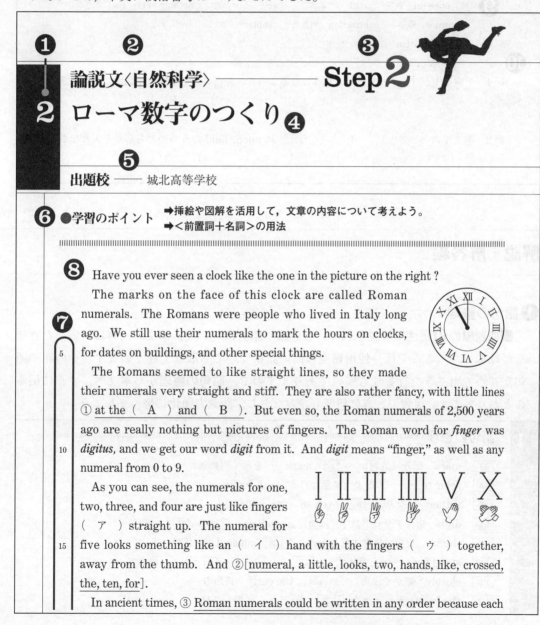

❶　❷　❸

2　**論説文〈自然科学〉** ―――― **Step 2**

ローマ数字のつくり ❹

❺

出題校 ―― 城北高等学校

❻ ●**学習のポイント**
➡挿絵や図解を活用して，文章の内容について考えよう。
➡＜前置詞＋名詞＞の用法

❽ Have you ever seen a clock like the one in the picture on the right?

❼

The marks on the face of this clock are called Roman numerals. The Romans were people who lived in Italy long ago. We still use their numerals to mark the hours on clocks, for dates on buildings, and other special things.

The Romans seemed to like straight lines, so they made their numerals very straight and stiff. They are also rather fancy, with little lines ① at the (A) and (B). But even so, the Roman numerals of 2,500 years ago are really nothing but pictures of fingers. The Roman word for *finger* was *digitus,* and we get our word *digit* from it. And *digit* means "finger," as well as any numeral from 0 to 9.

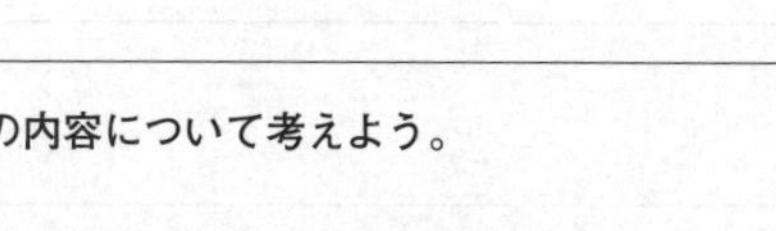

As you can see, the numerals for one, two, three, and four are just like fingers (ア) straight up. The numeral for five looks something like an (イ) hand with the fingers (ウ) together, away from the thumb. And ②[numeral, a little, looks, two, hands, like, crossed, the, ten, for].

In ancient times, ③ Roman numerals could be written in any order because each

❾語注

本文末尾の（注）は，入試問題の時点ですでにつけられていた語注です。問題演習時には，ここも目を通すようにしましょう。

❿設問

設問全体のレイアウトにも配慮し，読みやすさを追求しました。また，問題演習のときの学習効果を高めるために，解答欄も設けてあります。

❾ （注）numeral　数字　stiff　角ばった　fancy　しゃれた　nothing but ～　～にすぎない
order　順序　subtraction　引き算　subtract　引く　or　すなわち
combination　組み合わせ

❿

問１　下線部①が「上下に」という意味になるように，空所に適切な語を１語ずつ書きなさい。　(A)（　　　　　）　(B)（　　　　　）

問２　本文中の（　ア　）（　イ　）（　ウ　）に open, held のうちのどちらかを入れなさい。　(ア)（　　　　　）　(イ)（　　　　　）　(ウ)（　　　　　）

解説・解答編

❶語句の整理

■**問題編**の❾**語注**で解説されていない語や語句について，本文の内容に対応した意味をつけました。ここでは，使用頻度の高い語についても取り上げています。その語や語句が初めて出てきた行番号も書いてありますので，**語句の整理**から本文へ，すぐに戻ることができます。復習のときに何度も読みなおし，語彙力強化に努めましょう。

❶ **語句の整理**

l.2　mark　記号（名詞）／ l.4　mark　～を示す（動詞）
l.6　seem to ～　～するように思われる，～ようだ
l.7　rather　かなり／ l.8　even so　たとえそうでも
l.10　digit　指，アラビア数字／ l.10　as well as ～　～と同様に
l.16　thumb　親指（発音注意 [θʌm]）／ l.18　ancient　古代の
l.19　stand for ～　～を意味する／ l.19　as a rule　原則として，概して
l.24　closely　細かく注意して／ l.24　the early　初期の
l.25　the later　もっと後の／ l.27　for ～　～に関しては

❷構文の理解

本書の最大の特色で，**❸行番号**，**❹英文**，**❺英文の解説**，**❻文法 BOX**，**❼参照**の５つの項目から構成されています。この欄では，設問にこだわらず，難関高校入試の長文読解において求められる文法内容について詳説しています。文法的に重要な文や，節が組み合わされて長くなっている文を選びました。上級の文法内容を説明する場合には，**❻文法 BOX** を用意しました。

❸行番号

■問題編の**❽本文**で，何行目からその英文が始まっているのかを示しています。

❹英文

重要な構文の形を理解し，節や句の構造を理解するうえで役立つように，色字（**that**）・太字（**that**）・斜字（*that*）を採用しました。解説内容をもとに，カッコ・下線・矢印を用いて，自分で構造を図示することで，高い学習効果をあげることができます。

❺英文の解説

取り上げた英文に対して，詳しい解説をつけました。難関高校合格を目指す中学生に必要かつ十分な文法用語を用いて，丁寧な説明を心がけました。重要語句や重要構文は，**太字**で強調しています。

❻文法 BOX

取り上げた英文の中で，難関高校入試に必須となる上級文法内容を，さらに徹底解説しました。原則として，長文１題につき１つの文法 BOX を設けましたが，２つになっている場合もあります。本書は，長文問題集であると同時に，文法参考書の性格もあわせ持っています。この欄をマスターすることで，「高校内容」の文法事項を習得することができます。

❼参照

他の長文問題に「同一の内容」または「参照すべき内容」がある場合，参照欄を設けてあります。参照パターンは３つあります。これらの参照ページを読むことで，さらに深い理解が得られます。例をあげると，❶～❸の通りです。

❶参照 18 文法 BOX…問題番号 **18 解説・解答編** **❻文法 BOX** を参照しなさい，という指示です。１つの長文に文法 BOX が２つある場合，１番目を「文法 BOX ①」とし，２番目を「文法 BOX ②」と表記しました。

❷参照 18構文 l.15 …問題番号 **18 解説・解答編** ❷**構文の理解**で l.15 と示された❹**英文**と❺**英文の解説**を参照しなさい，という指示です。

❸参照 18本文 l.15 …問題番号 **18 問題編** 本文15行目から始まる英文を参照しなさい，という指示です。

❷

構文の理解

❸ l.2 The marks **on** *the face* **of** *this clock* are called Roman numeral. ❹

➡**＜前置詞＋名詞＞**（**前置詞句**という）は形容詞のように前の名詞を修飾するほか，副詞のように文の動詞や文全体を修飾する。ここでは前者の用法で，of this clock は直前の face を修飾し，on the face は直前の marks を修飾している。The marks on the face of this clock 全体が文の主語になっている。❺

❻

▶＜前置詞＋名詞＞の用法

The dog **under** *the chair* **by** *the window* looks ill.（形容詞句として働く）

「窓のそばのいすの下にいる犬は病気のようだ」

I saw a man **through** *the window*.（副詞句として働く）

「私は窓から男の人を見た」

➡through the window は直前の名詞 man ではなく動詞 saw を修飾している。

l.12 **As** you can see, the numerals for one, two, three, and four are just like fingers held straight up.

➡接続詞 as には「～するとき（**時**）」「～するにつれて（**比例**）」「～するように（**様態**）」「～なので（**理由**）」など様々な意味があるが，ここでは「～するように」という意味。**＜as＋主語＋動詞＞**で副詞節を作り，副詞節は主節の述語動詞または主節全体を修飾する。 ❼ 参照 **18**文法 BOX

➡the numerals for one, two, three, and four 全体が主節の主語である。A, B, C, and D と3つ以上の語や語句をつなぐ場合は，それぞれをコンマで区切り，最後の語や語句の前に and を置く。and の前のコンマは省略できる。

❽設問の解答

本書は，❶**語句の整理**，❷**構文の理解**に特徴的ですが，長文問題集としての内容にとどまらず，文法の学習参考書としての内容も，数多く盛り込んでいます。解答を参照して自分の答案を添削するのは，勉強の一部分です。このことを理解してもらおうと，本文の解説の後に，**設問の解答**を掲載しました。

❽ 設問の解答

問1 （A） top （B） bottom 問2 （ア） held （イ） open （ウ） held
問3 the numeral for ten looks a little like two crossed hands
問4 they could write Roman numerals in any order
問5 主としてスペースを省くために
問6 （エ） first （オ） second （カ） second

❾ 設問の解説

本書のもう1つの特色です。難関高校入試では，設問の解き方（コツ）を身につけておくことも有効です。各設問に詳細な解説を加えましたので，「本文を理解する読解力」だけでなく「設問を解く学力」も同時に養うことができます。また，本書を通じて過去問題対策の勉強をすることもできます。

❾ 設問の解説

問1 位置の「上下」を3語で表すなら top and bottom。
問2 （ア） hold up ～で「～を上げる，持ち上げる」の意味。ここでは straight（まっすぐに）が挿入されている。hold の過去分詞 held を入れて fingers held straight up「まっすぐに上げられた指」となるようにする。
（イ） Vの下には開いた手の絵がある。open が適切。
（ウ） Vの下の絵では親指以外の指をくっつけている。hold together ～で「～をまとめる，一緒にしておく」の意味。（ア）と同様に過去分詞 held を入れて

❿ 全訳

本文を完全に理解するために，全訳を掲載しています。英文和訳の訳例として活用できるように，訳出を工夫しました。参照しやすいように，設問の和訳部分には，必要に応じて番号や下線をつけています。また，**❷構文の理解**で取り上げた**❹英文**の和訳を，**太字**で強調しています。

❿ 全訳

これまでに右の絵のような時計を見たことがあるだろうか。

この時計の文字盤の記号はローマ数字と呼ばれている。ローマ人はずっと昔にイタリアに住んでいた人々のことである。私たちは時計の時刻を示したり，建物にある日付やその他の特別なことを示すのに，今でもその数字を使っている。

ローマ人は直線を好んだようだった，それで自分たちの数字もとてもまっすぐで角ばったものにした。また①上下に小さな横線がついていて，かなりしゃれてもいる。**しかしそれでも2500年前のローマ数字は本当は指の絵にすぎない。**指を表すローマの言葉は digitus で digit という言葉はここから来ている。そして digit は0から9までのどの数字をも意味するのと同時に，指も意味する。

目次

● 論説文〈自然科学〉

● 論説文〈社会科学〉

● 物語文

● 歴史・伝記

文法 BOX ─目次

論説文〈自然科学〉—— Step 1

1 クレモナのバイオリン

出題校 —— 国立高等専門学校・明治大学付属明治高等学校・巣鴨高等学校

●学習のポイント
➡２つの内容を対比して論じていくスタイルを学習しよう。
➡接続詞 that の名詞節

Most musicians agree that the best violins were made in Cremona, Italy, about 250 years ago. These violins sound better than any others. They even sound better than violins made today. Violin makers and scientists try to make instruments like the Italian violins. But they aren't the same. Musicians still like the old ones. Why are these old Italian violins so special ? No one really knows. But many people think they have the answer.

Some people think it is the age of the violins. ア They say that today's violins will also sound wonderful in the future. イ But there is a problem here. ウ Not all old violins sound as wonderful as the old ones from Cremona. エ There must be something different about Cremona or those Italian violins.

Other people think the secret to those violins is the wood. The wood of the violin is very important. It must be from special kinds of trees. It must not be too young or too old. The violin makers of Cremona knew a lot about wood for violins.

But the （ A ） of wood may not be so important. It may be more important to cut the wood a special way. Wood for a violin must be cut to the right size and shape. ① <u>The smallest difference will change the sound of the violin.</u> Maybe the violin makers understood more than we do about how to cut the wood.

Size and shape may not be the answer either. Scientists measured these old violins very carefully. They can make new ones that are exactly the same size and shape. But the new violins still do not sound as good as the old ones. Some scientists think the secret may be the varnish. Varnish makes the wood of the violin shiny. It also helps the （ B ） of the instrument. No one knows what the Italian violin makers used in their varnish. So no one can make the same varnish today.

There may never be other violins like the violins of Cremona. Their secret may be lost forever. Young musicians today hope this is not true. They need fine violins, and ② <u>there are not very many of the old violins left</u>. Also, the old violins are very expensive. Recently, a famous old Italian violin was sold for almost a million dollars !

(注) Cremona クレモナ（イタリアにある都市）　maker 製作者
secret 秘密　wood 木　shape 形　measure 計測する
varnish ニス　shiny ぴかぴかに　forever 永久に

問１　本文に次の１文を補うとき，最も適切な箇所を文中のア～エから１つ選び，記号で答えなさい。

So age cannot be the answer.　（　　　）

問２　本文中の（　A　）に入る最も適切な語を次のア～エから１つ選び，記号で答えなさい。（　　　）

ア kind　イ sound　ウ size　エ makers

問３　本文中の（　B　）に入る最も適切な語を次のア～エから１つ選び，記号で答えなさい。（　　　）

ア maker　イ sound　ウ shape　エ wood

問４　下線部①②を和訳しなさい。

①（　　　　　　　　　　　　　　　　　　）
②（　　　　　　　　　　　　　　　　　　）

問５　本文の内容と一致するものを次のア～カから２つ選び，記号で答えなさい。（　　　）（　　　）

ア Musicians think that the best violins were lost many years ago.
イ Some people think that new violins will sound better in the future.
ウ The Italian violin makers did not know much about violins.
エ New violins of the right size and shape sound the same as the old ones.
オ The size and shape of the violin can make a difference to the sound.
カ Some violins made today have the same varnish as the old ones.

1 クレモナのバイオリン

解説・解答

語句の整理

l.1 agree ～に同意する／ l.4 instrument 楽器／ l.16 maybe おそらく
l.19 exactly ちょうど，まさに

構文の理解

l.1 Most musicians agree **that** the best violins were made in Cremona, Italy, about 250 years ago.

➡ that は「～ということ」という意味の**接続詞**で，that から ago までが**名詞節**として agree の目的語になっている。

▶接続詞 that の名詞節

＜目的語になる that 節＞

He knows **that** Tokyo is the biggest city in Japan.

「彼は東京が日本で最大の都市だということを知っている」

＜補語になる that 節＞

The fact is **that** they don't speak English or Japanese.

「実は，彼らは英語も日本語も話さないのだ」

＜主語になる that 節＞

That he got angry was true.

➡It was true **that** he got angry. （形式主語構文 参照 **12** 文法 BOX）

「彼が怒ったのは本当だった」

l.7 **Some** people think it is the age of the violins.

l.11 **Other** people think the secret to those violins is the wood.

➡ some ～，other …は「～があれば，…もある」と，2つのものを対比して述べるときに用いる。本文のように離れている場合もある。

➡2文とも think の後に接続詞 that が省略されている。

l.8 **Not all** old violins sound as wonderful as the old ones from Cremona.

➡not all …は「すべての…が～というわけではない」という**部分否定**を表す。

➡文全体は not as ～ as …「…ほど～ない」の構造になっている。

l.9 There **must** be something different about Cremona or those Italian violins.

➡must は「～にちがいない」を表す。There must be ～は「～があるにちがいない」となる。

l.12 It **must** be from special kinds of trees. It **must not** be too young **or** too old.

➡It は前文の the wood of the violin を指す。

➡must は「～でなければならない」を表す。must not ～は「～ではいけない」となる。

➡not A or B は「A も B も～ない」を表す。

l.19 They can make new *ones* **that** are exactly the same size and shape.

➡that は**主格**の**関係代名詞**で，that ～ shape が ones を修飾している。

➡one(s) は前に出た名詞のくり返しを避けるために用いられる。ここでは violin(s) の代わりに用いられている。(l.9 の ones も同様)

l.22 *No one* knows **what** the Italian violin makers used in their varnish.

➡no one と nobody は「誰も～ない」という**全部否定**の意味で，単数扱い。これらを含む文は文全体が否定文になる。 **参照 8** 文法 BOX

➡この what は**疑問代名詞**で，what 節は**間接疑問**で knows の目的語になっている。また，what は節内で used の目的語になっている。

設問の解答

問1 エ　問2 ア　問3 イ

問4 ① ごくわずかな違いでもバイオリンの音を変えてしまうだろう。

② そうした古いバイオリンはあまりたくさん残っていない。

問5 イ，オ

設問の解説

問1　「答えはバイオリンの年齢にある」という説に対して，エの前でその反論として「すべての古いバイオリンが，クレモナの古いバイオリンほどすばらしい音が出るわけではない」と述べている。この後ろに「だから年齢は答えであるはずがない」という文が入る。cannot［can't］be ～で「～であるはずがない」という意味。

問2　直前の段落に木の「種類」が重要であるという説が書かれている。それを受けて「しかし木の種類はそれほど重要ではないかもしれない」と続け，別の説（木の切り方）を挙げている。

問3　本文はここまで，クレモナのバイオリンがなぜすばらしい「音」を出すのかについて，様々な説を紹介している。ここでは，ニスもその「音」に影響するという説を挙げている。

問4　① 最上級には even「～でさえも」という意味が含まれることがある。the smallest difference は「最も小さい違いでさえも」となるが，「ごくわずかな違いでも」と訳すとより自然である。

② left は「残っている」の意味で名詞を後ろから修飾する過去分詞。この用法の left は単独でも名詞の後ろに置かれる。また，ここでの many は名詞で「多くのもの」を表すが，not very many of ～は「～はあまり多くない」と訳すことができる。

問5　ア「最高のバイオリンは何年も前に失われたと音楽家たちは思っている」（×）　第1段落第1～3文参照。

イ「新しいバイオリンは将来，よりいい音を出すだろうと考える人がいる」（○）　第2段落第2文と一致。

ウ「イタリアのバイオリン製作者はバイオリンについてあまり知らなかった」（×）　第3段落最終文および第4段落最終文参照。

エ「正しい大きさと形の新しいバイオリンは古いものと同じ音が出る」（×）　第5段落第3，4文参照。

オ「バイオリンの大きさと形は音に影響を与えることがある」（○）　第4段落第2～4文と一致。

カ「現在製作されたバイオリンには古いものと同じニスを使っているものがある」（×）　第5段落最終文参照。

全訳

大半の音楽家は，最高のバイオリンは約250年前にイタリアのクレモナで作られたものだ，ということで意見が一致している。これらのバイオリンは他のどれよりもいい音がする。それらは現在作られているバイオリンよりもいい音を出しさえする。バイオリン製作者と科学者は，そのイタリアのバイオリンのような楽器を作ろうとしている。しかしそれらは同じではない。音楽家は依然として古いバイオリンを好む。なぜこれらの古いイタリアのバイオリンはそれほど特別なのか？　実際には誰にもわからない。しかし多くの人々は，その答えはあると考えている。

それはバイオリンの年齢である，と考える人もいる。現在のバイオリンも，将来はすばらしい音がするだろう，と彼らは言う。しかしここにひとつ問題がある。すべての古いバイオリンが，クレモナの古いバイオリンほどすばらしい音が出るわけではないのである。だから年齢が答えであるはずがない。クレモナやそれらのイタリアのバイオリンには，何か異なる点があるにちがいない。

それらのバイオリンの秘密はその木にあると考える人もいる。バイオリンの木は大変重要である。それは特別な種類の木から採られなければならない。それは若すぎても，年を取りすぎていてもいけない。クレモナのバイオリン製作者は，バイオリン用の木について多くを知っていた。

しかし木のA種類はそれほど重要ではないかもしれない。木を特別な方法で切ることの方が重要かもしれない。バイオリン用の木は，適切な大きさと形に切られなくてはならない。①ごくわずかな違いでも，バイオリンの音を変えてしまうだろう。おそらくバイオリン製作者は，木の切り方について，私たちが理解しているよりもっと理解していたのであろう。

大きさや形も答えにならないかもしれない。科学者はこれらの古いバイオリンを，大変注意深く計測した。全く同じ大きさと形の新しいバイオリンを作ることができる。しかしその新しいバイオリンは，依然として古いバイオリンほどいい音がしないのである。ニスに秘密があるのかもしれない，と考える科学者もいる。ニスはバイオリンの木をぴかぴかにし，楽器のB音質もよくする。イタリアのバイオリン製作者がニスに何を使っていたのかは，誰にもわからない。だから現在，誰も同じニスを作ることはできない。

クレモナのバイオリンのようなバイオリンは，他には決してないのかもしれない。それらの秘密は永久にわからないかもしれない。今日の若い音楽家たちはこれが事実でないことを願っている。彼らは優れたバイオリンを必要としており，②そうした古いバイオリンはあまりたくさん残っていないのだ。また，古いバイオリンは非常に高価である。最近では，ある有名な古いイタリア製のバイオリンが100万ドル近くで売られたのだ！

2 ローマ数字のつくり

出題校 ―― 城北高等学校

●学習のポイント
➡挿絵や図解を活用して，文章の内容について考えよう。
➡<前置詞＋名詞>の用法

Have you ever seen a clock like the one in the picture on the right ?

The marks on the face of this clock are called Roman numerals. The Romans were people who lived in Italy long ago. We still use their numerals to mark the hours on clocks, for dates on buildings, and other special things.

The Romans seemed to like straight lines, so they made their numerals very straight and stiff. They are also rather fancy, with little lines ① at the （ A ） and （ B ）. But even so, the Roman numerals of 2,500 years ago are really nothing but pictures of fingers. The Roman word for *finger* was *digitus,* and we get our word *digit* from it. And *digit* means "finger," as well as any numeral from 0 to 9.

As you can see, the numerals for one, two, three, and four are just like fingers （ ア ） straight up. The numeral for five looks something like an （ イ ） hand with the fingers （ ウ ） together, away from the thumb. And ②[numeral, a little, looks, two, hands, like, crossed, the, ten, for].

In ancient times, ③ Roman numerals could be written in any order because each numeral *always* stood for the same number. But as a rule, the largest numeral was written first.

Much, much later, the idea of subtraction was introduced, ④ mainly to save space. When the （ エ ） numeral is smaller than the （ オ ）, it is subtracted from the （ カ ） numeral. So Ⅳ means to subtract Ⅰ from Ⅴ（1 from 5）, or 4.

If you look closely at the picture of the clock face, you will see that it has the early Roman numeral IIII and the later Roman numeral Ⅸ. For some reason, clockmakers almost always show these two numerals this way.

For most other numbers, the Romans made combinations of the first ten numerals. Twelve was a ten and two (キ), XII. Fifteen was a ten and a five, XV. Twenty was two (ク), XX.

Letters were used as symbols for the large numbers. The Romans used L for fifty, C for one hundred, D for five hundred, and M for one thousand.

（注）numeral 数字　stiff 角ばった　fancy しゃれた　nothing but ～ ～にすぎない
order 順序　subtraction 引き算　subtract 引く　or すなわち
combination 組み合わせ

問1　下線部①が「上下に」という意味になるように，空所に適切な語を1語ずつ書きなさい。　(A) (　　　) (B) (　　　)

問2　本文中の（ ア ）（ イ ）（ ウ ）に open, held のうちのどちらかを入れなさい。　(ア) (　　　) (イ) (　　　) (ウ) (　　　)

問3　下線部②が「10を表す数字は，2つの交差させた手に少し似ている」という意味になるように，[　　　] 内の語（句）を正しい語順に並べ替えなさい。
(　　　)

問4　下線部③を能動態に書き換えなさい。
(　　　)

問5　下線部④を和訳しなさい。
(　　　)

問6　本文中の（ エ ）（ オ ）（ カ ）に first, second のうちのどちらかを入れなさい。　(エ) (　　　) (オ) (　　　) (カ) (　　　)

問7　本文中の（ キ ）（ ク ）に入る適切な語を1語ずつ書きなさい。
(キ) (　　　) (ク) (　　　)

問8　4ケタの数1964をローマ数字であらわすと，次のようになります。空所の部分を補いなさい。　M (　　　) (　　　) LXIV

論説文〈自然科学〉 **Step 2**

2 ローマ数字のつくり

解説・解答

語句の整理

[*l.*2] mark　記号（名詞）／[*l.*4] mark　～を示す（動詞）

[*l.*6] seem to ～　～するように思われる，～ようだ

[*l.*7] rather　かなり／[*l.*8] even so　たとえそうでも

[*l.*10] digit　指，アラビア数字／[*l.*10] as well as ～　～と同様に

[*l.*16] thumb　親指（発音注意 [θʌ́m]）／[*l.*18] ancient　古代の

[*l.*19] stand for ～　～を意味する／[*l.*19] as a rule　原則として，概して

[*l.*24] closely　細かく注意して／[*l.*24] the early　初期の

[*l.*25] the later　もっと後の／[*l.*27] for ～　～に関しては

構文の理解

[*l.*2] The marks **on** *the face* **of** *this clock* are called Roman numeral.

➡**＜前置詞＋名詞＞**（**前置詞句**という）は形容詞のように前の名詞を修飾するほか，副詞のように文の動詞や文全体を修飾する。ここでは前者の用法で，of this clock は直前の face を修飾し，on the face は直前の marks を修飾している。The marks on the face of this clock 全体が文の主語になっている。

▶＜前置詞＋名詞＞の用法

The dog **under** *the chair* **by** *the window* looks ill.（形容詞句として働く）

「窓のそばのいすの下にいる犬は病気のようだ」

I saw a man **through** *the window*.（副詞句として働く）

「私は窓から男の人を見た」

➡ through the window は直前の名詞 man ではなく動詞 saw を修飾している。

l.6 The Romans seemed to like straight lines, **so** they **made** their numerals *very straight and stiff.*

➡接続詞的に用いられる so は，前にコンマがある場合，「それで～，だから～」と**結果**を表す。

➡**＜ make ＋～（目的語）＋…（補語）＞**は「～を…にする」という意味。ここでは目的語が their numerals，補語が very straight and stiff である。

l.12 **As** you can see, the numerals for one, two, three, and four are just like fingers held straight up.

➡接続詞 as には「～するとき（**時**）」「～するにつれて（**比例**）」「～するように（**様態**）」「～なので（**理由**）」など様々な意味があるが，ここでは「～するように」という意味。**＜ as ＋主語＋動詞＞**で副詞節を作り，副詞節は主節の述語動詞または主節全体を修飾する。 参照 **18** 文法 BOX

➡ the numerals for one, two, three, and four 全体が主節の主語である。A，B，C，and D と 3 つ以上の語や語句をつなぐ場合は，それぞれをコンマで区切り，最後の語や語句の前に and を置く。and の前のコンマは省略できる。

l.18 In ancient times, Roman numerals **could be written** in any order **because** each numeral *always* stood for the same number.

➡**助動詞**を含む文の**受動態**は**＜助動詞＋ be ＋過去分詞＞**で表す。

➡**接続詞** because は，**＜ because ＋主語＋動詞＞**で「～が…するので」と**原因・理由**を表す副詞節を作る。

l.30 The Romans used L for fifty, C for one hundred, D for five hundred, **and** M for one thousand.

➡ L for ～，C for ～，D for ～，and M for ～と，A，B，C，and D の形で列挙され，L，C，D，M のそれぞれが，used の目的語になっている。また，この for は「～として」を表す。

設問の解答

問1 (A) top (B) bottom 問2 (ア) held (イ) open (ウ) held
問3 the numeral for ten looks a little like two crossed hands
問4 they could write Roman numerals in any order
問5 主としてスペースを省くために
問6 (エ) first (オ) second (カ) second
問7 (キ) ones (ク) tens 問8 C, M

設問の解説

問1 位置の「上下」を3語で表すなら top and bottom。

問2 (ア) hold up ～で「～を上げる，持ち上げる」の意味。ここでは straight（まっすぐに）が挿入されている。hold の過去分詞 held を入れて fingers held straight up「まっすぐに上げられた指」となるようにする。

(イ) Ⅴの下には開いた手の絵がある。open が適切。

(ウ) Ⅴの下の絵では親指以外の指をくっつけている。hold together ～で「～をまとめる，一緒にしておく」の意味。(ア) と同様に過去分詞 held を入れて fingers を後ろから修飾する形にする。

問3 直前の2文を参考にして「10を表す数字」を the numeral for ten とする。「～に似ている」は look like ～。「2つの交差させた手」は two crossed hands とする。crossed は hands を前から修飾する形容詞的用法の過去分詞。

問4 一般不特定の人々を表す they を主語にする。be written は write にし，受動態の文の主語 Roman numerals を write の目的語にする。

問5 to save「～を節約するために，省くために」は was introduced を修飾する副詞的用法の不定詞。mainly は前から to save space を修飾している副詞。

問6 直後の文 So Ⅳ means ～参照。ⅣはⅤ (5) 引くⅠ (1)，つまり4とある。
(エ)1番目の数字が (オ)2番目の数字より小さければ1番目の数字は (カ)2番目の数字から引かれる，という文になる。

問7 (キ) 12は1つの10と2つの1でⅫ。よって two ones となる。one を複数形にすることに注意。

(ク) ⅩⅩはⅩ (10) が2つ並んでいるので two tens となる。

問8 最後の2文参照。Lは50，Cは100，Mは1000を表す，とある。Ⅹは10を表すので M＝1000，LⅩ＝60，ⅠⅤ＝Ⅳ＝4となる。900は1000から100を引いた数なので，CMとなる。

全訳

これまでに右の絵のような時計を見たことがあるだろうか。

この時計の文字盤の記号はローマ数字と呼ばれている。ローマ人はずっと昔にイタリアに住んでいた人々のことである。私たちは時計の時刻を示したり，建物にある日付やその他の特別なことを示すのに，今でもその数字を使っている。

ローマ人は直線を好んだようだった，それで自分たちの数字もとてもまっすぐで角ばったものにした。また①上下に小さな横線がついていて，かなりしゃれてもいる。しかしそれでも2500年前のローマ数字は本当は指の絵にすぎない。指を表すローマの言葉はdigitusでdigitという言葉はここから来ている。そしてdigitは0から9までのどの数字をも意味するのと同時に，指も意味する。

見てわかるように，1，2，3，4を表す数字は，まっすぐに上げた指にちょうどよく似ている。5を表す数字は，手を開いて親指以外の指をぴったりと合わせ，親指から離したものにいくぶん似ている。そして②10を表す数字は2つの交差させた手に少し似ている。

古代では，ローマ数字は各数字が常に同じ数を表していたので，③どのような順序でも書き表すことができた。しかし原則として最も大きな数字がはじめに書かれた。

ずっと後になって④主にスペースを省くために引き算の考え方が取り入れられた。(エ)1番目の数字が（オ)2番目の数字より小さい場合，1番目の数字は（カ)2番目の数字から引かれることになる。だからⅣはⅤからⅠを引く（5から1を引く)，すなわち4を意味する。

時計の文字盤の絵をよく見ると，初期のローマ数字のIIIIと後期のローマ数字のⅨがあることがわかるだろう。何らかの理由で，時計職人はこのように大体いつも，こうした2つの数字を用いて表している。

他のほとんどの数字に関しては，ローマ人は最初の10個の数字を組み合わせた。12は1つの10と2つの（キ)1でⅫ，15は1つの10と1つの5でXV，20は2つの（ク)10でXXとなった。

文字は大きな数を表すものとして使われた。ローマ人は，Lは50，Cは100，Dは500，Mは1000を表すものとして用いたのである。

論説文〈自然科学〉 ―――――― Step 3

3 味覚のメカニズム

出題校 ―― 巣鴨高等学校

●学習のポイント
➡長い文が多い。接続詞や関係代名詞に着目して読み進めていこう。
➡関係代名詞 **what** の用法

The sense of taste is one of life's little pleasures. Taste also keeps you from eating things that may harm your body. Here is a look at how this special sense does its job.

Taste is one of the first senses animals ever had. A long long time ago, even one-celled animals could taste their food. But pleasure is not ① the main purpose of taste. A good flavor draws animals to foods that are safe to eat. A bad flavor turns them away from poisons. Even today, this difference helps animals as well as humans know which foods are safe to eat and which ones will make ② them sick. It is still important to taste the difference between ③(____) water and salt water, ③(____) meat and bad meat, and safe plants and dangerous ④ ones.

Taste is a chemical sense. People sense the chemical makeup of foods through taste buds in the mouth. It's easy to see the little bumps on your tongue. What you can't see are the 100 taste buds on each of those ⑤ bumps. If you could make a taste bud many times larger, it would look much like a flower bud. Humans each have about 9,000 taste buds !

Most taste buds are on the tongue. However, some may be on the roof of the mouth and in the back of the throat. ⑥[________________]. That's because, unlike adults, babies have taste buds on the insides of the cheeks.

Today, there seem to be more and different kinds of foods to choose from. And the creative ways to put these many foods and flavors together are endless. Even if you mix them in any way, there are only four types of flavors: sweet, sour, bitter, and salty. The taste buds grouped in different parts of the mouth sense each type. Those at the tip of the tongue pick up salty flavors. The taste buds that pick up sweet flavors start at the front of the tongue and end about halfway back. At the back of the tongue are taste buds that sense bitter flavors. Taste buds that tell you something is sour run along the sides of the tongue. The tongue also has special cells that pick up spicy flavors, like hot peppers.

If the tongue and food are dry, there is no taste at all. When you eat, the food mixes with ⑦ the saliva, water that makes chewed food wet in your mouth. That mixture "fits" into the right type of taste bud. The taste bud cells that receive the flavor tell the tongue about ⑧ it. Then nerves in the tongue send a message to the brain, which tells you about the flavor.

The sense of taste in humans is not very strong. It needs help from the sense of smell. As a test, close your eyes and hold your ⑨(______) shut while putting some food into your mouth. You probably cannot tell what kind of food it is. The need to smell foods is the reason you can't taste them well when you have a cold. Your ⑨(______) is blocked, so the smell cannot get through to your mouth.

（注）one-celled　単細胞の　chemical　化学的な　makeup　成分
taste bud　味蕾（みらい），味覚芽　bump　突起物　cell　細胞
chewed　かみくだかれた　fit　うまく溶け込む　nerve　神経

問１　下線部①の内容を最も適切に表しているものを次のa～eから１つ選び，記号で答えなさい。　（　　　）

a　食べ物を味わうこと。
b　有害な食べ物をさけること。
c　好きな味と嫌いな味を区別すること。
d　舌の感覚を鋭敏にすること。
e　味を記憶すること。

問２　下線部②④⑧の指すものを本文中の英語で答えなさい。

②（　　　　　　）④（　　　　　　）
⑧（　　　　　　）

問３　下線部③の空所にfで始まる共通する語を補いなさい。

（　　　　　　）

問４　下線部⑤は口の中におよそいくつ存在するか，次のa～eから１つ選び，記号で答えなさい。　（　　　）

a　9　　b　90　　c　900　　d　9,000　　e　90,000

問５　下線部⑥の空所に入る最も適切な文を次のａ～ｄから１つ選び，記号で答えなさい。
（　　　　　　）

a　A baby has more taste buds than an adult has
b　A baby has fewer taste buds than an adult has
c　A baby has as many taste buds as an adult has
d　A baby has as big taste buds as an adult has

問６　下線部⑦の意味を日本語で書きなさい。（　　　　　　　　　　　　　　　　　　　　）

問７　下線部⑨の空所に共通する語を補いなさい。（　　　　　　　　　　　　　　　）

問８　次の食べ物の味を感じ取るのは舌のどの部分か，
右の図の番号で答えなさい。

a　砂糖（　　　　）　b　レモン（　　　　）

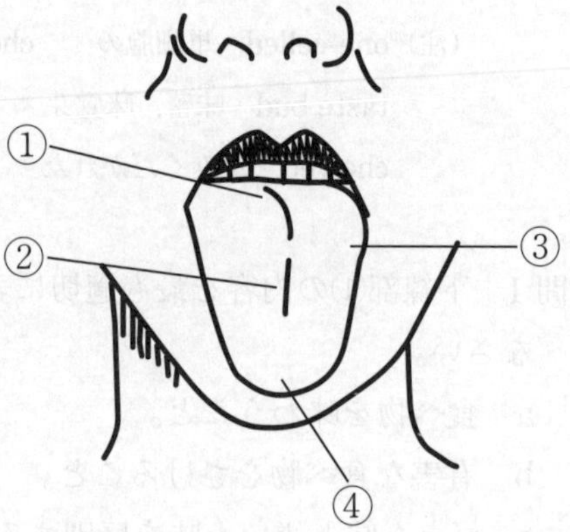

問９　本文の内容と一致するものを次のａ～ｄから１つ選び，記号で答えなさい。
（　　　　　　）

a　香辛料のきいた味は，舌全体及びほおの内側に点在する味覚芽を通して認知される。
b　食べ物にはいろいろな味があるが，４種類の味にしか分類されない。
c　舌が乾ききった状態でも，舌の細胞と神経の働きにより，味として感じられる場合がある。
d　水分が加わると，舌の働きは活発になり，味に対する感覚が鋭くなる。

MEMO

論説文〈自然科学〉 Step 3

3 味覚のメカニズム

解説・解答

語句の整理

l.2 harm ～を害する／l.6 draw A to B AをBに引き寄せる

l.20 endless 無限の／l.21 in any way どんなやり方でも

l.22 grouped in ～ ～にまとめられた／l.23 tip 先端

l.26 run along ～に沿って続いている／l.32 brain 脳

l.36 need 必要（名詞）／l.37 get through 通り抜ける

構文の理解

l.2 **Here is** a look at **how** this special sense does its job.

➡ Here is ～は「～です，～があります」という意味で，人や物を紹介する言い方。名詞 look はここでは「概観」を表す。直訳すると「～についての概観がある」となるが，新しい話題の導入部分として「～について見てみよう」と訳すとよい。

➡ how 以下は前置詞 at に続く**間接疑問**である。

l.7 Even today, this difference **helps** animals as well as humans *know* **which** foods are safe to eat and **which** ones will make them sick.

➡**＜help ＋～（目的語）＋（to ＋）動詞の原形＞**は「～が…するのを手伝う［するのに役立つ］」を表す。help animals know で「動物が知るのに役立つ」という意味になる。目的語と動詞の原形は，意味的に＜主語－動詞＞の関係である。

➡無生物主語の文として，主語 this difference を原因・理由のように訳すこともできる。

参照 **7** 文法 BOX

➡ which foods are safe to eat と which ones will make them sick は，それぞれ know の目的語になる**間接疑問**で「どんな食べ物が～か」を表す。to eat は safe を修飾する副詞的用法の不定詞で「食べるのに安全な」となる。

*l.*12　**What** you can't see are the 100 taste buds on each of those bumps.

➡このwhatは先行詞を含む**関係代名詞**で，「～こと，～もの」を意味する。what節は**名詞節**として文全体の主語や目的語などになる。このwhat節What you can't seeは文の**主語**として働き，また，whatは節内でseeの**目的語**になっている。

▶関係代名詞 whatの用法

＜主語になる what 節＞

What *is important for you* is to do your best.（whatは節内で主語）

「あなたにとって大切なことは，最善をつくすことだ」

What *you said to me* was not true.（whatは節内で目的語）

「あなたが私に言ったことは本当のことではなかった」

＜目的語になる what 節＞

He gave me **what** *I wanted.*（whatは節内で目的語）

「彼は私がほしいものをくれた」

*l.*24　At the back of the tongue ***are*** **taste buds that** sense bitter flavors.

➡場所を表す語句At the back of the tongueが文頭に置かれたため，主語と動詞が**倒置**されて，＜動詞＋主語＞の語順になっている。文の動詞がbe動詞の場合に倒置の文になることが多い。

➡このthatは**主格**の**関係代名詞**で，先行詞はtaste buds。

*l.*34　As a test, close your eyes and **hold** your nose *shut* **while** putting some food into your mouth.

➡**＜hold＋～（目的語）＋過去分詞＞**は「～を…（された状態）にしておく」を表す。このshutはshut「～を閉じる」の過去分詞。目的語と過去分詞の関係はYour nose is shut.と考えることができる。

➡接続詞whileは**＜while＋主語＋動詞＞**で「～が…するあいだ［とき］」と副詞節を作る。while puttingはwhile you are puttingの＜主語＋be動詞＞を**省略**したものである。

参照 **14**構文 *l.*3

*l.*35　The need to smell foods is **the reason** you can't taste them well **when** you have a cold.

➡The need to smell foodは「食物のにおいをかぐという必要性」という意味になる。to smellは**形容詞的用法**の**不定詞**で，needとto smellは同格の関係になっている。

不定詞とそれが修飾する名詞が同格の関係のときは「～するという…」のように訳す。 参照 **6** 文法 BOX ②

➡**< the reason ＋主語＋動詞>**は「～が…する理由」という意味になる。reason の後ろに**関係副詞** why が省略されていると考えることができる。 参照 **30** 構文 *l.29*

設問の解答

問1 b　問2 ② animals (as well as humans) ④ plants ⑧ the flavor

問3 fresh　問4 b　問5 a　問6 唾液［だえき，つば］　問7 nose

問8 a ② b ③　問9 b

設問の解説

問1 直後の2つの文の内容が該当する。

問2 ②「どの食物が<u>彼ら</u>を病気にするのか」 同文前半の animals (as well as humans) を指す。

④ 3語前の plants を受けている。

⑧ 同文中ごろの the flavor を指す。

問3 difference between A and B「AとBの違い」という表現では，対照的な語を組み合わせて使うことが多い。よって，salt water と対照的な語と，bad meat と対照的な語を考える。 fresh water「淡水」 fresh meat「新鮮な肉」

問4 第3段落第4文に「それぞれの突起物上には100個の味覚芽がある」とあり，同段落最終文には「人間は約9000個の味覚芽を持つ」とある。よって突起物は，9000 ÷ 100 ＝ 90個になる。

問5 直後に「大人と違って赤ちゃんはほおの内側に味覚芽がある」とあり，大人よりも味覚芽の数が多いと考えられる。

問6 直後の water ～ mouth は the saliva と同格の語句。「かみくだかれた食物を口の中で湿らせる水分」とあるので，「唾液」だとわかる。

問7 この段落では「嗅覚が味覚を助ける」という内容が述べられているため「鼻」が適切。

問8 第5段落第5～8文より，「舌先④→塩辛い味」「舌の前方から中間②→甘い味」「舌の奥①→苦い味」「舌の両側③→すっぱい味」と読み取れる。

問9 b が第5段落第3文の内容と一致する。

全訳

味覚は人生の小さな喜びの１つである。味覚はまた，体に害を与えるかもしれないものを食べさせないようにする。この特別な感覚がどのようにしてその役目を果たすのかについて見てみよう。

味覚はこれまでに動物が持った最初の感覚のうちの１つである。はるか遠く昔，単細胞動物でさえもが食べ物を味わうことができた。しかし，喜びが味覚の①主な目的ではない。おいしい味は動物を食べても安全な食物へと引き付ける。まずい味は動物を毒から引き離す。今日においてもこの違いによって，人間と同様に動物は，どの食物が食べても安全でどれが②自分たちを病気にするものなのかを知ることができる。淡水と海水，新鮮な肉と腐った肉，安全な植物と危険な④植物の違いを味わうことは依然として重要である。

味覚とは化学的な感覚である。人々は口の中の味覚芽を通じて食物の化学的な成分を感じ取る。舌の上にある小さな突起物を見ることは容易だ。見ることができないのは，それぞれの⑤突起物上にある100個の味覚芽である。味覚芽を何倍も大きくすることができれば，それは花のつぼみそっくりに見えるだろう。人間はそれぞれ約9000個の味覚芽を持っているのだ！

ほとんどの味覚芽は舌の上にある。しかしながら，口蓋やのどの奥にもあるかもしれない。⑥赤ちゃんは大人よりも多くの味覚芽を持つ。それはなぜならば，大人と違って赤ちゃんはほおの内側に味覚芽があるからである。

今日，選ぶことのできる食物の種類はより多く，様々であるようだ。そして，このような多くの食物と味を組み合わせる創造的な方法は果てしなくある。たとえどんな方法で混ぜ合わせても，味にはたった４種類しかない。すなわち，甘い，すっぱい，苦い，塩辛い，の４種類である。口の中のいろいろな部分にまとまって分布している味覚芽が，それぞれの種類の味を感じ取る。舌の先にある味覚芽は塩辛い味を感じ取る。甘い味を感じ取る味覚芽は，舌の前方から始まりだいたい中間で終わる。舌の奥には苦い味を感じ取る味覚芽がある。すっぱいものを知らせる味覚芽は舌の両側に沿っている。舌はまた，唐辛子のような香辛料のきいた味を感じ取る特別な細胞も持っている。

舌や食物が乾燥していると，まったく味覚を感じない。食べるとき，食物は⑦唾液，つまりかみくだかれた食物を口の中で湿らせる水分と混ざりあう。その混ざりあったものが味に合った味覚芽の中にうまく溶け込む。味を感知した味覚芽細胞は，舌に⑧その味を伝える。それから舌にある神経が脳に伝達し，それがあなたに味を伝えてくれるのだ。

人間の味覚はあまり強力ではない。味覚は嗅覚の助けを必要とする。試しに，口の中に何か食べ物を入れ，目を閉じて⑨鼻をつまんでみなさい。おそらく，その食べ物の種類を言い当てることはできないだろう。かぜを引いたときに味があまりわからないのは，食物のにおいをかぐ必要があるからである。⑨鼻がつまっているので，においが口まで通り抜けることができないのだ。

論説文〈自然科学〉 Step 3

4 卵の不思議

出題校 ―― お茶の水女子大学附属高等学校

●学習のポイント ➡頭括式の文章形式に慣れよう。
➡使役動詞の文

A bird's egg is a marvelous object. People have called it "the most perfect thing in the universe." You will probably agree if you learn more about a bird's egg. Take a closer look at the next egg you open in the kitchen. All of its parts have very important jobs.

From a hen's point of view, the egg that gets into the frying pan is a failure. Its real job in nature is to give life to another bird. This can happen only if the egg is fertilized by the male bird. The new life begins in the rich yellow globe called the yolk. The yolk provides food for the new life as it grows inside the shell.

All around the yolk is the egg white. This part acts as a gentle shock absorber that protects the yolk and the developing chick. The white is primarily water, but it also holds some of the foods and minerals needed to build a bird. Around the yolk and egg white is a thin, flexible skin. Another skin is tightly attached to the inside of the shell.

You may notice that there is a pocket of air inside the egg, usually at its large end. When the mother bird lays her egg, there is no air space inside it. Instead it is filled completely by the yolk and white. But the egg cools, and as it cools, it shrinks. The shell, however, shrinks less than the inside of the egg, and leaves an empty space for air between the two skins.

The young chick needs to live on this air before it breaks out of its shell. It also gets some oxygen from outside the shell, because the shell and the skins are not completely airtight. The eggshell is an excellent package for the treasure it holds. Its curved design gives it strength. It needs to be strong enough not to break beneath the weight of the parent birds as they sit on it, but weak enough to let the young bird break out when the time comes for hatching.

Why do birds lay eggs ? Why do they not give birth to their young the way most animals do? As one scientist explained it, "A bird, if it becomes pregnant, will be too heavy to fly." By producing her young outside her body, the mother bird is still light enough to fly when it needs to escape enemies and to find food.

(注) marvelous 驚くべき　hen 雌鳥(めんどり)　failure 失敗作　fertilize 受精させる
male 雄(の)　provide A for B　AをBに供給する　shell 殻(から)
shock absorber 緩衝材(かんしょうざい)　develop 成長する　chick = baby bird
primarily 主として　tightly 堅く，しっかりと　attach A to B　AをBに付ける
lay 産む　shrink 縮む　live on ～　～を用いて生きる　oxygen 酸素
airtight 空気を通さない　curved design 曲線で出来たデザイン　strength 強さ
beneath the weight of ～　～の重みで　hatch 孵化(ふか)する　pregnant 妊娠(にんしん)した

問　本文の内容と一致するように，次の要約文の（　1　）～（　12　）に適切な語を書きなさい。

For a hen, the egg（1　　　　　）by people is not doing the right job because its real job is to give life to another bird. It can do so only when the male bird（2　　　　　）the egg. The new life begins in the（3　　　　　）part of the egg which we call the yolk. The yolk gives food to the new life growing inside the egg.

The egg white protects the yolk and the baby bird. Most of the egg white is（4　　　　　）, but it has some of the foods and minerals which are necessary for（5　　　　　）a bird's body. There are two thin skins between the egg white and the（6　　　　　）.

There is a pocket of air inside the egg. Soon after the mother bird lays her egg, there is no air space inside it. But as the egg cools, the inside of the egg shrinks（7　　　　　）than the shell and leaves an air space between the two skins. The chick inside the shell lives on the air and the oxygen from outside the shell. The air can go（8　　　　　）the shell and the skins.

The strength of the eggshell comes（9　　　　　）its curved design. The shell needs to be strong enough not to break with the weight of the parent birds that sit on it, but it needs to be weak enough（10　　　　　）the young bird to break out at the time for its hatching.

Birds do not give birth to their young the way most animals do. By laying（11　　　　　）and producing the young（12　　　　　）their bodies, they can be light enough to fly.

4 論説文〈自然科学〉 Step 3

卵の不思議

解説・解答

語句の整理

l.1 object 物，物体／l.2 universe 宇宙／l.2 probably おそらく
l.4 job 役目／l.5 point of view 観点，立場
l.5 frying pan フライパン／l.6 life 生命
l.6 only if～ ～の場合のみ／l.8 yolk 卵黄
l.9 act 機能する／l.10 protect ～を保護する
l.11 mineral ミネラル／l.12 thin 薄い／l.12 flexible 柔軟な
l.12 skin 皮／l.14 pocket くぼみ／l.15 instead （その）代わりに
l.16 completely 完全に／l.16 cool 冷える／l.18 empty 空（から）の
l.21 excellent 優れた／l.21 package 包み，パッケージ
l.21 treasure 宝物／l.25 give birth to～ ～を産む
l.27 produce ～を産む，産み出す／l.28 escape enemies 敵から逃げる

構文の理解

l.3 **Take a** closer **look** at the next egg you open in the kitchen.

➡ look は「見ること」という**名詞**。take a look は動詞 look と同じ意味になり，take a closer look at～で「～をより詳しく見る」という意味になる。同じような表現に，drink = have a drink, promise = make a promise, answer = give an answer などがある。

➡ you open ～の前に egg を先行詞とする**目的格**の**関係代名詞** that ［which］が省略されている。

l.5 From a hen's point of view, the ***egg* that** gets into the frying pan is a failure.

➡ from one's point of view は「～の立場からすると」という意味の修飾語（副詞句）。

➡ that は，文全体の主語 egg を先行詞とする**主格**の**関係代名詞**で，that ～ pan が egg を修飾している。

l.22 It needs to be ***strong enough not to*** break beneath the weight of the parent birds **as** they sit on it, **but** *weak enough to* **let** the young bird *break* out **when** the time comes for hatching.

➡主語 it は前出の the eggshell を指す。need to ～は「～することが必要だ」という意味で，to ～は名詞的用法の不定詞。

➡ but の後ろに it needs to be を補って考える。strong enough not to ～, but weak enough to …「～しないほどに強いが，…するほどに弱い（必要がある）」

➡この let は**使役動詞**で，**＜ let ＋～（目的語）＋動詞の原形＞**「～に…させてやる」の意味を持つ。目的語の後ろに動詞の原形を用いる使役動詞には，make「～に…させる」, have「～に…させる／してもらう」もある。目的語と動詞の原形は，意味的に＜主語－動詞＞の関係である。

▶使役動詞の文

My father **made** me *wash* his car.
「父は私に車を洗わせた」
I'll **have** him *get* the ticket tomorrow.
「私は明日，彼にそのチケットを手に入れてもらうつもりだ」
Let her *talk*, please.
「彼女に話させてやってください」

l.25 Why *do* they *not* give birth to their young **the way** most animals do ?

➡「なぜ～しないのか」という意味の否定疑問文。通常の語順では Why *don't* they give ～?となる。

➡**＜ the way ＋主語＋動詞＞**で「～が…するやりかた」という意味になる。ただし，ここでの the way は，接続詞的に「…するように」という意味を表すので「ほとんどの動物がするように」となる。

l.27 **By** *producing* her young outside her body,

➡ by は前置詞なので後ろに来る動詞は**動名詞**になる。by ～ing は「～することによって」という意味。producing の目的語は her young「彼女の子ども」である。

参照 **24** 文法 BOX

設問の解答

1 eaten　2 fertilizes　3 yellow　4 water　5 building　6 shell
7 more　8 through　9 from　10 for　11 eggs　12 outside

設問の解説

1　本文第2段落第1文参照。「フライパンに入る卵」は「人間に食べられる卵」といえる。過去分詞 eaten を入れて eaten by people が egg を後ろから修飾する形にする。
2　本文第2段落第3文参照。受動態を能動態にかえる。主語 the male bird は3人称単数なので動詞には -s をつける。
3　本文第2段落第4文参照。
4　本文第3段落第3文参照。
5　本文第3段落第3文参照。前置詞 for に続くので，動名詞 building にする。
6　本文第3段落最終2文参照。
7　本文第4段落最終文参照。「殻のほうが中身よりも縮まない」は「中身は殻よりも多く縮む」といえる。本文の less は little の比較級で，「より…でない」の意味。
8　本文第5段落第2文参照。「完全に空気を通さないわけではない」は「空気が通る」といえる。go through ～「～を通る」
9　本文第5段落第4文参照。come from ～「～から生じる，～に由来する」
10　… enough for － to ～「－が～するのに十分…」
11　lay eggs「卵を産む」
12　本文最終段落最終文参照。

全訳

鳥の卵は驚くべき物体だ。人々はそれを「宇宙で最も完璧なもの」と呼んできた。鳥の卵についてもっと学んだら，あなたはおそらく同意するだろう。あなたが今度台所で割る卵をより詳しく見てみなさい。卵のすべての部分に非常に大切な役目がある。

雛鳥の立場からすると，フライパンに入れられてしまう卵は失敗作だ。自然界における卵の本来の役目は，もう1羽別の鳥を誕生させることである。これは，卵が雄鶏によって受精されたときにのみ可能である。新しい命は卵黄と呼ばれる濃い黄色の球体の中で始まる。卵黄は，新しい命が殻の内側で育つあいだ，その生命に養分を供給する。

卵黄の周りはすべて卵白である。この部分は卵黄と成長中のひなを保護する，穏やかな緩衝材として機能する。卵白は主に水だが，鳥を形成するのに必要な養分やミネラルをいくらか含んでいる。卵黄と卵白の周りには薄くて柔らかい皮がある。もう1つの皮が殻の内側にしっかりとくっついている。

卵の内側の，ふつうは大きい方の底に，空気の入ったくぼみがあることに気がつくかもしれない。母鳥が卵を産んだとき，卵の内側に空気の入った空間はない。それどころかそれは卵黄と卵白で完全に満たされている。しかし卵は冷え，冷えると縮む。ところが，殻は卵の中身よりも縮まないので，2枚の皮のあいだに空気の入る空間ができる。

若いひなは殻から出る前，この空気を用いて生きなければならない。ひなは殻の外側からも酸素をいくらか得ることができる，というのも殻と皮は完全に空気を通さないわけではないからだ。卵の殻は中の宝物にとって優れたパッケージである。その曲線でできたデザインは強度を与える。それは，親鳥が上に座ったときに重みで壊れないだけの強さが必要だし，孵化するときがきたらひなが破って出てくるだけの弱さが必要だ。

なぜ鳥は卵を産むのか。なぜ彼らはほとんどの動物がするようなやりかたで子どもを誕生させないのか。ある科学者が説明したように，「鳥は，もし妊娠したら重過ぎて飛べない」のである。体外で子どもを誕生させることによって，母鳥は，敵から逃げたり食べ物を見つけたりする必要があるときに飛べるよう，軽いままでいられるのだ。

〈要約文〉

雌鳥にとって，人間に(1)食べられる卵は正しい役目を果たしていない，なぜなら卵の本来の役目はもう1羽別の鳥を誕生させることだからだ。それは雄鶏が卵を(2)受精する場合のみ可能である。新しい命は我々が卵黄と呼ぶ，卵の(3)黄色い部分で始まる。卵黄は卵の中で成長する新しい命に養分を与える。

卵白は卵黄とひな鳥を保護する。卵白の大部分は(4)水だが，鳥の体を(5)形成するのに必要な養分とミネラルをいくらか含んでいる。卵白と(6)殻のあいだには2枚の薄い皮がある。

卵の中には空気が入ったくぼみがある。母鳥が卵を産んだ直後は，その中には空気の入った空間はない。しかし卵が冷えるとき，卵の中身は殻よりも(7)多く縮んで，2枚の皮のあいだに空気の入る空間を残す。殻の中のひなはその空気と殻の外から来た酸素を使って生きる。空気は殻と皮を(8)通ることができる。

卵の殻の強さはその曲線でできたデザイン(9)から生じる。殻は上に座る親鳥の重さで割れないように強い必要があるし，幼い鳥が孵化のときに破り出てこられるよう弱い必要がある。

鳥はほとんどの動物がするようなやりかたで子どもを誕生させない。(11)卵を産んで，子どもを体の(12)外で誕生させることによって，彼らは飛べるほど十分に軽くいられるのだ。

論説文〈社会科学〉 Step 1

5 日本のアニメ

出題校 ―― 関西学院高等部

●学習のポイント
- ➡内容を列挙する **First, Second, Third** に着目しよう。
- ➡同格の表現

"What kind of things does Japan sell to other countries?" If you are asked this question, maybe you will answer "cars" or "stereos." But these days, animation (*anime*) movies and TV shows, called "cartoons" in English, are also popular Japanese (1) <u>exports</u>. For example, the Japanese cartoon *Sailor Moon* is loved by people in many different countries, and the TV show *Ultraman* can be seen around the world.

Japanese *anime* has been popular in Asia for many years. Now, it is becoming popular in America, Europe, and Australia. In America, there are many young people who (2) <u>are crazy about</u> Japanese cartoons. These people are called "*otaku*." *Otaku* sometimes use all of their money to buy the newest *anime* videos, and they like to wear the same kind of clothes that their favorite *anime* stars wear. Also, these days, most universities in America have an *anime* club and a home page on the Internet about their favorite hobby.

Americans have made and watched animation since the early 1900s. One of the first movies in America to use moving pictures was called *Humorous Phases of Funny Faces*. It was made in 1906 by a British movie maker named J.Stuart Blackton. The famous American inventor, Thomas Edison, also helped to make animation. His company created machines. They showed pictures that moved. But of course, the most famous maker of animation in American history was Walt Disney. In 1928, his company made the first cartoon with action and sound that happened together. Its name was *Mickey Mouse*. In the beginning, cartoons were only shown in movie theaters. But, in 1949, the cartoon *Crusader Rabbit* began on American television.

There are many differences between Japanese and American cartoons. First, like *Crusader Rabbit*, most cartoons in America are made for young children. But, 50% of the people in America who watch Japanese *anime* are young people from

13 to 20 years old. Second, in American cartoons, the star usually looks like a human. For example, the "Super Heroes" *Batman and Spiderman* look like real people but they are stronger than humans. In Japanese *anime*, often the hero is something not human, for example a robot like *Tetsuwan Atom*, or a monster like *Godzilla*. Third, the art and stories in American cartoons are usually very simple. But, *anime* movie makers like Hayao Miyazaki make movies with beautiful art and a deep message.

Both Japanese and American cartoons have some problems. For example, some cartoons show a lot of fighting. Some parents think that these cartoons are not good for their children to watch. Also, it can be bad for your eyes to watch these shows for hours and hours. Children should sit far away from the TV and not watch too many cartoons every day. Finally, if people watch a lot of cartoons, they will not have time to read or talk with their friends.

問 1 下線部(1)(2)の意味を文脈から判断して日本語で書きなさい。

(1) (　　　　　　　　　　　　) (2) (　　　　　　　　　　　　)

問 2 本文の内容と一致するものを次の 1 ～ 10 から 4 つ選び，番号で答えなさい。

(　　　　) (　　　　) (　　　　) (　　　　)

1 Japanese *anime* is more popular in foreign countries than Japanese cars and stereos.

2 Japanese *anime* was well-known in Asian countries before it became popular in America and Europe.

3 *Otaku* in America sometimes use all of their money to make a home page about *anime* on the Internet.

4 Thomas Edison was the first man to make an animation movie with action and sound that happened together.

5 From 1949, people in America could watch cartoons on television.

6 These days, 50 % of all young people in America watch Japanese *anime*.

7 American cartoons are different from Japanese *anime* because in American cartoons the hero usually looks like a person.

8 The stories in American cartoons are usually deeper than the stories in Japanese *anime*.

9 Some mothers and fathers do not want their children to watch some cartoons.

10 Talking about cartoons is a good way for people to make new friends.

論説文〈社会科学〉 **Step 1**

5 日本のアニメ

解説・解答

語句の整理

l.2 stereo ステレオ／l.2 animation 動画，アニメーション
l.3 cartoon 漫画／l.10 clothes 衣服／l.11 university 大学
l.14 humorous こっけいな／l.14 phase 面／l.16 inventor 発明家
l.17 company 会社／l.19 action 動き

構文の理解

l.13 One of *the first movies* in America **to use** moving pictures was called *Humorous Phases of Funny Faces.*

➡**＜the first＋名詞＋to〜＞**は「〜した最初の…」という意味で，この to〜は**形容詞的用法**の**不定詞**である。the first movies と to use は意味的に＜主語－動詞＞の関係である。 参照 **6** 文法 BOX ②

➡文全体は call A B「A を B と呼ぶ」を受動態にした A is called B の形になっている。

l.15 It was made in 1906 by a British *movie maker* **named** J. Stuart Blackton.

➡受動態＜be 動詞＋過去分詞＞の文。

➡ named は movie maker を後ろから修飾する**形容詞的用法**の**過去分詞**で，＜… named 〜＞は「〜という名前の…」という意味になる。 参照 **29** 文法 BOX

l.16 **The famous American inventor**, *Thomas Edison*, also helped to make animation.

➡名詞が他の名詞と並んで置かれ，一方が一方を説明したり，言い換えたりするとき，これらの関係を**同格**という。同格の2つの名詞の間は，コンマで区切ることが多いが，区切らない場合もある。

▶同格の表現

Ms. Green, *a friend of my mother's*, is an English teacher.
「母の友人であるグリーンさんは英語教師だ」(後ろから前へ訳出)
She happened to meet **my friend** *Emily* at the concert.
「彼女はたまたまコンサートで私の友人のエミリーに出会った」(前から後ろへ訳出)

l.24 But, 50 % of the *people* in America **who** watch Japanese *anime* are young people from 13 to 20 years old.

➡ who は people を先行詞とする**主格**の**関係代名詞で**，50 %～ *anime* が文の主語になっている。このように先行詞が関係代名詞の直前にない場合もある。

l.34 Some parents think **that** these cartoons are not good *for their children* **to watch**.

➡この that は接続詞で，that 節は think の目的語である。 参照 **1** 文法 BOX

➡ for their children は不定詞 to watch の意味上の主語である。この to watch は good を修飾する**副詞的用法**の**不定詞**。

設問の解答

問 1 (1) 輸出品　(2) に夢中である
問 2 2, 5, 7, 9

設問の解説

問 1 (1) 本文最初の文の sell to other countries に着目する。exports「輸出品」－ imports「輸入品」
(2) be crazy about ～「～に夢中である」

問 2 1「日本のアニメは外国で日本の車やステレオより人気がある」(×)　第 1 段落第 1 ～ 3 文参照。アニメのほうが人気があるとは書かれていない。
2「日本のアニメは，アメリカやヨーロッパで人気になる前にアジア諸国でよく知られていた」(○)　第 2 段落第 1，2 文と一致。
3「アメリカのオタクは，インターネット上でアニメについてのホームページを作るためにお金を全部使ってしまうことがある」(×)　第 2 段落第 5 文参照。最新のアニメビデオを買うためにお金を全部使ってしまうことがある。

4「トーマス・エジソンは動作と音声が同時に起こるアニメ映画を最初に作った人である」(×)　第3段落第4文参照。トーマス・エジソンはアニメ映画の製作を手伝った人である。

5「1949年からアメリカの人々はテレビでアニメを見ることができた」(○)　第3段落最終文と一致。

6「アメリカのすべての若者の50％が日本のアニメを見る」(×)　第4段落第3文参照。

7「アメリカのアニメは日本のアニメと異なっている，なぜならアメリカのアニメではヒーローはたいてい人間の姿をしているからだ」(○)　第4段落第4～6文と一致。

8「アメリカのアニメのストーリーはふつう日本のアニメのストーリーよりも奥が深い」(×)　第4段落最終2文参照。アメリカのアニメはふつう単純である。

9「子どもに見せたくないアニメがある親もいる」(○)　最終段落第3文と一致。

10「アニメについて話すことは人々が新しい友達を作る良い方法である」(×)　そのような記述はない。

全訳

「日本はどんなものを他の国に売っているだろうか」 もしこのような質問をされたら，おそらく「車」や「ステレオ」と答えるだろう。しかし最近は，アニメーション（アニメ）映画や，英語で“cartoon”と呼ばれるテレビ番組も人気の高い日本の⑴輸出品である。たとえば，日本のアニメの『セーラームーン』は多くの国で愛されていて，テレビ番組の『ウルトラマン』は世界中で見られる。

日本のアニメは長いことアジアで人気があった。いまは，アメリカやヨーロッパやオーストラリアでも人気が出てきている。アメリカでは，日本のアニメ⑵に夢中になっている若い人がたくさんいる。これらの人々は「オタク」と呼ばれる。オタクは時に，最新のアニメビデオを買うためにお金を全部使ってしまったり，お気に入りのアニメの主人公が着ているのと同じような服を着ることを好む。また，最近は，アメリカのほとんどの大学に，アニメクラブや彼らの大好きな趣味についてのインターネットのホームページがある。

アメリカ人は1900年代初頭以来，アニメを作り，見てきた。動画を使うアメリカの最初の映画の1つはHumorous Phases of Funny Faces（『愉快な百面相』）と呼ばれるものだった。それは1906年にJ.スチュアート・ブラックトンという名前のイギリス人映画製作者によって作られた。有名なアメリカ人発明家，トーマス・エジソンもアニメの製作を手伝った。彼の会社は機械を作り出した。その機械は動く絵を見せた。しかしもちろん，アメリカの歴史上最も有名なアニメ製作者はウォルト・ディズニーだった。1928年，彼の会社は動作と音声が同時に起こる最初のアニメを作った。その名前はミッキーマウスだった。最初，アニメは映画館でだけ上映されていた。しかし，1949年に，Crusader Rabbit（『進め！ラビット』）というアニメがアメリカのテレビで放送され始めた。

日本とアメリカのアニメには多くの相違点がある。第一に，アメリカのほとんどのアニメは，Crusader Rabbitのように幼い子ども向けに作られている。しかし，日本のアニメを見るアメリカ人の50%は13歳から20歳の若者だ。第二に，アメリカのアニメでは主人公はたいてい人間に似た姿をしている。たとえば，バットマンやスパイダーマンのような「スーパーヒーロー」は本物の人間の姿をしているが，人間より強い。日本のアニメでは，ヒーローは人間ではないことが多く，たとえば鉄腕アトムのようなロボットだったり，ゴジラのような怪獣だったりする。第三に，アメリカのアニメの美術とストーリーはふつうとても単純だ。しかし，宮崎駿のようなアニメ映画製作者は，美しい美術と深い思想を持った映画を作っている。

日本のアニメにもアメリカのアニメにもいくつかの問題点がある。たとえば，たくさんの戦闘場面があるアニメもある。これらのアニメは子どもたちが見るのに良くないと考える親もいる。また，これらの番組を何時間も見るのは目に良くないこともある。子どもたちはテレビから離れて見るべきであり，毎日あまり多くのアニメを見るべきではない。最後に，もしたくさんのアニメを見るなら，読書をしたり友達と話す時間がなくなるだろう。

論説文〈社会科学〉 ―――― Step 2

6 車通勤から自転車通勤へ

出題校 ―― 筑波大学附属駒場高等学校

●学習のポイント
➡先に設問を読み，それに留意しながら本文を読もう。
➡挿入語句・節のある文　➡不定詞の形容詞的用法

San Francisco, like many other cities, is going to have a free bicycle program. The city wants to make its bad traffic problems better.

At first, only city workers can use 40 to 60 bikes. People will give their old bikes to the city for the program. If this program is successful, they can use more than 1,000 bicycles in the near future. Everyone, not just city workers, can use these bicycles.

People in Fresno, California already have a free bicycle program. In fact, this idea began in Amsterdam over 40 years ago. These programs encourage people to get out of their cars and ride bikes.

Fresno's Yellow Bike Program puts about forty bicycles in the city. The bikes are painted bright yellow so people know they can take them. When people take a yellow bike, they can ride to work or go shopping, and then leave the bike for the next rider.

In San Francisco, most people think the bike program is a good idea, but only a few say they will use it. "I will still drive my car," says Mary Brown. "San Francisco has a lot of hills. My office is at the top of a hill. And I'm not strong enough."

Tom Smith agrees, "There is too much traffic, so riding a bicycle can be dangerous. There are not very many bike lanes." He continues, "And, it's too cold in the winter. And what happens if you ride a bike to work, and then there isn't one to ride home ?"

Program leaders know there will be problems. But they think they should try it. "It's not the solution for everyone," says Sylvia Petersen. "But if just one hundred people use it every day, there will be one hundred cars that aren't on the streets and one hundred parking spaces that aren't used. I think it's a great beginning."

（注）free　無料の　　traffic　交通　　successful　成功する　Fresno　フレズノ市
Amsterdam　アムステルダム市　　encourage people to ～　人々に～するように促す
lane　車線　　solution　解決　　parking space　駐車スペース

問1　フレズノ市の Yellow Bike Program の特色を日本語で書きなさい。

（　　　　　　　　　　　　　　　　　　　　　　　　　　　　　　　　　　）

問2　サンフランシスコ市で実施されるこのプログラムの問題点を4点，日本語で書きなさい。

（　　　　　　　　　　　　　　　　　　　　　　　　　　　　　　　　　　）
（　　　　　　　　　　　　　　　　　　　　　　　　　　　　　　　　　　）
（　　　　　　　　　　　　　　　　　　　　　　　　　　　　　　　　　　）
（　　　　　　　　　　　　　　　　　　　　　　　　　　　　　　　　　　）

問3　サンフランシスコ市で実施されるこのプログラムの利点を，日本語で書きなさい。

（　　　　　　　　　　　　　　　　　　　　　　　　　　　　　　　　　　）

論説文〈社会科学〉 —— Step 2

6 車通勤から自転車通勤へ

解説・解答

語句の整理

l.9 get out of　～を降りる／l.11 bright　（色が）派手な，明るい

l.12 leave　置いていく／l.14 only a few　ほんのわずか

l.18 traffic　交通量／l.19 dangerous　危険な／l.19 continue　続ける

l.20 work　職場

構文の理解

l.1 San Francisco, **like many other cities**, is going to have a free bicycle program.

l.5 Everyone, **not just city workers**, can use these bicycles.

➡これらの文の前後がコンマで区切られた部分は**挿入**語句で，コンマの前の語句に内容を付け加える働きをするが，文法的には独立しているので「サンフランシスコ市は，他の多くの都市と同様に」と別々に訳す。語句だけでなく節＜主語＋動詞＞が挿入されることもある。

▶挿入語句・節のある文

＜語句の挿入＞	Dogs, **like some other animals**, can understand our feelings. 「犬は，いくつかの他の動物のように，私たちの感情を理解できる」
＜節の挿入＞	The nature of this school is, **I think**, very old. 「この学校の体質は，私が思うに，とても古い」

l.10 The bikes are painted bright yellow **so** people *know* they can take them.

➡接続詞的に用いられる so は，前にコンマがない場合，**＜so ＋主語＋動詞＞**で「～が…するように」と**目的**や**程度**を表す意味になる。ほぼ同じ意味を表す表現に＜so that ＋主語＋助動詞…＞がある。 参照 **9** 文法 BOX

➡ know の後に「～ということを」という意味の接続詞 that が省略されている。

l.14 In San Francisco, **most people** *think* the bike program is a good idea, but **only a few** *say* they will use it.

➡ think の後ろと say の後ろに接続詞 that が省略されている。

➡ only a few は only a few people のことで，most people と対比されている。but があることからも，この対比がわかる。

l.18 There is too much traffic, **so** riding a bicycle can be dangerous.

➡接続詞的に用いられる so は，前にコンマがある場合，**＜, so ＋主語＋動詞＞**で「そこで～は…する」と**結果**を表す意味になる。

➡ riding は「～に乗ること」という意味の動名詞で，riding a bicycle が主語になる。

参照 **24** 文法 BOX

➡この can は**可能性**を表し「(～である) こともある」という意味。

l.20 And what happens **if** you ride a bike to work, and then there isn't *one* **to ride** home ?

➡接続詞 if は，**＜ if ＋主語＋動詞＞**で「～が…するならば」と**条件**を表す副詞節になる。if 節は文末まで。what happens if ～「もし～したらどうなるか」

➡ to work は「職場へ」という意味で，to は前置詞。to ride home は「家に乗って帰るための」という意味で，to ride は**形容詞的用法**の**不定詞**。

➡不定詞の形容詞的用法は不定詞が前の（代)名詞を修飾する用法で，(代)名詞と不定詞との間に，「＜主語－動詞＞の関係」「＜目的語－動詞(＋前置詞)＞の関係」「同格的に名詞の内容を説明する関係」などがある。

▶不定詞の形容詞的用法

＜主語－動詞＞	She was *the first woman* **to come** to the party. 「彼女はパーティに来た最初の女性だった」
＜目的語－動詞＞	I have some *books* **to read** now. 「私は今，読む本を何冊か持っている」
＜目的語－動詞＋前置詞＞	I have no *friends* **to play with**. 「私には一緒に遊ぶ友達がいない」
＜同格＞	We discussed the *plan* **to take** a trip to Korea. 「私たちは韓国へ旅行するという計画について話し合った」

設問の解答

問1　黄色に塗った40台の無料自転車は自由に使えて，目的地に着いたら次の人のために乗り捨てられる。

問2　丘の上の目的地に自転車で登るのはきつい。

自転車の車線が少ないので車の交通量の多い街中を走るのは危険である。

冬に自転車に乗るのは寒い。

自転車で行った目的地から帰るとき，使う自転車が見つからないと困る。

問3　たとえ100人だけでも自転車を使えば100台の自動車が減ることになるし，駐車場も100台分不要になる。

設問の解説

問1　第4段落の内容を中心にまとめるが，第3段落に a free bicycle program とあるので「無料」という言葉も入れること。

問2　第5段落のメアリーの発言に1点，第6段落のトムの発言に3点の問題点が挙げられている。

問3　最終段落第4文，シルビアの発言参照。

全訳

サンフランシスコ市は，他の多くの都市と同様に無料自転車のプログラムを作ろうと計画している。市はそのひどい交通問題を改善したいと思っている。

最初，市内の就労者のみが40台から60台の自転車を使うことができる。人々はこのプログラムのために自分の古い自転車を寄付する。このプログラムが成功すれば，近い将来1000台以上の自転車を使うことができる。市内の就労者のみならず，みんながこれらの自転車を使うことができるだろう。

カリフォルニア州フレズノ市の人々はすでに無料自転車プログラムを持っている。実は，この考えは40年以上も前にアムステルダム市で始まった。これらのプログロムは人々に車を降りて自転車に乗るように促した。

フレズノ市の「黄色い自転車プログラム」では市内に約40台の自転車を置いている。その自転車に乗ってよいということがわかるように，自転車は明るい黄色に塗られている。人々は黄色い自転車に乗って仕事に行っても買い物に行ってもよい，そしてそのあと次の乗り手のために自転車を置きっぱなしにしておくのだ。

サンフランシスコではほとんどの人がその自転車プログラムを良い考えだと思っているが，それを自分が利用するだろうと言う人は極めて少ない。「それでも私は自分の車を運転するわ」とメアリー・ブラウンは言う。「サンフランシスコは丘が多いでしょ。私の事務所は丘のてっぺんにあるの。私は自転車で行くほど体力がないわ」

トム・スミスも同意する。「交通量が多すぎる，だから自転車に乗るのは危険だよ。自転車用の車線もあまり多くないし」 彼は続ける。「それに冬は寒すぎるよ。そしてもし仕事に自転車で行って，帰りの自転車がなかったらどうなるんだい？」

プログラムの指導者たちは，いくつも問題があることを知っている。しかし彼らは挑戦するべきだと考えている。「それは誰にでも当てはまる解決策ではありません」とシルビア・ピーターセンは語る。「しかし，もしたった100人だけでもそれを毎日使えば，道路を走らない車が100台できるし，使われない駐車スペースが100台分出るのです。私はそれはすばらしい始まりだと思います」

論説文〈社会科学〉—— Step 2

7 子どもの生存率と祖母の関係

出題校 —— 渋谷教育学園幕張高等学校

●学習のポイント
➡研究結果が詳しく書かれている。整理しながら正確に読もう。
➡無生物主語の文

What do you think of when you think about your grandmothers ? Many people have happy memories of their grandmothers. Their grandmothers loved them, listened to them carefully, and gave them toys and sweets. Sometimes, grandmothers even helped them when they had problems with their parents. For many people, their grandmothers were a very happy part of their childhood.

These days anthropologists have begun to study the role of grandmothers. Anthropologists are scientists who study people, societies, and cultures. They usually looked at parents and did not look at grandparents very carefully. But now they are studying how grandmothers also influence the survival rate of their grandchildren.

Many anthropologists now believe that the role of grandmothers in a family is very (1), and some of them have studied grandmothers within different societies and cultures. They have found that it is sometimes more important for a child to have a grandmother in the family than for a child to have a father !

Dr. Ruth Mace and Dr. Rebecca Sear, anthropologists at University College in London, collected and studied information about people in Gambia, Africa. At the time of their study, the child <u>mortality rate</u> was very high. Dr. Mace and Dr. Sear looked at children who were about one to three years old. They discovered that the presence of the child's father did not influence the <u>mortality rate</u>. However, the presence of a grandmother made the children's chances of dying 50 % less. These anthropologists made another discovery that surprised them very much. The children were only helped by the presence of their maternal grandmother — their mother's mother. The presence of their father's mother, or paternal grandmother, didn't influence the <u>mortality rate</u>.

Dr. Cheryl Jamison is an anthropologist at Indiana University in Bloomington.

She worked with other anthropologists to study the population records of a village in Japan for the period from 1671 through 1871. They found that the mortality rate for children in the village was very high. In fact, 27.5% of children died by the age of 16. They then studied girl and boy children separately and looked for the presence of grandmothers. Again, the anthropologists were (2) by their discovery. Living with a grandmother didn't make any difference in the mortality rate for girls. However, there was a great difference in the survival rate of boys. If a maternal grandmother lived with them, boys were 52% less likely to die in childhood.

Today, many children do not live with their grandmothers. However, grandmothers still have an important role in their grandchildren's lives. They still love and take care of their grandchildren, and make their lives happier, too.

（注）childhood 子ども時代　role 役割　influence 影響する　survival rate 生存率
presence 存在　discovery 発見　population record 住民の記録
separately 別々に　likely to ～ ～しそうである

問１　本文中の（ 1 ）（ 2 ）に入る適切な１語を書きなさい。

(1)（　　　　　　）　(2)（　　　　　　）

問２　下線部 mortality rate と同じような意味の語句を本文中から抜き出しなさい。

（　　　　　　）

問３　本文の内容と一致するものを次のａ～ｅから２つ選び，記号で答えなさい。

（　　）（　　）

a　It is not a long time since anthropologists started to study how grandmothers influence the survival rate of their grandchildren.

b　Although some anthropologists have started to study grandmothers, there are still many anthropologists who don't think grandmothers are important.

c　Dr. Mace and Dr. Sear found that the survival rate of the children in Gambia was not influenced by the presence of their father.

d　Dr. Jamison was an anthropologist who went to Japan in the 17th century and studied people in a village.

e　There are not many children who live with their grandmothers today, so more children should live with their grandmothers.

問４　本文中の２つの調査の結果がすべての子どもにあてはまると仮定したとき，どのような子どもの生存率が最も高くなるか，簡潔にまとめて日本語で書きなさい。

（　　　　　　）

論説文〈社会科学〉 Step 2

7 子どもの生存率と祖母の関係

解説・解答

語句の整理

l.2 memory 思い出，記憶／l.3 sweets お菓子

l.4 have problems [a problem] with～ ～のことで問題がある

l.6 anthropologist 文化人類学者／l.10 grandchildren 孫（複数形）

l.17 mortality rate 死亡率／l.20 chance 可能性／l.20 less より少ない

l.22 maternal 母方の／l.23 paternal 父方の

l.27 from A through B AからBまで

構文の理解

l.2 Their grandmothers *loved* them, *listened* to them carefully, **and** *gave* them toys and sweets.

➡主語 Their grandmothers の動詞は loved と listened と gave で，A, B, and C の形で列挙されている。

l.8 But now they are studying **how** grandmothers also influence the survival rate of their grandchildren.

➡ how は「どのように～か」という意味の**疑問詞**で，how から文末までが**間接疑問**として are studying の目的語になっている。

➡ここでの influence は「～に影響を及ぼす」という動詞で，副詞 also「もまた」は一般動詞の前に置かれるのがふつうである。

l.13 They have found that **it** is sometimes *more important* **for** a child **to** have a grandmother in the family *than* **for** a child **to** have a father！

➡接続詞 that 以下は**＜ it is … for － to ～＞**「－にとって～することは…だ」の**形式主語構文**で，…にあたる形容詞が more important と比較級になっている。ここでは for a child to have a grandmother in the family と for a child to have a father が

比較されている。 参照 12 文法 BOX

l.19 However, **the presense of a grandmother** *made* the children's chances of dying 50％ less.

➡この文の主語 the presence of a grandmother のように，人以外の主語を**無生物主語**と言う。無生物主語の文は訳し方に工夫が必要である。この文は＜ make ＋～（目的語）＋…（補語）＞「～を…にする」の文で，目的語は the children's chances of dying，補語は 50％ less になっており，直訳すると「祖母の存在は子どもが亡くなる可能性を 50％少なくした」となるが，主語を条件のように訳して「祖母がいると子どもが亡くなる可能性は 50％減少した」とすることもできる。

▶無生物主語の文

＜主語を原因・理由に訳す＞ **What** *made* you think so?
「何があなたにそう思わせたのですか」
→「あなたはどうしてそう思ったのですか」

＜主語を条件に訳す＞ **This bus** *will take* you to the town.
「このバスがあなたをその町へ連れて行きます」
→「このバスに乗ればその町へ行けます」

＜主語を譲歩に訳す＞ **The news** *didn't surprise* me.
「そのニュースは私を驚かせなかった」
→「私はそのニュースを聞いても驚かなかった」

l.31 **Living with a grandmother** didn't *make* any difference in the mortality rate for girls.

➡この文も無生物主語の文で，Living は「住むこと」という意味の動名詞。**make** のほかに，**stop**，**cause**，**take**，**bring**，**surprise** などの動詞が無生物を主語にしやすい。また，ここでは主語を譲歩に訳して「祖母と一緒に住んでも」とするとよい。

設問の解答

問 1 (1) important (2) surprised 問 2 chances of dying 問 3 a，c
問 4 母方の祖母と一緒に住む男子

設問の解説

問1 (1) 直前の段落の第1文に「文化人類学者が祖母の役割を研究し始めた」とあるので，「家庭内での祖母の役割は非常に重要だ」という流れになると考えられる。次の文に more important とあることにも着目する。

(2) 直前の段落の第6文の discovery that surprised them very much に着目。be surprised by 〜で「〜に驚く」という意味。

問2 mortality rate という語句が含まれている第4，5段落の内容と，第4段落の「彼らは，子どもの父親の存在は mortality rate に影響しないことを発見した。しかしながら，祖母の存在は子どもが亡くなる可能性を50％少なくした」という部分から，mortality rate は chances of dying「亡くなる可能性」と同じような意味の語句であるとわかる。

問3 a 「祖母がどのように孫の生存率に影響を及ぼすかを文化人類学者が研究し始めてから，長くは経っていない」(○) 第2段落の内容と一致。

b 「祖母の研究を始めた文化人類学者もいるが，祖母は重要だとは思わない文化人類学者がまだたくさんいる」(×) 第3段落第1文参照。

c 「メイス博士とシアー博士は，ガンビアの子どもの生存率は父親の存在に影響されないことを発見した」(○) 第4段落第1〜4文と一致。

d 「ジャミソン博士は17世紀に日本へ行き，ある村の人々を研究した文化人類学者だった」(×) 第5段落参照。

e 「今日では，祖母と一緒に住んでいる子どもはあまり多くないので，もっと多くの子どもが祖母と一緒に住むべきである」(×) そのような記述はない。

問4 「本文中の2つの調査の結果」は第4，5段落に書いてある。第5段落最終3文の内容から「母方の祖母と一緒に住む男子」の生存率が最も高くなると考えられる。

全訳

自分のおばあさんのことを考えるとき，あなたは何を思うか。おばあさんとの幸せな思い出がある人は多い。**おばあさんはとてもかわいがってくれて，注意深く話を聞いてくれて，おもちゃやお菓子をくれた。**ときには，両親との問題を抱えているときに，おばあさんは助けてくれさえもした。多くの人にとって，おばあさんは子ども時代のとても幸せな一部分であった。

最近，文化人類学者が祖母の役割を研究し始めた。文化人類学者とは，人間や社会や文化を研究する科学者である。彼らはたいてい両親を調査して，祖父母はあまり注意深く調査しなかった。**しかし今では，祖母もどのように孫の生存率に影響を及ぼすかを研究している。**

今では多くの文化人類学者が，家庭内での祖母の役割は非常に(1)重要だと信じていて，彼らの中には，様々な社会や文化における祖母の研究をしている人もいる。**ときには，父親がいるよりも家庭内に祖母がいるほうが，子どもにとって重要だということを彼らは発見した！**

ロンドンのユニバーシティー・カレッジの文化人類学者であるルース・メイス博士とレベッカ・シアー博士は，アフリカのガンビア国民に関する情報を収集して研究した。彼らが研究した当時は，子どもの死亡率は非常に高かった。メイス博士とシアー博士は，約1歳から3歳までの子どもを調査した。彼らは，父親の存在が子どもの死亡率に影響しないことを発見した。**しかしながら，祖母の存在は子どもが亡くなる可能性を50％減少させた。**彼らは，大変驚くべき別の発見もした。子どもは母方の祖母 ── 彼らの母親の母親 ── の存在によってのみ助けられるのであった。彼らの父親の母親である父方の祖母の存在は，死亡率に影響しなかった。

シェリル・ジャミソン博士は，ブルーミントンのインディアナ大学の文化人類学者である。彼女は他の文化人類学者と協力して，1671年から1871年までの時期の，日本のある村の住民の記録を研究した。彼らは，その村の子どもの死亡率は大変高いことを発見した。実際，子どものうちの27.5％が16歳までに亡くなっていた。それから彼らは，女子と男子を別々に研究し，祖母がいるかを調べた。文化人類学者たちは再び，自分たちの発見に(2)驚いた。**祖母と一緒に住んでも，女子の死亡率には何ら影響がなかった。**しかしながら，男子の生存率には大きな違いがあった。母方の祖母と一緒に住めば，男子は子ども時代に亡くなる可能性が52％減少した。

今日では，多くの子どもが祖母と一緒には住んでいない。しかしながら，祖母は今でも，孫の生活において重要な役割を担っている。祖母は孫をとてもかわいがって世話をし，孫の生活を幸せにもするのだ。

論説文〈社会科学〉 —— Step 3

8 テレビの影響

出題校 —— 東京学芸大学附属高等学校

●**学習のポイント**
➡序論・本論・結論からなる文章構成・論理展開に注意して読もう。
➡＜no＋名詞＞の表現

TV first appeared in 1939, but it did not become common until the early 1950s. Since then, millions of children have grown up in front of the set, and many people now worry about the effect that TV has on children, and on society. Some experts in crime, education, and psychology even say that [A]. Many ordinary parents are angry and say; "Why is there TV ? " "Who invented it ? " But why are they so afraid ? Is TV as harmful as they think ?

Like almost anything else, TV has its good and its bad sides. We should certainly thank TV for the joy and the interest that it has brought into the lives of old people, sick people and lonely people — TV has given them pleasure and opened windows on the world.

In fact TV has opened windows in everybody's life. No newspaper has ever reached so many people and shown so clearly what was happening right now in their own country and everywhere else. TV has changed information; it not only gives the news very quickly, but it also shows it in pictures — more powerful than words. We can say that TV has brought reality to the public. (B) Young men will never again go to war as they did in 1914. In those days they thought that war was a romantic adventure. Millions of people have now seen the effects of a battle, of a flood, of a fire, of a crime, of a disaster of any kind. And so they know how terrible war is and more people are against war. They also can be more interested in helping the victims of disasters or terrible illnesses that they have seen on the screen.

TV has also changed politics. A farmer who lives far away in the country can now see and hear all candidates before going to vote. As he has more information, he is more ready to vote, and so becomes more interested in politics.

On the other hand, TV's effects on children have been very harmful. They do not have enough experience to understand that [C], and that commercials are made to sell products that are sometimes bad or useless. When they see a product in commercials, they want to buy it. They think that they will make more friends if they have it. They also believe that the violence they see is common and allowed. By the age of eighteen most young people have watched about 15,000 hours of TV programs, and have seen about 18,000 acts of violence. The same things in real life may not be shocking to them. All experts in education and psychology agree that the "TV generations" are more violent than their parents and grandparents.

The same experts say that children have also lost patience. In TV shows they watch every day, everything is fast and exciting, so they do not have the patience to read a difficult book; to read a book without pictures; to listen to a teacher who doesn't do funny things like the people on children's programs. And children believe they will solve all problems happily in ten, fifteen or thirty minutes. That's the time it takes on the screen.

TV has certainly changed our lives and our society. It is true that it has some good effects, but it has also brought big problems. We must soon find an answer to these, because TV is here to stay.

（注）effect 影響　expert 専門家　crime 犯罪　psychology 心理学
harmful 有害な　battle 戦闘　disaster 災害　politics 政治
candidate 候補者　vote 投票する　product 製品　generation 世代
grandparent 祖父または祖母　patience 忍耐力

問1　本文中の［ A ］［ C ］に入れるべきものを，次の1～5から1つずつ選び，番号と空所に入れるべき英語1語を書きなさい。ただし，空所に入れる語は，本文中の［ A ］，［ C ］とそれぞれ同じ段落にあります。

[A] 番号（　　）入れるべき語（　　　　）
[C] 番号（　　）入れるべき語（　　　　）

1 families with (　　　　) should not have TV at home
2 parents should (　　　　) their children to watch TV
3 the world in TV shows is not (　　　　)
4 their (　　　　) do not want them to watch TV
5 the (　　　　) they see on TV is not harmful

問2　下線部(B)の理由として最も適切なものを次の1～4から1つ選び，番号で答えなさい。（　　　）

1 They know about war because they can see the truth on TV.
2 They often see scenes of war in TV shows and believe they are real.
3 They have seen many romantic things in TV shows.
4 They have watched TV programs about the war in 1914, and know it was terrible.

問3　本文の内容と一致するものを次の1～8から2つ選び，番号で答えなさい。
（　　　）（　　　）

1 There were many children who could enjoy watching TV in 1939.
2 Many parents are angry with the experts who say TV is harmful.
3 Thanks to TV, people who are old, sick or lonely know more about the world and enjoy themselves.
4 TV has reached many people as quickly as newspapers.
5 People often vote for a candidate who appears on TV.
6 The products shown in commercials are sometimes so good that they help the children to make more friends.
7 Children do not like to read difficult books because they always watch fast and exciting things on TV.
8 One of the biggest problems about TV is that we can no longer live without it.

MEMO

論説文〈社会科学〉 Step 3

8 テレビの影響

解説・解答

語句の整理

l.1 appear 出現する／l.1 common 一般的な／l.2 million 百万
l.4 education 教育／l.4 ordinary 普通の／l.9 lonely 孤独な
l.9 pleasure 喜び／l.15 reality 現実／l.15 public 大衆／l.18 flood 洪水
l.20 victim 犠牲者／l.20 illness 病気／l.29 violence 暴力
l.30 allow ～を許す／l.33 violent 暴力的な

構文の理解

l.7 We should certainly thank TV for *the joy and the interest* **that** it has brought into the lives of old people, sick people and lonely people —

➡ that 以下は the joy and the interest を先行詞とする関係代名詞節で，that は has brought の目的語になる**目的格**の**関係代名詞**。節中の主語 it は TV を指す。

➡ < bring A into B >で「B に A をもたらす」の意味。

l.11 **No** newspaper has ever reached **so** many people and shown **so** clearly **what** was happening right now in their own country and everywhere else.

➡ **< no ＋名詞>**は「1 つの～もない」という**全部否定**の意味で，文全体が否定文となる。ここでは動詞が現在完了形なので，「今までに～した新聞は 1 つもなかった」という意味になる。

➡ people の後ろと clearly の後ろには as TV が省略されており，文頭の No とあわせて**< no － so ～ as …>**「…ほど～なーはない」の形になっている。

➡ what 以下は（has）shown の目的語になる**間接疑問**である。

▶＜no＋名詞＞の表現

It was very dark and **no** star could be seen.
「非常に暗く，星がまったく見えなかった」
No students can answer the question.
「その質問に答えられる生徒はいない」
➡ no の後ろの名詞が数えられる名詞のときは複数形になることもある。

l.23 **As** he has **more** information, he is **more** ready to vote, **and so** becomes **more interested** in politics.

➡**＜as＋比較級～，比較級…＞**は「～するにつれて，いっそう…」という意味。
参照 **18** 文法 BOX

➡ and so は「それで，だから」と結果を表す。

l.25 They do not have enough *experience* **to understand that** the world in TV shows is not real, **and that** commercials are made to sell *products* **that** are sometimes bad or useless.

➡ to understand は experience を修飾する**形容詞的用法**の**不定詞**。 参照 **6** 文法 BOX ②

➡ that the world ～ real と that commercials ～ useless の 2 つの that 節が understand の目的語になっている。and に着目する。この 2 つの that は接続詞。

➡ products の後ろの that は products を先行詞とする**主格**の**関係代名詞**。

l.41 **It is** true **that** it has some good effects, **but** it has also brought big problems.

➡文の前半は**＜It is … that ～＞**「～ということは…だ」の**形式主語構文**になっている。that 節中の主語 it と but の後ろの it はともに TV を指す。 参照 **12** 文法 BOX

設問の解答

問 1 ［A］1，children ［C］3，real 問 2 1 問 3 3，7

設問の解説

問1　[A]　前後の文脈より，ここには子どもにテレビを見せることに反対する内容が入ると考えられる。1の空所に children を入れて，「子どもたちのいる家庭は，家にテレビを持つべきではない」という文にする。

[C]　子どもには判断能力がないことを述べる文なので，3の空所に real を入れて，「テレビ番組の中の世界は真実ではない（ことを理解するだけの経験がない）」という文にする。

問2　現代の青年は，テレビで戦争の現実を見ているので，戦争がロマンチックな冒険でないことを知っている。よって1の「彼らはテレビで真実を見ることができるので，戦争について知っている」が最も適切。

問3　1「1939年にはテレビを見て楽しむことのできる子どもが大勢いた」(×)　第1段落第1文参照。テレビが一般に広まったのは1950年代になってからである。

2「多くの親たちはテレビを有害だと言う専門家に対して怒っている」(×)　第1段落第4文参照。テレビに対して怒っている。

3「テレビのおかげで，年老いたり病気だったり孤独だったりする人は，世界についてより多くのことを知り，楽しんでいる」(○)　第2段落第2文と一致。

4「テレビは新聞と同じくらい速く多くの人々に届く」(×)　第3段落第2，3文参照。新聞よりもテレビのほうが敏速に情報を届ける。

5「人々はよくテレビに出演する候補者に投票する」(×)　そのような記述はない。

6「コマーシャルで紹介される商品はとても良いので，子どもがより多くの友達を作るのに役立つことがある」(×)　そのような記述はない。

7「子どもは，いつもテレビでスピードがあってわくわくするものを見ているので，難しい本を読むことが好きではない」(○)　第6段落第2文と一致。

8「テレビに関する最大の問題の1つは，私たちがもはやテレビなしでは生きられないことである」(×)　そのような記述はない。

全訳

テレビは1939年に出現したが，1950年代の初めまでは一般に広まらなかった。そのとき以来，何百万もの子どもたちがその装置の前で成長し，今では多くの人が，テレビが子どもたちや社会に与える影響について心配している。犯罪や教育や心理学の専門家の中には，[A]子どもたちのいる家庭は，家にテレビを持つべきではない，とさえ言う者もいる。多くの普通の親たちは，怒って「なぜテレビが存在するのか」「誰がそれを発明したのか」と言う。しかし，なぜ彼らはそんなに恐れるのか。テレビは彼らが考えるほど有害なのだろうか。

他のほとんどのものと同様に，テレビには良い面と悪い面がある。**老人や病人や孤独な人の暮らしの中にテレビがもたらした喜びや興味に対して，確かに私たちはテレビに感謝するべきである。**テレビは彼らに楽しみを与え，世界の窓を開けた。

実際，テレビはすべての人の生活の窓を開けた。**（テレビほど）多くの人に届き，（テレビほど）はっきりと自分自身の国や他のあらゆるところで何が今起きているのかを知らせた新聞は，今までになかった。**テレビは情報を変えた。テレビは，大変速くニュースを届けるだけでなく，映像でニュースを見せることもする。映像は言葉より強力である。テレビは，大衆に真実をもたらしたと言える。(B)青年たちは，1914年に戦争に行ったように，再び戦争に行こうとはしない。当時彼らは，戦争はロマンチックな冒険だと思っていた。何百万もの人々が現在，戦闘，洪水，火事，犯罪，あらゆる種類の災害などの結果を見てきている。だから彼らは，戦争がいかに恐ろしいものであるかを知っており，より多くの人が戦争に反対している。彼らは，画面上で見た災害や恐ろしい病気の犠牲者を助けることに，より興味を持つこともありうる。

テレビは政治も変えた。遠く離れた田舎に暮らす農家の人は現在，投票に行く前に，すべての候補者を見て，その話を聞くことができる。**彼は多くの情報を持つほどいっそう投票に対する準備ができ，それゆえ政治にいっそう興味を持つようになる。**

他方で，子どもに及ぼすテレビの影響は，非常に有害である。**子どもは，[C]テレビ番組の中の世界は真実ではないということと，コマーシャルは時には粗悪で無駄な製品を売るために作られている，ということを理解するのに十分な経験を持っていない。**彼らはコマーシャルで製品を見ると，それが買いたくなる。それを持っていれば，より多くの友達ができるだろうと思う。彼らが見る暴力は，一般的であり，許されることだと信じたりもする。18歳までにほとんどの青年は，約1万5000時間のテレビ番組を見て，約1万8000回の暴力シーンを見る。現実生活における同じ出来事は，彼らにとって衝撃的ではないかもしれない。教育と心理学の専門家はみな，"テレビ世代" は彼らの親や祖父母よりも暴力的であるということで意見が一致している。

同じ専門家は，子どもは忍耐力も失ったと言う。毎日見るテレビ番組では，すべてのスピードが速く，わくわくさせるものなので，**彼らには難しい本を読んだり，絵のない本を読んだり，子ども番組に出る人のようにおかしなことをしない教師の話を聞いたりする忍耐力がないのである。**そして子どもは，すべての問題は10分，15分もしくは30分で円満に解決するだろうと信じている。それは，画面上でかかる時間なのである。

テレビは確かに，私たちの生活と社会を変えた。**テレビに良い効果があることは本当であるが，それは大きな問題ももたらしている。**私たちは，これらの問題に対する答えをすぐに見つけなくてはならない。なぜなら，ここにテレビが存在するからである。

物語文 —— **Step 1**

9 パンドラの箱

出題校 —— 国際基督教大学高等学校

●学習のポイント
➡神話や民話は冒頭に主人公の紹介があることが多い。
➡< so that＋主語＋助動詞…>の表現

Once upon a time there was a woman named Pandora. The gods gave her many gifts, such as beauty and intelligence. She was a special woman. She could make many things with her hands. She made beautiful clothes.

Pandora was given (A) gift, the gift of curiosity. Since she was so curious, Pandora wanted to know about everything.

Her husband was Epimetheus. They were very happy together.

One fine day Epimetheus and Pandora were walking along a road. When they sat down under an olive tree to rest, they saw an old man walking slowly towards them. He was carrying a heavy box. Pandora stood and went up to the old man.

"What are you carrying ?" said Pandora. "It looks so heavy. May I help you ?"

"(B)," said the old man. "You are very kind."

Together, Epimetheus and Pandora carried the box to the (C). They put it down.

Then the old man said to Epimetheus and Pandora, "Thank you very much. This box is very heavy. I'm so tired. Can I leave it here for a short time ? I have to go to the next village soon. Can you (D) <u>take care of it until I come back</u> ?"

"Yes," they said. "Of course."

Pandora looked at the box. It was made of gold and had beautiful designs on it.

"But listen," said the old man. "You must not look inside the box. Do you promise ?"

"(E)" said Epimetheus. Pandora also made the promise with a smile.

They took care of the box under the olive tree. A long time passed, but the old man did not come back. Epimetheus went for a short walk, leaving Pandora on her own for a few minutes.

"I wonder what is inside this beautiful box," Pandora said to herself. "It must be something very special. The old man told us (F) open the box."

Then she put her ear next to the box. She heard a very quiet sound: "Help us, Pandora. Please, please, open the box so we can come out."

Pandora looked around. She could not see Epimetheus. She was very curious about the box, and she could not wait. She raised the top of the box and was surprised because it opened easily.

Suddenly, a great wind came out of the box. The bad spirits of sickness, hunger, and anger came out and went everywhere in the world.

Epimetheus came back. The spirit of sickness attacked him and he fell to the ground.

"Pandora, what have you done ? " he cried. "Why did you open the box ? "

"I'm sorry, Epimetheus. Please forgive me ! " Tears went down her beautiful face.

Then a beautiful spirit with wings came out of the box. It flew to Epimetheus and healed him. He was completely well again. The spirit flew away.

"What was that spirit ? " asked Epimetheus. "It wasn't a (G) spirit."

It was a spirit called Hope.

When she opened the box, Pandora brought many bad things into the world. Since then, people everywhere in the world have suffered from disease, hunger and anger. But Pandora also brought a good thing into the world. Hope is in the world.

（注）intelligence 知性 curiosity 好奇心 curious 好奇心が強い
olive オリーブ design 模様 forgive ～を許す

問1　本文中の（　A　）に入る最も適切なものを次の1～4から1つ選び，番号で答えなさい。　（　　）

1　another

2　every

3　other

4　the other

問2　本文中の（　B　）に入る最も適切な表現を次の1～4から1つ選び，番号で答えなさい。　（　　）

1　No, thank you.

2　No, you may not.

3　Yes, thank you.

4　Yes, it is.

問3　文脈から考えて本文中の（　C　）に入る最も適切なものを次の1～4から1つ選び，番号で答えなさい。　（　　）

1　next village

2　old man's house

3　olive tree

4　road

問4　下線部(D)を別の英語で言い換えたものを次の1～4から1つ選び，番号で答えなさい。　（　　）

1　discover

2　find

3　see

4　keep

問5　本文中の（　E　）に入る最も適切な表現を次の1～4から1つ選び，番号で答えなさい。　（　　）

1　Don't worry,

2　Do you think we do ?

3　It's difficult for us,

4　Yes, you can,

問6　本文中の（　F　）に入る最も適切なものを次の1～4から1つ選び，番号で答えなさい。　（　　）

1　do not

2　never

3　not to

4　you must not

問7　本文中の（　G　）に入る適切な1語を本文中から抜き出しなさい。
（　　　　）

問8　本文の内容に合うように，①～③の英語に続く最も適切なものを次の1～4から1つずつ選び，番号で答えなさい。

①　The old man asked（　　　）.

1　both Pandora and Epimetheus to take care of the box, but Epimetheus did not agree to the idea

2　both Pandora and Epimetheus to take care of the box, but Epimetheus left Pandora alone for a while

3　only Epimetheus to take care of the box because he thought he could not trust Pandora

4　only Pandora to take care of the box because he thought she was wise enough to do the job

②　Pandora opened the box because she thought（　　　）.

1　she heard someone's voice asking her for help from inside the box

2　the old man ordered only Epimetheus not to look inside the box

3　the old man would not get angry if she opened the box

4　the old man would not know if she opened the box

③　According to the story, 'to open Pandora's box' means（　　　）.

1　to break a promise which you were forced to make by someone who has power over you

2　to cause a lot of new problems that are difficult to solve

3　to open a box which has a gift for someone else inside

4　to tell people someone's secret though he or she does not want it to be spread

物語文 ―――――――――― Step 1

9 パンドラの箱

解説・解答

語句の整理

l.8 towards ～　～の方へ／ l.9 go up to ～　～に近づく
l.30 raise　～を上げる，持ち上げる／ l.32 spirit　霊，精霊／ l.32 sickness　病気
l.32 hunger　飢え／ l.33 anger　怒り／ l.40 heal　～を治す
l.44 suffer from ～　～で苦しむ

構文の理解

l.4 **Since** she was so curious, Pandora wanted to know about everything.

➡この since は＜ **since＋主語＋動詞** ＞で「～が…するので」と**理由**を表す**接続詞**で，副詞節を作る。このとき since は文頭に置かれることが多い。なお，l.44 の Since then は「そのとき以来」で，since は「～以来」を表す**前置詞**である。

l.7 **When** they sat down under an olive tree to rest, they **saw** an old man *walking* slowly towards them.

➡この when は＜ **when＋主語＋動詞** ＞で「～が…するとき」と**時**を表す**接続詞**で，副詞節を作る。

➡＜ **see＋…（目的語）＋～ing** ＞は「…が～しているのを見る」という意味で，watch, feel, hear なども同じ形をとる。これらの動詞は**知覚動詞**と呼ばれる。

参照 **16** 文法 BOX ②

l.23 Epimetheus went for a short walk, **leaving** Pandora *on her own* for a few minutes.

➡ leaving は「…，そして～」を表す**現在分詞**で，and (he) left と同じ意味である。（付帯状況を表す**分詞構文**） 参照 **11** 文法 BOX ①

➡＜ **leave＋～（目的語）＋…（補語）** ＞は「～を…のままにしておく」という意味。ここでの補語は on her own「彼女1人で」である。

l.25 “**I wonder what** *is* inside this beautiful box,”

➡**＜I wonder＋間接疑問＞**は「～かしら」と自分に問いかける表現。この間接疑問の主語は疑問詞 what なので，＜疑問詞＋動詞＞の語順になっている。

l.28 Please, please, open the box **so** we *can* come out.

➡**＜so that＋主語＋助動詞…＞**は「～が…するように」と**目的**を表す副詞節である。ここでは that が省略されている。助動詞は can/could，will/would がふつうで，may/might，should が用いられることもある。

▶＜so that＋主語＋助動詞…＞の表現

My mother made me some sandwiches **so that** I *could* eat them on the train.
「母は私が電車の中で食べられるように，サンドイッチを作ってくれた」
He closed the window **so** the wind *wouldn't* come in.（that は省略）
「彼は風が入ってこないように窓を閉めた」

設問の解答

問1 1　問2 3　問3 3　問4 4　問5 1　問6 3　問7 bad
問8 ① 2　② 1　③ 2

設問の解説

問1 パンドラは多くの贈り物を与えられており，「美」や「知性」のほか，さらに「好奇心」も与えられている。「(さらに) もう1つの」という場合，another を用いる。

問2 このあとパンドラたちは箱を運んでいるので，老人が彼女の「お手伝いしましょうか」という申し出を受けたことがわかる。

問3 l.22 に，彼らがオリーブの木の下で箱を見ていたことが書かれている。

問4 take care of ～は「～の世話をする」という意味だが，ここでは箱を「そのままにしてとっておく」という意味で用いられている。

問5 エピメテウスは箱を開けないという約束を守るつもりで，「心配しないでください」と言ったと考えられる。

問6 ＜tell＋人＋not to ～＞で「人に～しないように言う」の意味。

問7 それまでに現れた霊はすべて bad「悪い」ものだったが，最後に現れた霊はそうではなかった。

問8 ①「老人は，パンドラとエピメテウスの２人に，箱を見ていてくれるように頼んだが，エピメテウスはしばらくの間，パンドラを一人にした」
②「パンドラは箱を開けた。なぜなら彼女は，箱の中から誰かの声が自分に助けを求めているのを聞いたと思ったからである」
③「物語によると，『パンドラの箱を開けること』とは，解決が困難な，多くの新しい問題を引き起こすことを意味する」

全訳

昔，パンドラという名の女性がいた。神は彼女に，美や知性のような多くの贈り物をした。彼女は特別な女性だった。彼女はその手で多くのものを作ることができた。彼女は美しい服を作った。

パンドラは，(A)もう１つの贈り物をされていた。それは好奇心という贈り物であった。パンドラはとても好奇心が強いので，すべてのことについて知りたがった。

彼女の夫はエピメテウスだった。彼らは共にとても幸せだった。

ある晴れた日，エピメテウスとパンドラは道を歩いていた。彼らがオリーブの木の下で休もうと座ったとき，１人の老人が彼らの方へゆっくり歩いてくるのを見た。彼は重い箱を運んでいた。パンドラは立って，その老人のところへ歩いていった。

「何を運んでいるのですか」とパンドラは言った。「それはとても重そうですね。お手伝いしましょうか」

「(B)はい，ありがとう」と老人は言った。「あなたはとても親切ですね」

エピメテウスとパンドラは，一緒にその箱を(C)オリーブの木まで運んだ。彼らはそれを下に置いた。

そのとき老人が，エピメテウスとパンドラに言った。「どうもありがとう。この箱はとても重いのです。私はとても疲れました。ちょっとの間，それをここに置いていってもいいですか。私はすぐにとなりの村へ行かなくてはならないのです。私が戻るまで，それを(D)そのままにしておいてくれませんか」

「はい」と彼らは言った。「いいですよ」

パンドラはその箱を見た。それは金でできており，表面には美しい模様があった。

「でもいいですか」と老人は言った。「箱の中を見てはいけません。約束してくれますか」

「(E)心配しないでください」とエピメテウスは言った。パンドラも笑って約束をした。

彼らはオリーブの木の下でその箱を見ていた。長い時間が過ぎたが，老人は戻ってこなかった。エピメテウスは少し散歩に行き，数分間パンドラを１人にした。

「この美しい箱の中には何があるのかしら」とパンドラは思った。「それはとても特別なものに違いないわ。おじいさんは私たちに，箱を開け(F)ないように言ったもの」

それから彼女は，箱の脇に耳を当てた。彼女はとてもかすかな音を聞いた。「私たちを助けて，パンドラ。お願い，お願い，私たちが出られるように，箱を開けて」

パンドラは周りを見た。エピメテウスは見あたらなかった。彼女はその箱のことをとても知りたくなり，待つことができなかった。彼女は箱の上部を持ち上げ，それが簡単に開いたので驚いた。

突然，大きな風が箱から出てきた。病気，飢え，怒りなどの悪い霊が現れ，世界のあらゆるところへ行った。

エピメテウスは戻ってきた。病気の霊が彼を襲い，彼は地面に倒れた。

「パンドラ，君は何をしたんだ？」と彼は叫んだ。「どうしてその箱を開けたんだ？」

「ごめんなさい，エピメテウス。私を許して！」 涙が彼女の美しい顔を流れ落ちた。

そのとき，翼を持った美しい霊が箱から現れた。それはエピメテウスに向かって飛んできて，彼を治した。彼は再び，すっかり元気になった。その霊は飛び去った。

「あの霊は何だったんだろう？」とエピメテウスは聞いた。「それは(G)悪い霊じゃなかった」

それは希望と呼ばれる霊だった。

箱を開けたとき，パンドラは世界に多くの悪いものをもたらした。それ以来，世界のあらゆるところの人々は，病気や飢えや怒りに苦しめられている。しかしパンドラは，世界に良いものももたらした。世界には希望がある。

物語文 ―――――――― Step 2

10 孤児院に住む子どもと親と住む子ども

出題校 ―― 法政大学国際高等学校

●学習のポイント
➡２人の少年が置かれている状況と，その心情を読み取ろう。
➡仮定法過去・仮定法過去完了の文

In the Orphan Home lived boys and girls who had no mothers or fathers ① <u>to take</u> care of them. Larry, a boy who had been raised in the Orphan Home, told me the story about Ted.

Larry was nine years old at that time. Like all orphans, he dreamed of finding parents. He wanted a real home.

The orphans played in a big yard with a fence around it. Often Larry and the others leaned against the gate and watched children with their mothers go by outside. ② <u>At such times</u>, the children in the yard felt very lonely and unhappy.

[A] when Larry saw a boy outside the gate staring in, he angrily showed his feelings. He ran to the gate and yelled, "Get away ! "

The boy outside stepped back a little. Then he said, "My name is Ted. May I come and play ? "

"③ <u>No</u>," said Larry, angrily. "You have a home. Only boys without fathers and mothers can play in here."

The boy outside looked unhappy. Larry felt quite pleased with himself. He ran back to his friends and their ball game. But Ted didn't leave. He kept (④) to them. At last, one of the boys helped him climb the fence.

[B] Ted had a part in the game. Even Larry (⑤) friends with him.

While they were resting after the game, Larry said, "I'll bet we have more fun than you do. We have pillow fights when we go to bed. Do you have pillow fights ? "

⑥<u>"No," said Ted sadly.</u>

Larry felt happier. He had something ⑦ <u>the other boy</u> did not have. After a while he said, "You had better go home. It is getting late."

"Can't I stay with you ? " said Ted. "I like it here."

Larry looked at him in surprise. "If I had ⑧ <u>folks</u>, I wouldn't want to stay here."

Ted had tears in his eyes. "It isn't so nice at home," he said. "Can't you let me stay here ? " Between sobs he told how his parents went out almost every night and often spoke sharply to him. He thought they did not really care about him.

[C] the boys decided to get Ted secretly into the Orphan Home for the night. It was not hard to do. The building was large, with many closets and small rooms. Ted hid in a closet during supper.

After lights were out, the boys brought him food from their own suppers. They also gave him blankets so he could sleep on the floor in a storeroom.

The next day Ted said, "Maybe my mother and father will let me *stay* here."

"If *I* had a mother and father," said Larry, "I'd want ⑨ to go back. I bet they would *want* me back."

An idea came to Ted. "Maybe they will take you instead of me, and let me stay here," he said.

"They wouldn't," said Larry. But he so much wanted parents that he was always hopeful. So together ⑩ they went to Ted's house.

When they reached there, they saw a crowd in front of the house. The people were (⑪) when they saw Ted. The two boys were rushed inside.

Ted's father shook his son and shouted, "Where have you been ? We thought you had been stolen ! "

Ted's mother, her face pale, drew the boy into her arms.

"I just went to the Orphan Home," said Ted. "I know you don't really want me, so I'm going to live there." He pointed to Larry. "I'm changing places with him. I like the Orphan Home better than here."

Ted's father turned to Larry. "Did you put ⑫ this idea into his head ? " he shouted with anger.

"I did not." said Larry, backing away. "And I've changed my mind. I don't want to trade with him. The Orphan Home *is* nicer than here."

The anger in the man's face faded. Only pain was left. Then all at once Ted and his mother and father were hugging one another and weeping. Larry slipped out of the house and went back to the Orphan Home.

Ted's family moved away soon, and Larry never saw the boy again. But through the years as Larry grew up, he never forgot about Ted.

"Now," he said, after telling me the story, "⑬ I am married and have children. And you can be sure my children know that they are loved and wanted. ⑭ I know what it means not to have a loving family."

（注）the Orphan Home　孤児院　I'll bet ～　きっと～だろう　sob　むせび泣き
hug　しっかり抱く

問1　下線部①⑨の不定詞と同じ用法の不定詞を含む文を次のア～エから1つずつ選び，記号で答えなさい。　①（　　）⑨（　　）

ア　He took a taxi to get there in time.

イ　He tried to call her last night.

ウ　They were happy to hear the news.

エ　I have no friends to help me.

問2　下線部②のAt such timesとはどんなときですか。次のア～エから最も適切なものを1つ選び，記号で答えなさい。　（　　）

ア　フェンスに囲まれた庭で遊んでいるとき。

イ　本当の家がほしくなって，孤児院の外の子どもをうらやましく思ったとき。

ウ　本当のお父さんとお母さんを探したくなったとき。

エ　孤児院の外をお母さんと一緒の子どもが通り過ぎるのを見たとき。

問3　下線部③でラリーが"No,"と言った理由は何ですか。その答えとして本文の内容に合うように空所に適切な語を1語ずつ書きなさい。

—Because only children who（　　）（　　）their（　　）can play in the yard.

問4　本文中の（④）（⑤）（⑪）に入る最も適切な語句を次のア～エから1つずつ選び，記号で答えなさい。

④　ア　called　イ　to call　ウ　calls　エ　calling　（　　）

⑤　ア　had　イ　made　ウ　kept　エ　got　（　　）

⑪　ア　excited　イ　exciting　ウ　excites　エ　to excite　（　　）

問5　下線部⑥でテッドが悲しそうに答えた理由として最も適切なものを次のア～エから1つ選び，記号で答えなさい。　（　　）

ア　ラリーが悲しんだから。　イ　枕投げができないから。

ウ　枕投げを知らないから。　エ　枕がないから。

問 6　下線部⑦⑧⑩⑬は誰を指すか，次のア～クから１つずつ選び，記号で答えなさい。

⑦（　　）　⑧（　　）　⑩（　　）　⑬（　　）

ア　近所の人々　　イ　両親　　ウ　テッド　　エ　テッドの父

オ　ラリー　　カ　作者　　キ　孤児院の子どもたち　　ク　テッドとラリー

問 7　本文中の［　A　］［　B　］［　C　］に入る語句の組み合わせとして最も適切なものを次の１～４から１つ選び，番号で答えなさい。（　　）

ア Soon	イ At last	ウ One day	エ Next day

1　アーウーエ　　2　イーアーエ　　3　ウーアーイ　　4　エーイーア

問 8　下線部⑫の内容を最も適切に表しているものを次のア～エから１つ選び，記号で答えなさい。（　　）

ア　テッドがラリーと入れ替わって孤児院に入ること。

イ　ラリーがテッドと入れ替わって孤児院に入ること。

ウ　ラリーがテッドの家に一緒に泊まること。

エ　テッドとラリーが一緒にテッドの家に行くこと。

問 9　下線部⑭を和訳しなさい。

（　　　　　　　　　　　　　　　　　　　　　　　　　）

問 10　本文の内容と一致しないものを次のア～オから２つ選び，記号で答えなさい。

（　　）（　　）

ア　Larry lived in the Orphan Home and he wanted a real family.

イ　Ted wanted to play with the orphans, but Larry and the other boys didn’t play with him.

ウ　When Ted wanted to stay with the boys, they helped him eat supper and stay at the Orphan Home.

エ　Ted wanted to change places with Larry and Larry didn’t change his mind.

オ　Ted thought his parents didn’t really want him but later he found that it was not true.

物語文 ―――――― Step 2

10 孤児院に住む子どもと親と住む子ども

解説・解答

語句の整理

l.7 lean 寄りかかる／l.9 stare じっと見つめる／l.10 yell 大声を上げる
l.11 step back 後ずさりする／l.23 had better ～ ～したほうがよい
l.29 sharply 厳しい口調で／l.30 secretly 内緒で／l.34 blanket 毛布
l.38 instead of ～ ～の代わりに／l.43 rush ～を急いで運ぶ
l.46 pale 顔色が悪い／l.52 back away 遠ざかる
l.53 trade with ～ ～と交換する／l.54 fade 薄れる／l.54 pain 痛み
l.55 weep しくしく泣く／l.55 slip out of ～ ～からそっと出る

構文の理解

l.1 In the Orphan Home *lived* **boys and girls who** had no mothers or fathers to take care of them.

➡方向や場所を表す語句が文頭に置かれると，主語と動詞が**倒置**されて，＜動詞＋主語＞の語順になることがある。なお，主語が代名詞の場合は倒置されない。

➡ who は boys and girls を先行詞とする**主格**の**関係代名詞**で，boys ～ them が文の主語になっている。このように主語が長い場合は倒置の文になることが多い。

l.2 Larry, a boy **who had been raised** in the Orphan Home, *told* me the story about Ted.

➡ Larry と a boy ～ Home は**同格**の関係である。　参照 **5** 文法 BOX

➡ who は boy を先行詞とする**主格**の**関係代名詞**。

➡ had been raised は**過去完了形**の**受動態**で「育てられた」という意味。文全体の動詞 told（過去）の時点よりもさらに過去であること（「**大過去**」という）を表すため，過去完了形になっている。　参照 **15** 構文 l.44，**17** 文法 BOX *l.6* Often Larry and the others leaned against the gate and **watched** children with their mothers *go* by outside.

➡**＜ watch ＋…（目的語）＋動詞の原形＞**で「…が～するのを見る」という意味。see, hear, feel などの**知覚動詞**もこの形をとる。ここでの目的語は children with their mothers「母親と一緒の子どもたち」である。go by は「通り過ぎる」という意味。

l.9 One day when Larry **saw** a boy outside the gate *staring* in, he angrily showed his feelings.

➡**＜ see ＋…（目的語）＋～ing ＞**で「…が～しているのを見る」という意味。**知覚動詞**の構文では，補語が＜～ing ＞の場合は「～しているのを」と訳し，＜動詞の原形＞の場合は「～するのを」と訳し分ける。

参照 **16** 文法 BOX ②

l.25 **If** I **had** folks, I **wouldn't want** to stay here.

l.36 "**If** I **had** a mother and father," said Larry, "I**'d want** to go back. I bet they **would want** me back."

➡事実ではなく，仮定や願望などを述べる方法を**仮定法**という。現在の事実に反することを仮定して「もし～なら，…だろうに［するのに］」というときは，**仮定法過去**の文**＜ If ＋主語＋動詞の過去形～，主語＋助動詞の過去形＋動詞の原形…＞**という形にする。if 節の中で be 動詞を用いる場合は，主語の人称や数に関係なく **were** を使うのが原則である。

➡なお，過去の事実に反することを仮定して「もし～だった［した］なら，…だった［した］だろうに」というときは，**仮定法過去完了**の文**＜ If ＋主語＋ had ＋過去分詞～，主語＋助動詞の過去形＋ have ＋過去分詞…＞**という形にする。

▶仮定法過去・仮定法過去完了の文

＜仮定法過去＞

If I **knew** his telephone number, I **could call** him.

「もし彼の電話番号を知っているなら，電話できるのに」

（実際は電話番号を知らない）

If I **were** you, I **would take** that job.

「もし私が君なら，その仕事を引き受けるのだが」

（実際は「私」は「君」ではない）

＜仮定法過去完了＞

If she **had** not **helped** us, we **could** not **have finished** the job.

「もし彼女が手伝ってくれなかったら，私たちはその仕事を終えられなかっただろう」

（実際は彼女が手伝ってくれた）

If it **had been** fine, I **would have gone** swimming.

「もし天気が良かったら，泳ぎに行ったのに」

（実際は天気が良くなかった）

設問の解答

問1　①　エ　⑨　イ　問2　エ　問3　don’t　have，parents

問4　④　エ　⑤　イ　⑪　ア　問5　イ

問6　⑦　ウ　⑧　イ　⑩　ク　⑬　オ　問7　3　問8　ア

問9　愛する家族がいないとはどういうことなのか，私にはわかるんです。

問10　イ，エ

設問の解説

問1　①　形容詞的用法。mothers or fathers と to take care of them が意味的に＜主語－動詞＞の関係になっていて，「彼らの世話をする母親や父親」という意味になる。エ「私には助けてくれる友達がいない」も同じ用法。

⑨　名詞的用法。to go back が名詞の働きをして want の目的語になり，「僕は帰りたい」という意味になる。イ「彼は昨夜彼女に電話しようとした」も同じ用法。

問2　直前の文参照。

問3　2文あとの Only boys ～を書き換える。「父親と母親」は1語で parents。「親のいない子ども」は関係代名詞を用いて children who don't have their parents と表す。

問4 ④ keep ~ing「～し続ける」

⑤ make friends with ~「～と親しくなる」

⑪ be excited「(人が) 興奮する，動揺する」

問5 「君は枕投げする？」と聞かれて悲しそうだったのは，「自分も大勢の子どもたちと枕投げをして遊びたいのに」と思う気持ちの表れと考えられる。

問6 ⑦ the other boy「もう一方の少年」 ここではテッドのことを言っている。

⑧ folks「家族，両親」

⑩ この前のラリーとテッドの会話参照。テッドがラリーに住む場所を交換しようと言い出し，2人でテッドの家に行ったのである。

⑬ この話は，ラリーがこの文の著者に語ったテッドという少年についての話である，と第1段落に書かれている。ここはラリーが著者に対して1人称で語っている部分。

問7 [A] [A] の前まではラリーや孤児院についての説明がなされ，[A] から話の本筋に入っている。One day「ある日」が適切。

[B] 文の前後は「ついに少年のうちの1人がテッドがフェンスを登るのを手伝った。[B] テッドは試合に参加した」というもの。時間の経過を表す語句が適切。Soon「まもなく」が入る。

[C] 前後の段落を手がかりにする。ラリーが帰宅をすすめてもテッドはなかなか帰ろうとせず，孤児院にいたいと訴えている。そして [C] の後で少年たちはテッドを孤児院に泊めることを決めている。At last「ついに」が適切。

問8 この前のテッドの言葉参照。テッドは孤児院に入りたがっている。

問9 what 以下は間接疑問。it は形式主語で真主語は not to 以下の「愛する家族を持たないこと」である。

問10 ア 「ラリーは孤児院に住んでいて本当の家族がほしかった」(○)

イ 「テッドは孤児たちと遊びたかったが，ラリーと他の少年たちは彼と遊ばなかった」(×) [B] の次の文参照。

ウ 「テッドが少年たちと一緒にいたがったとき，彼らは彼が夕食を食べ，孤児院に泊まるのを手伝った」(○)

エ 「テッドはラリーと入れ替わりたいと思い，ラリーは考えを変えなかった」(×) **l.52** のラリーの言葉に，"And I've changed my mind." とある。

オ 「テッドは自分の両親にあまり大切に思われていないと思っていたが，後にそれは本当ではないとわかった」(○)

全訳

孤児院には，世話をしてくれる母親や父親のいない少年少女が住んでいた。孤児院で育てられた少年であるラリーは，テッドについての話を私に語ってくれた。

ラリーは当時９歳だった。孤児たちみんなと同様に，彼は両親を見つけることを夢見ていた。彼は本当の家庭がほしかった。

孤児たちはフェンスで囲まれた大きな庭で遊んだ。よくラリーと他の孤児たちは門に寄りかかり，母親と一緒の子どもたちが外を通り過ぎるのを見た。②そんなとき，庭の子どもたちはとても寂しく悲しく感じた。

［A］ある日ラリーは，門の外にいる少年が中をじっと見つめているのを見て，怒って自分の感情をあらわにした。彼は門のところに走っていき，「あっちへ行けよ！」と大声を上げげた。

外の少年は少し後ずさりした。そして彼は「僕の名前はテッド。遊びにきてもいい？」と言った。

「③だめだよ」とラリーは怒って言った。「君には家がある。お父さんもお母さんもいない子だけがここで遊べるんだ」

外の少年は悲しそうだった。ラリーはかなり満足した気持ちだった。彼は走って友達と野球の試合に戻った。しかしテッドは立ち去らなかった。彼は彼らに向かって呼びかけ続けた。ついに少年のうちの１人が，彼がフェンスを登るのを手伝った。

［B］まもなくテッドは試合に参加した。ラリーさえも彼と親しくなった。

試合の後，休んでいるあいだにラリーが言った。「僕たちにはきっと君よりも楽しいことがたくさんあるよ。寝るときには枕投げをするんだ。君は枕投げをする？」

⑥「しないよ」とテッドは悲しそうに言った。

ラリーはもっとうれしくなった。彼は⑦もう一方の少年が持っていないものを持っていた。しばらくして彼が言った。「家に帰ったほうがいいよ。遅くなるよ」

「僕，君たちと一緒にいられない？　ここが好きなんだ」とテッドが言った。

ラリーは驚いて彼を見た。「もし僕に⑧家族がいたら，ここにいたいなんて思わないよ」

テッドは目に涙を浮かべていた。「家にいてもあんまりよくないんだ」と彼は言った。「ここにいさせてくれない？」　彼はむせび泣きながら，両親がほぼ毎晩外出してしまうことや，よく彼にきつい物言いをすることを話した。彼は彼らが自分をあまり大切に思っていないのだと思っていた。

［C］ついに少年たちはテッドをこっそりと孤児院に入れて，一晩過ごさせることにした。それは難しいことではなかった。建物は大きく，たくさんのクローゼットや小部屋があった。テッドは夕食のあいだクローゼットに隠れた。

電気が消えたあと，少年たちは夕食から取っておいた食べ物を彼のところに持っていった。彼が物置きの床で眠れるように，毛布も渡した。

翌日テッドは「もしかしたらお母さんとお父さんは僕をここにいさせてくれるかもしれない」と言った。

「もし僕にお母さんとお父さんがいたら，僕は帰りたいな。きっと彼らも僕に帰ってきてほしいと思うはずだよ」とラリーが言った。

テッドにある考えが浮かんだ。「もしかしたら僕の両親は僕の代わりに君を引き取って，僕をここにいさせてくれるかもしれない」と彼は言った。

「そんなことないよ」とラリーは言った。しかし彼は両親がとてもほしかったので，いつも望みを持っていた。そこで⑩彼らは一緒にテッドの家に行った。

彼らが到着すると，家の前に人だかりが見えた。人々はテッドを見て沸き立った。2人の少年は急いで中に入れられた。

テッドの父親は息子を揺さぶってどなった。「どこにいたんだ？　誘拐されたと思ったんだぞ！」

テッドの母親は真っ青な顔で息子を抱き寄せた。

「孤児院に行ったんだ」とテッドが言った。「お父さんは僕のことあんまりいらないでしょ，だから僕はそこで暮らすことにするよ」　彼はラリーを指差した。「僕は彼と入れ替わるんだ。僕はここより孤児院のほうがいい」

テッドの父親はラリーの方を向いた。「お前が⑫この考えを吹き込んだのか？」と彼は怒ってどなった。

「いいえ」とラリーはその場を離れながら言った。「僕は考えを変えました。彼と入れ替わりたくありません。孤児院のほうがここよりもいいから」

その男性の顔から怒りが消えた。痛みだけが残った。そして突然テッドと母親と父親は抱き合ってしくしくと泣き出した。ラリーは家から抜け出し，孤児院に帰った。

テッドの家族はまもなく引越し，ラリーが再びその少年に会うことはなかった。しかしラリーは大人になってもテッドのことを決して忘れなかった。

私にこの話をしたあとで，彼（＝ラリー）は言った。「今，⑬私は結婚して子どもがいます。そして子どもたちは，自分が愛され大切に思われていることをわかっているでしょう。⑭愛する家族がいないとはどういうことなのか，私にはわかるんです」

物語文 —— Step 3

11 タクシーの事故補償

出題校 —— 灘高等学校

●学習のポイント
➡弁護士が主張する内容に特に注意して読もう。
➡分詞構文　➡<助動詞＋ have ＋過去分詞>の文

"Well, see you later, Bill. Take care." is a form of goodbye often used these days. And a good idea, too. But how much care ? That is very often the legal question — as in the case of the CARELESS CABDRIVER....

Barney Hasselwhite was a young man not long out of the navy. His immediate dreams were to find a job and a wife. He found the job — which happened to be a taxi driver at the Hurryup Cab Company. It was harder work than he thought it would be.

Jack Busby, a driver who had been working at the company for several years, told Barney he would get used to it soon.

One quiet night Barney finished his shift at eleven o'clock. Jack was at the garage, waiting a call. (1) <u>He still had an hour to go.</u>

Barney said to him, "Jack, I'm so tired tonight. And no way to get home except walk. (2) <u>How about running me out to the house</u> ? I know it's a regular dollar-forty run, but all I got is a dollar. How about it ? "

Jack said, "Well, you know (3) <u>the company rule</u> against flat rates. Everything is supposed to be by the meter. But since it's you, I think we can make an exception. Only we'll have to hurry. I usually get a call to take Mrs. Healey home from her baby-sitting around a quarter to twelve."

So, they jumped into Jack's cab. Jack pulled the metal flag which showed the taxi to be in use. He drove fast around the corner and down the street. Looking at his watch, he saw he was late, and slowed only a little as he went through a stop sign. He didn't notice the other car approaching. There was a loud noise of a crash. Barney was injured. He quit driving a cab after that, and demanded his medical expenses and other damages for his injury from the company.

His lawyer told the court, "There is a special duty which a common carrier, such as this company, owes to a fare-paying customer, such as Barney Hasselwhite. That duty is to use the greatest care for the customer's safety. But it wasn't done here. Jack Busby's act of driving through a stop sign was careless. So the company is responsible for the injuries."

The company's lawyer said, "The fact is that Barney wasn't a regular fare-paying passenger. There was a campany rule against flat rates, and both men knew it. Barney should have paid the full rate. Instead he had a private agreement with Jack as an individual, not as a company employee. He isn't able to get the same care as a regular passenger. That's because he was planning with another employee to trick the company out of its rightful fare. Barney is not able to demand damages."

What did the court decide about the careless cabdriver ?

Is a taxi company responsible for an accident to a passenger who is not paying full fare? Yes, said an Oklahoma court. Even though (4) <u>the fare</u> was less than normal, it was accepted by Jack in payment of his services. There was an agreement to carry him as a passenger. This agreement was binding on the company, and it failed in its duty of great care toward him. The company must pay damages to Barney. It's a POINT OF LAW !

問1　下線部(1)の内容を最も適切に表しているものを次のア～エから1つ選び，記号で答えなさい。　(　　)

ア　He had to work one more hour.

イ　He still had another hour until he got a call.

ウ　It was an hour left before he left home.

エ　He would go out with Barney in one hour.

問2　下線部(2)とほぼ同じ意味になるように，空所に適切な1語を書きなさい。

How about (　　　　　) me home?

問3　下線部(3)の具体的な内容を15字程度の日本語で書きなさい。

問4　下線部(4)の全額はいくらか，日本語で書きなさい。　(　　　　　　　　　　　　)

問5　バーニーの弁護士が「タクシー会社は損害を支払わなければならない」と主張する理由は何か，日本語で書きなさい。

タクシー会社は(　　　　　　　　　　　　　　　　　　　　)義務があるが，

従業員であるジャックは(　　　　　　　　　　　　　　　　　　　　)から。

問6　次のa，bの各英文が会社側弁護士の主張する内容と合うように，空所に入る最も適切なものを次のア～エから1つずつ選び，記号で答えなさい。

a　The agreement Barney and Jack made was quite a (　　　) one.

ア　personal　　イ　popular　　ウ　practical　　エ　public

b　Barney can't be admitted as a regular passenger because (　　　).

ア　he didn't know the company rule

イ　he didn't pay the entire fare

ウ　he pushed Jack to run his taxi fast

エ　he didn't pay enough attention to the car approaching him

MEMO

物語文 —— Step 3

11 タクシーの事故補償

解説・解答

語句の整理

l.2 legal 法律に関する／*l.4* immediate 当面の
l.9 get used to ～ ～に慣れる／*l.12* except ～ ～を除いて
l.15 flat rate 均一料金／*l.16* be supposed to ～ ～することになっている
l.17 exception 例外／*l.23* quit やめる
l.23 demand A from B BにAを要求する／*l.24* medical expenses 医療費
l.30 lawyer 弁護士／*l.33* agreement 契約／*l.33* individual 個人
l.33 employee 従業員／*l.35* trick ～をだます／*l.35* rightful 正当な
l.39 even though ～ たとえ～でも／*l.41* be binding on ～ ～に拘束力がある
l.42 fail in one's duty 義務を怠る

構文の理解

l.8 Jack Busby, a driver **who had been working** at the company for several years, *told* Barney he would get used to it soon.

➡ Jack Busby と a driver who ～ years は，同格である。 参照 **5** 文法 BOX
➡ had been working は，過去のある時点まで動作が**継続**していたことを表す**過去完了進行形**である。ここでは，ジャックがバーニーに話した時点までの継続を表す。
➡ Barney の後ろに接続詞 that が省略。told の目的語は Barney と that 節の 2 つ。

l.20 **Looking** at his watch, he saw he was late, **and** slowed only a little **as** he went through a stop sign.

➡この現在分詞 Looking は When he looked と同じ意味を表し，**＜接続詞＋主語＋動詞＞**の副詞節と同じ役割をしている。分詞がこのような役割をするとき，これを**分詞構文**という。分詞構文は，**時**「～するとき」を表す以外に，**理由**「～なので」，**付帯状況**「～しながら」「…，そして～」など，いろいろな意味を表す。
➡この接続詞 as は「～するとき（**時**）」の意味である。 参照 **18** 文法 BOX

▶分詞構文

<時>	**Walking** along the street, I saw an injured dog. 「道を歩いていると，けがをした犬を見かけた」
<理由>	**Having** a lot of homework, I couldn't play with Tom. 「宿題がたくさんあったので，トムと遊べなかった」
<付帯状況>	She wrote a letter, **listening** to her favorite CD. 「彼女は，大好きな CD を聞きながら手紙を書いた」 He went up to a policeman, **asking** the way to the station. 「彼は警官に近寄った，そして駅への行き方をたずねた」

*l.*25 There is a special *duty* **which** a common carrier, **such as this company**, owes to a fare-paying customer, **such as Barney Hasselwhite.**

➡2 つの such as ～は**挿入**の語句で，前の名詞の具体例を示している。A, such as B は「B のような A」「A，たとえば B」と訳す。 参照 **6** 文法 BOX ①

➡**< owe ＋～（目的語）＋ to ＋人>**は，「～（義務など）を人に対して負っている」を表す。which は**目的格**の**関係代名詞**で，owes の目的語は先行詞 duty になる。

*l.*32 Barney **should have paid** the full rate.

➡**< should have ＋過去分詞>**は「～すべきであったのに（しなかった）」という意味で，**過去の事柄**について表す。他に，**< may have ＋過去分詞>**「～したかもしれない」，**< must have ＋過去分詞>**「～したにちがいない」などもある。

▶<助動詞＋ have ＋過去分詞>の文

< should have ＋過去分詞>	You **should have left** Japan. 「あなたは日本を発つべきだったのに」
< may have ＋過去分詞>	She **may have left** Japan. 「彼女は日本を発ったかもしれない」
< must have ＋過去分詞>	She **must have left** Japan. 「彼女は日本を発ったにちがいない」

設問の解答

問1　ア　　問2　driving　　問3　料金はメーターで決められる。(14字)

問4　1ドル

問5　(タクシー会社は) 料金を払った乗客の安全に細心の注意を払う (義務があるが，従業員であるジャックは) 停止標識を通るときに注意を怠った (から。)

問6　a　ア　　b　イ

設問の解説

問1　to go は名詞を後ろから修飾して「残りの」という意味。ジャックの勤務が終わっていないことは直前の文からもわかる。

問2　< run＋人 >＝< drive＋人 >「人を車に乗せていく」　前置詞 about の後ろなので動名詞にする。

問3　直後の文参照。　by the meter「メーター (計量器) で」

問4　バーニーが実際にジャックに払った料金を指す。

問5　第8段落第2，4文参照。バーニーの弁護士が duty「義務」について述べている箇所と，Jack Busby's act「ジャック・バスビーの行動」について述べている箇所をまとめる。

問6　第9段落第3～5文参照。

a「バーニーとジャックが交わした契約はまったく私的なものだった」

b「バーニーは，料金を全額払わなかったので正規の乗客とは認められない」

全訳

「じゃあ，またね，ビル。気を付けて (注意してね)」というのは近頃よく使われる別れのあいさつである。そして理想的な表現でもある。しかしどのくらいの注意が必要なのか。それはかなり頻繁に法律的な問題となる。『不注意なタクシー運転手』の事件のように。

バーニー・ハセルホワイトは海軍を除隊したばかりの若者だった。彼の当面の夢は仕事と妻を見つけることだった。彼は仕事を見つけた。それはたまたま，ハリーアップ・タクシー会社の運転手の仕事だった。それは彼が考えていたより厳しい仕事だった。

ジャック・バスビーは，その会社で数年間働いている運転手で，仕事にはすぐに慣れるとバーニーに言った。

ある静かな夜，バーニーは11時に勤務を終えた。ジャックは車庫にいて呼び出しを待っていた。(1)彼はまだ残りの勤務時間が1時間あった。

バーニーは彼に「ジャック，僕は今夜はひどく疲れているんだ。家に帰るのには歩くしかないし。⑵家まで乗せてくれないか。正規には1ドル40セントの距離だけど，1ドルしか持っていないんだ。それでどうかな」と言った。

ジャックは言った。「そうだな，⑶会社の規則では均一料金は違反だよね。すべてメーターで決まるんだ。でも，君だから，例外を作ってもいいと思うよ。ただ急がないとな。僕はいつも11時45分くらいにヒーリー夫人をベビーシッターの仕事先から家まで乗せる呼び出しがあるんだ」

それで，彼らはジャックの車に飛び乗った。ジャックはタクシーが使用中であることを示す金属の旗を引っ張った。彼は急いで角を回り，道を下った。腕時計を見て，遅れていることがわかったので，停止標識を通り過ぎるときはほんの少しスピードを落としただけだった。彼は他の車が近づいていることに気が付かなかった。大きな衝突の音がした。バーニーはけがをした。彼はその後タクシーの運転をやめ，会社にけがの治療費とその他の損害賠償を請求した。

彼の弁護士は裁判官に「この会社のような一般的な運輸会社には，バーニー・ハセルホワイトのように料金を払った乗客に対して負うべき特別な義務があります。その義務とは，乗客の安全のために細心の注意を払うことです。しかし，この場合それがなされませんでした。ジャック・バスビーの停止標識を走り抜けるという行動は不注意でした。ですから会社はこのけがに対して責任があります」と言った。

会社側の弁護士は「実際は，バーニーは正規の料金を払った乗客ではありませんでした。均一料金を禁じた会社の規則があり，2人はそれを知っていました。バーニーは正規料金を払うべきでした。そうではなくて彼は，会社の従業員としてではなく個人としてのジャックと私的な契約をしたのです。彼は正規の乗客と同じような注意を払ってもらうことはできません。それは，彼がもう1人の従業員と一緒に，会社をだまして正当な料金を払わないつもりだったからです。バーニーは損害賠償を請求することはできません」と言った。

不注意なタクシー運転手について裁判官はどういう判決を下しただろうか。

タクシー会社は，正規料金を払わない客に対して，事故の責任があるのだろうか。オクラホマ裁判所は，責任があると判決した。⑷払った料金が正規の額より少なくても，ジャックはそれを自分の仕事への支払いとして受け取ったのだ。彼を乗客として運ぶ契約があった。この契約に会社は従わなければならないが，彼に対して細心の注意を払うという義務を怠った。会社はバーニーに損害賠償を支払わなければならない。それが法律の立場である！

物語文 Step 3

12 巨大な鼻の王子

出題校 —— 立教新座高等学校

●学習のポイント
➡一文が長いので意味の区切り（句や節の区切り）に注意して読もう。
➡形式主語構文

Once a king made the unfortunate mistake of joking about the large nose of a witch who lived in the forest. Soon the witch appeared before the King. She looked at him with angry eyes, waved her finger before his face and said, “There will come a time for you to have a son. This child will be born with a very big nose, a nose even bigger than your big mouth, a nose that will remain on your son’s face until he realizes what a funny nose he indeed has.”

“If my son’s nose is going to be that long,” the King thought to himself, “he must always see it or feel it. Certainly as he starts walking and talking, he’ll realize he has an unusually large nose. At that moment it will become normal. He will not worry about it any more.”

Soon the Queen had a little son named Andre. Little Prince Andre had large blue eyes, the prettiest eyes in the world, and a sweet little mouth, but his nose was so huge that it covered half his face. The Queen was very sad when she saw this great nose. But her ladies said that she had only to open any history book to see that every great man had a large nose. And she came to believe that it was not really as large as it looked. The Queen was pleased with their words, and when she looked at Andre again, his nose did not seem to her quite so large.

The Prince was brought up with great care. As soon as he could speak, they told him all kinds of terrible stories about people who had short noses. No one whose nose didn’t look like his own was allowed to come near him. People, to please the Queen, started pulling their noses several times every day to make them grow longer. But their noses were nothing like the Prince’s.

When he grew older, he learned history. His teachers always took care to tell him that any great prince or princess had a very long nose. His room was hung with pictures, all of people with large noses. The Prince came to believe that any beautiful person in the world had a long nose.

When his twentieth birthday was past, the Queen thought it was time for him to marry. She ordered that the pictures of several princesses should be brought for him to see, and among them was a picture of Princess Rosebud.

Now Princess Rosebud was the daughter of a great king, and would some day have several countries herself, but Prince Andre was so fond of the picture that he didn't care about anything of that kind. He thought the Princess was quite pretty, however, she had a little nose, and it was a great trouble to people around the Prince, because now they always laughed at little noses. Sometimes they laughed at her nose before they had time to think. This was not done at all before the Prince, because he didn't take it as a joke, and actually sent away two of his men who joked about Princess Rosebud's tiny nose !

The others took a lesson from this and learned to think twice before they spoke. Of course, nobody ever laughed ! One man even told the Prince that, though it was quite true that no man had any value if he didn't have a long nose, on a woman's face a smaller nose could be most beautiful.

The Prince at once sent his men to ask Princess Rosebud to marry him. The King, her father, agreed to that. Prince Andre had a strong wish to see the Princess and traveled many miles to meet her. At last, when the moment arrived for him to kiss her hand, the witch appeared as suddenly as lightning and the Princess went out of sight !

The Prince said that he would not return to his country until he found her again. He refused to allow any of his men to follow him and he rode away on his horse.

The Prince traveled from town to town and he thought all the people he passed must be crazy, because all they talked about was the size of his nose. He couldn't understand why they thought his nose so big, and thought they were jealous because they suffered from such small noses. In this way several years passed.

The witch kept Princess Rosebud in a prison deep in the woods. At last the Prince was able to find the place and felt great joy. The Prince worked very hard to break the prison but he failed completely. He almost lost hope and thought at least that he would try to get near enough to speak to Princess Rosebud. The Princess held out her hand through a hole in the walls for the Prince to kiss. However, he never could raise her hand to his lips. His long nose always stopped it. For the first time he realized how long his nose really was, and cried, "Well, my nose really is quite big ! " That instant the walls broke into a thousand pieces.

"Foolish prince ! " cried the angry witch. "It took all these years for you to realize what a funny nose sits on your face ! You believed yourself perfect. Even if many people tried to tell you the truth, you refused to believe anything opposite. You did not give it any thought till your nose stood in the way of your own interests ! " She laughed long and loud. "You foolish humans never stop surprising me ! " Then she went away.

The Prince's nose had now returned to a normal size. He and Princess Rosebud were married as quickly as a great wedding ceremony could be arranged. And in the years that followed, the Prince listened with one ear to pleasing words and kept his other ear open for honest opinion. The Prince became known as a wise, thoughtful and respected King, and he ruled happily together with his dear wife, the Queen Rosebud.

問1　本文の内容に合うように，1～5の英語に続く最も適切なものを次のア～オから1つずつ選び，記号で答えなさい。

1　Prince Andre was born with a big nose (　　).

ア　because his father also had a big nose, and naturally Andre got one just like his father's

イ　because his father always wished his son to be born like great men in the past

ウ　because his father worried about the witch's bad words and hoped for his son's better luck

エ　because his father asked the witch to give them a baby who had a big nose

オ　because his father threw unkind words at the witch about her looks

2　Prince Andre believed a long nose was beautiful (　　　　).

ア　because he was taught that every great prince or princess had a large nose

イ　because people with huge noses happened to gather to work for him

ウ　because both the King and the Queen had large noses

エ　because people around him pulled their noses to take good care of them

オ　because he wasn't able to find anyone whose nose was just like his

3　Prince Andre wanted to marry Princess Rosebud (　　　　).

ア　because he was sure that some day he would own some countries with her powerful help

イ　because he fell in love with Princess Rosebud at the first sight of her picture

ウ　because he heard people talk so much about Princess Rosebud's beauty
エ　because he heard about Princess Rosebud's kind character and thought that she would be a good wife for him
オ　because he found that a woman's small nose was the most beautiful thing in the world

4　Prince Andre's men laughed at Princess Rosebud's nose (　　).
ア　because it was the first time for them to see such a small nose
イ　because it was small and they always laughed at small noses in their country
ウ　because the nose was as big as Prince Andre's
エ　because the nose didn't fit on her face and it was not pleasant to see
オ　because it was a rule to laugh at a woman's nose in their country

5　Prince Andre realized that he really had a big nose (　　).
ア　when he found his nose never got back to the normal size even after he grew up
イ　when everybody around him talked about the size of his nose
ウ　when the witch came at last and told him about his nose
エ　when he began to talk and walk around to meet other people with smaller noses
オ　when he tried to kiss Princess Rosebud's hand through a hole but failed

問2　本文の内容と一致するものを次の1～9から2つ選び，番号で答えなさい。
(　　)(　　)

1　Little Prince Andre's eyes and nose were not only big but also the prettiest in the world.
2　Prince Andre was taught all kinds of wonderful stories of large noses by his men as soon as he was born.
3　When Prince Andre was brought up, he heard so much about bad things of people with short noses.
4　All the people that had big noses in the country came to meet Prince Andre.
5　People around Prince Andre pulled their noses day and night and succeeded in making their noses look just like Prince Andre's.
6　Prince Andre still felt his nose was not long enough as he found that any great person in the world had a longer nose.
7　Prince Andre didn't forgive any jokes by his men about Princess Rosebud's little nose.
8　Prince Andre thought that a little nose didn't look so good either on a man's or woman's face.
9　People talked about Princess Rosebud's little nose when Prince Andre traveled around to find her.

12 物語文 Step 3

巨大な鼻の王子

解説・解答

語句の整理

l.1 unfortunate 不運な／l.2 witch 魔女／l.5 remain とどまる
l.9 unusually 異常に／l.18 bring up ～を育てる
l.24 hang A with B　AにBを掛けて飾る／l.36 actually 実際に
l.37 tiny ごく小さい／l.38 lesson 教訓／l.45 lightning 稲妻
l.48 refuse ～を拒む，断る／l.51 jealous ねたんで／l.53 prison 牢獄
l.55 fail 失敗する／l.57 hold out ～を差し出す／l.60 that instant その瞬間に
l.64 opposite 反対の／l.65 interest 利益／l.71 rule 治める，統治する

構文の理解

l.19 *No one* **whose** nose didn't look like his own was allowed to come near him.

➡ no one は「誰も～ない」という否定文を作る主語。動詞は**＜allow＋…（目的語）＋to＋動詞の原形＞**「…が～することを許す」の**受動態**で，「誰も～することを許されなかった」という意味になる。参照 **8** 文法 BOX

➡ whose ～ own は no one を先行詞とする，**所有格**の**関係代名詞**の節。own の後ろには nose が省略されており，「鼻が王子の鼻のように見えない人は誰も～ない」となる。

l.29 and among them *was* **a picture of Princess Rosebud.**

➡場所を表す前置詞句 among them が文頭に置かれたことにより，主語 a picture 以下と動詞 was が**倒置**されている。

l.39 One man even told the Prince **that, though it was** quite true **that** no man had any value **if** he didn't have a long nose, on a woman's face a smaller nose could be most beautiful.

➡ Prince の後ろの that は「～ということ」という意味の接続詞で，that 節は文末の beautiful までである。

➡この文は次のように書き換えることができる。

One man even said to the Prince, "**Though it is** quite true **that** no man has any value **if** he doesn't have a long nose, on a woman's face a smaller nose can be most beautiful."

➡ though は**譲歩**を表す接続詞。**＜ though ＋主語＋動詞＞**の形で「～は…であるけれども」という副詞節を作るだけでなく，＜ A though B ＞「B だけれども A」という意味で語句を結ぶこともある。ここでは前者の形。though 節の中は**形式主語構文＜ It is … that ～＞**「～ということは…だ」になっている。この構文の it は形式主語で，真主語は that 以下である。…の部分には**形容詞**，**分詞**，一部の**名詞**（fun など）が入る。形式主語構文の真主語が不定詞，動名詞の場合もある。

▶形式主語構文

＜真主語が that 節のもの＞

That we had to change the plan was clear.

➡ **It** was clear **that** we had to change the plan.

「私たちがその計画を変えなければならないことは明らかだった」

＜真主語が不定詞のもの＞

To live without air is impossible.

➡ **It** is impossible **to live** without air.　「空気なしで生きることは不可能だ」

＜真主語が動名詞のもの＞

Asking him is no use.

➡ **It** is no use **asking** him.　「彼にたずねても無駄だ」

*l.*49　… and he thought **all the people** *he passed* must be crazy, **because all** *they talked about* was the size of his nose.

➡ thought の後ろに接続詞 that が省略されている。that 節中の主語は all ～ passed で，people と he の間に**目的格**の**関係代名詞** that が省略されている。

➡ because 節の主語は all ～ about で，all と they の間に**目的格**の**関係代名詞** that が省略されている。

*l.*50　He couldn't understand **why** they **thought** his nose *so big*, **and** thought they were jealous because they suffered from such small noses.

➡ why ～ big は understand の目的語となる**間接疑問**で，間接疑問の中は**＜ think ＋～（目的語）＋（to be）…＞**「～を…（である）と思う」の形になっている。

➡この and は couldn't understand ～と thought ～を対等に結んでいる。

l.64 You did **not** give it any thought **till** your nose stood in the way of your own interests!

➡ ＜**not ～ until［till］…**＞は「…するまで～しない，…して初めて～する」という意味の構文。ここでの until［till］は接続詞で，＜**until［till］＋主語＋動詞**＞で「～が…するまで（ずっと）」という副詞節を作るが，前置詞として用いられることもある。

参照 **23** 本文 l.27

➡ give ～ thought は「～について考える」という意味で，この thought は名詞「考え」。＜in the way of ～＞は「～の邪魔になって」という意味。

設問の解答

問1　1 オ　2 ア　3 イ　4 イ　5 オ　問2　3, 7

設問の解説

問1　1「アンドレ王子は，大きな鼻をもって生まれた。なぜなら彼の父が，魔女の外見について思いやりのない言葉を彼女に投げかけたからだ」　第1段落第1文参照。

2「アンドレ王子は，長い鼻は美しいと信じていた。なぜなら彼は，偉大な王子や王女はみな長い鼻を持っていると教えられたからだ」　第5段落第2文参照。

3「アンドレ王子は，ローズバッド王女と結婚したかった。なぜなら彼はローズバッド王女の肖像画をひと目見て，彼女に恋をしてしまったからだ」　第7段落第1文後半参照。

4「アンドレ王子の家臣たちは，ローズバッド王女の鼻を笑った。なぜならそれは小さくて，彼らは自分の国では小さい鼻をいつも笑いものにしていたからだ」　第7段落第2文後半参照。

5「アンドレ王子は，穴から差し出されたローズバッド王女の手にキスしようとして失敗したときに，自分が大きな鼻を持っているとはっきりと認識した」　第12段落第5文以降参照。

問2　1「幼いアンドレ王子の目や鼻は，大きいだけでなく世界中でいちばんかわいらしかった」（×）　「鼻がかわいらしい」とは書かれていないので不適。

2「アンドレ王子は生まれるとすぐに，大きい鼻についてのありとあらゆるすばらしい物語を，家臣たちから教えられた」（×）　第4段落第2文参照。家臣たちが王子に話したのは「短い鼻を持った人々についてのありとあらゆる恐ろしい話」である。

3 「アンドレ王子は成長すると，短い鼻の人々の悪いことについてたくさん聞かされた」(○)　第4段落第2文より適切。

4 「その国にいる大きな鼻を持ったすべての人々は，アンドレ王子に会いにきた」(×)　そのような記述はない。

5 「アンドレ王子の周囲の人々は昼も夜も自分たちの鼻を引っ張り，自分たちの鼻をアンドレ王子のような鼻に見えるようにすることに成功した」(×)　第4段落第4，5文参照。鼻を大きくしようと努力したが，王子の鼻には全く似ていなかった。

6 「世界のどんな偉人も，もっと長い鼻を持っていたので，アンドレ王子は自分の鼻がまだ十分には長くないと感じていた」(×)　そのような記述はない。

7 「アンドレ王子は，ローズバッド王女の小さい鼻について，家臣によるどんな冗談をも許さなかった」(○)　第7段落最終文より適切。

8 「小さい鼻は，男性女性どちらの顔でもあまり見栄えが良くないと，アンドレ王子は思った」(×)　第7段落第2文参照。アンドレ王子は小さい鼻のローズバッド王女を気に入っているので不適。

9 「アンドレ王子が彼女を見つけるために旅をして回ったとき，人々はローズバッド王女の小さな鼻について話した」(×)　第11段落第1文後半参照。人々が話題にしたのはアンドレ王子の鼻の大きさについてである。

全訳

かつてある国王は，森の中に住んでいる魔女の大きな鼻についてからかうという，不幸をもたらす間違いをおかした。まもなくその魔女は国王の前に現れた。彼女は怒った目つきで彼を見て，彼の顔の前で指を動かして，「おまえが息子を持つときが来るだろう。その子はとても長い鼻を持って生まれるだろう。おまえの大きな口よりもずっと大きな鼻だよ。なんとおかしな鼻を持っているのかを自分ではっきりと認識するまでずっと，おまえの息子の顔にあり続ける鼻さ」と言った。

「私の息子の鼻がそんなに長くなるならば」と国王は心の中で考えた。「彼は常にそれを見るか，感じるに違いない。歩いたり話したりし始めると，彼はきっと，自分が異常に大きな鼻を持っていることを悟るだろう。そのとき，その鼻は普通になるだろう。彼は鼻について，それ以上は心配しないだろう」

まもなく王妃は，アンドレという名の男の赤ちゃんをもうけた。幼いアンドレ王子は，世界でいちばんかわいらしい大きな青い瞳と愛らしくて小さな口をしていた。しかし彼の鼻は，彼の顔半分をおおうくらいにとても巨大だった。この大きな鼻を見て，王妃はとても悲しんだ。王妃が歴史の本を開きさえすれば，偉大な人間がみな大きな鼻を持っていたということがわかる，と王妃の周囲の婦人たちは言った。そこで彼女は，息子の鼻が本当は見た目ほど大きくはないと信じこむようになった。王妃は彼らの言葉に喜んだ，そして再びアンドレを見ると，彼の鼻は彼女にはあまり大きく見えなかった。

その王子は，十分注意して育てられた。彼が話せるようになるとすぐに，人々は王子に，短い鼻を持った人についてのありとあらゆる恐ろしい話をした。彼のような鼻をしていない人は誰も彼に近づくことを許されなかった。人々は王妃を喜ばせようと，自分の鼻をより大きくするために，毎日何度も自分の鼻を引っ張った。しかし彼らの鼻は王子にはほど遠かった。

彼は成長し，歴史を学んだ。先生たちは，あらゆる偉大な王子や王女がとても長い鼻を持っていたと彼に言うように気をつけた。彼の部屋には絵が，すべて大きな鼻を持った人々の絵がかけられた。王子は，世界中の美しい人はみな長い鼻を持っているのだと信じるようになった。

彼の20回目の誕生日が過ぎ，王妃は彼が結婚する時期だと考えた。彼女は，彼が見ることができるように，数人の王女の肖像画を持ってくるよう命じた。そしてそれらの中に，ローズバッド王女の肖像画があった。

さて，ローズバッド王女はある偉大な国王の娘で，いつか彼女自身が数か国を治めることになっていたのだが，アンドレ王子はその肖像画がとても気に入っていたので，そのようなことは何も気にしなかった。王女はとてもかわいらしいけれども，彼女は小さい鼻をしている。人は小さい鼻を笑うので，自分の周囲の人々にとって彼女の鼻は大きな問題だと，王子は考えた。彼らはときどき，考える間もなく彼女の鼻を笑った。これは王子の面前では全く行われなかった。なぜなら，彼は笑ったことを冗談として受け止めず，実際に，ローズバッドの小さな鼻をからかった彼の家臣2人を追い出したのだ！

他の人々はここから教訓を得て，話す前に2度考えるようになった。もちろん，誰も絶対に笑わなかった！　ある家臣は王子に，長い鼻を持っていないなら，その人間には何の価値もないというのは全くその通りなのですが，女性の顔の場合は小さい鼻のほうが非常に美しいこともあります，とさえ話した。

王子は，ローズバッド王女に自分と結婚してくれるよう頼むため，すぐに家臣を送った。彼女の父である国王は，それに同意した。アンドレ王子は王女に会いたいと願っていたので，彼女に会うために，何マイルも旅をした。とうとう彼が彼女の手にキスをする瞬間が来たとき，あの魔女が稲妻と同じくらい突然にあらわれて，王女は消えてしまった！

王子は，再び彼女を見つけるまで自分は国へ戻らないと言った。彼は家臣の誰に対しても，自分についてくる許可を与えず，馬に乗って行ってしまった。

王子は町から町へと旅し，彼は，自分がそばを通り過ぎた人たちはみな頭がおかしいにちがいないと思った。というのは，彼らが話したことは彼の鼻の大きさだけだったからだ。王子には彼らがなぜ彼の鼻を非常に長いと思うのか理解できなかった。そして，そういう小さな鼻で悩んでいるから彼らはねたんでいるのだと，彼は考えた。このようにして数年が過ぎた。

魔女はローズバッド王女を森の奥深くの牢獄に閉じ込めた。ついに王子はその場所を見つけることができ，大喜びした。その牢獄を壊すために，王子は一生懸命に努力したが，完全に失敗した。彼はほとんど望みをなくしたが，少なくともローズバッド王女に話しかけられるくらいに近づこうと考えた。王女は，王子がキスできるようにするために，壁の穴を通して手を差し出した。しかし，彼は彼女の手を持ち上げて自分の唇に持っていくことができなかった。常に彼の長い鼻が，それを妨げたのだ。彼は初めて，本当は自分の鼻がどれだけ長いかを理解し，「ああ，僕の鼻は，本当はすごく大きいんだ！」と叫んだ。その瞬間に，壁はこなごなに砕けた。

「愚かな王子よ！」と怒った魔女は叫んだ。「なんとおかしな鼻が顔にあるんだと自分でわかるのに，こんな長い年月がかかったのか！　おまえは自分を完全だと信じていたな。たとえ多くの人間がおまえに真実を言おうとしても，おまえは反対のことは何でも信じるのを拒んだのさ。自分の鼻が自分にとって不利益になって初めて，おまえはそのことを考えたのさ！」彼女は長いあいだ大声で笑った。「おまえたち愚かな人間どもは，私を驚かすのを決してやめないな！」そして彼女は行ってしまった。

王子の鼻は，今や普通の大きさに戻っていた。盛大な結婚式の準備ができるとすぐに，彼とローズバッド王女は結婚した。その後の長い年月のあいだ，王子は片方の耳で喜ばせてくれるような言葉を聞き，もう片方の耳は正直な意見に対して開いておくようにしていた。王子は，賢明で思慮深く敬愛される国王として知られるようになり，彼の愛する妻であるローズバッド王妃と共に，幸せに国を治めた。

13 歴史・伝記 Step 1

ベッドの歴史

出題校 ―― 明治大学付属中野高等学校

●学習のポイント ➡歴史文は「昔→現在」と進むことが多い。年号に注意して読もう。
➡結果・程度を表す接続詞 that の用法

People spend about 30％ of their lives sleeping. We can live longer without food than without sleep. Sleeping is very important, so the bed is important, too. Scientists say that the first bed was probably some leaves. Now, of course, beds are much better than ① <u>that</u>, and we have a lot to choose from. A bed today usually lasts for about fifteen years, and most people change their beds about five times in their life. Even with all the beds in the world, people still create new ones. And some people are still trying to find the perfect bed.

② For most of history, people slept on layers of cloth, palm leaves, or furs. ア In ancient Egypt, over three thousand years ago, the pharaohs were the first to raise their beds off the floor. イ They slept on ③ <u>light</u> beds made of wood. ウ You could fold the bed and carry it. エ Archaeologists found beds like this in Tutankhamen's tomb. オ People back then did not think that they needed soft pillows. カ People in Egypt put their heads on headrests made of wood and people in China had ceramic headrests.

After the year 100, only rich people had beds. Poor people still slept on the floor. The bed became a symbol of wealth. One emperor of Rome had a silver bed. Beds were also the most important of all the things that a person had. When Shakespeare died, he gave his second best bed to his wife. Beds were so special that in England, when a rich person traveled to another person's home, he took his bed with him. When a person stayed at a hotel for the night, he had to share a bed with strangers. If a rich person came to the hotel, the manager threw a poor traveler out of a bed to ④ <u>make room</u>. All this sharing meant that beds were not very clean, and insects lived in them. Some people, especially rich women, slept on a chair when they traveled.

After 1750, beds became beautiful pieces of furniture. They were made of carved wood. A beautiful bed at that time could be $1 million in today's money.

⑤ 1. The curtains were used to keep the bed warm.
2. People used these to hang curtains around the bed.
3. Also, because you passed through one room to get to another, the curtains were good for privacy.
4. The beds had four posts, one on each corner.

Beds also became higher and higher. Queen Victoria slept on a bed with seven mattresses on top of each other. She had steps next to the bed to reach the top. Mattresses usually had straw inside (for poor people) or feathers (for rich people). After 1820, people slept on cotton mattresses with metal springs inside them. Beds made of metal became popular, too. The best beds were made of a yellow metal called brass. Metal beds were better for your body than beds made of wood, because they had fewer insects in them. For this reason, (⑥) today.

In ancient Rome, people slept in their everyday clothes. In England, people did not wear clothes in bed. They wore a cap to keep their head and ears warm. Later, men wore nightshirts and women wore long nightdresses and hats. Men started to wear pajamas only after 1890.

People had interesting ways to keep themselves warm in bed. Many families (⑦). Some people had a small dog in bed to keep their feet warm. Sometimes, people warmed the bed before they got into it. They warmed stones, wrapped them in cloth, and put them in the bed. Later, they used bottles with hot water inside. One English Prime Minister, William Gladstone, filled his bottle with tea. When he was thirsty at night, he drank it.

Some people in Asian cultures choose to sleep on the floor. They sleep on a mattress of cloth layers called a futon. They can fold the futon and put it away during the day. Some people like to put their futon on a low frame more than on the floor. Then it looks a lot (⑧) a Western-style bed.

Beds today come in every shape and size. We have round beds, king-size beds, waterbeds, airbeds, and futons. Are you feeling sleepy yet? Sweet dreams!

(注) layer 幾層にも重ねたもの　palm ヤシ　fur 毛皮
pharaoh ファラオ（古代エジプト王の称号）　fold ～を折りたたむ
archaeologist 考古学者　Tutankhamen's tomb ツタンカーメンの墓

pillow 枕　headrest 頭を置くもの　ceramic 陶製の　wealth 富

emperor 皇帝　stranger 見知らぬ人　insect 虫　furniture 家具

carve ～に彫物を施す　hang ～をつるす　straw わら　feather 羽毛

cotton 綿　metal spring 金属のばね　Prime Minister 首相　frame 枠組み

shape 形状

問1　下線部①が指す内容を次の1～4から1つ選び，番号で答えなさい。　(　　)

1　today's bed

2　a bed made of leaves

3　a new bed

4　a bed which lasts for about fifteen years

問2　②の段落に次の1文を補うとき，最も適切な箇所を文中のア～カから1つ選び，記号で答えなさい。　(　　)

They put these on the floor.

問3　下線部③の意味に最も近いものを次の1～4から1つ選び，番号で答えなさい。　(　　)

1　shining　2　not heavy　3　not weak　4　expensive

問4　下線部④の意味に最も近いものを次の1～4から1つ選び，番号で答えなさい。　(　　)

1　give enough space

2　clean the floor

3　get a lot of money

4　build the hotel

問5　⑤の枠内の英文を，意味が通るように正しく並べ替え，番号で答えなさい。

(　　)→(　　)→(　　)→(　　)

問6　本文中の（　⑥　）に入る最も適切なものを次の1～4から1つ選び，番号で答えなさい。　（　　　）

1　metal beds are cold
2　beds made of wood are popular
3　hospital beds are metal
4　beds made of wood are used in hotels

問7　本文中の（　⑦　）に入る最も適切なものを次の1～4から1つ選び，番号で答えなさい。　（　　　）

1　introduced a silver bed
2　made their beds stronger
3　kept their beds clean
4　shared a big bed

問8　本文中の（　⑧　）に入る適切な1語を書きなさい。
（　　　　　　）

問9　本文の内容と一致するものを次の1～10から3つ選び，番号で答えなさい。
（　　　）（　　　）（　　　）

1　Today most people change their beds every five years.
2　Metal beds which could be folded and carried were found in Tutankhamen's tomb.
3　People in ancient Egypt used pillows made of cloth, leaves and furs.
4　Once rich women slept on a chair at hotels because the beds there were not clean enough.
5　Queen Victoria's bed had a layer of seven mattresses on it.
6　Straw or cotton mattresses had metal springs inside them before 1820.
7　In the late 18th century, men began to wear pajamas to bed.
8　In winter people put warmed stones into bottles and placed them in the bed.
9　Today some Asian people sleep on a mattress on the floor and others do not.
10　Today's beds are different in size, but not in shape.

13 歴史・伝記 Step 1

ベッドの歴史

解説・解答

語句の整理

l.1 lives 生活，人生（複数形）（発音注意 [láivz]）
l.5 last 続く，長持ちする（動詞）／ l.6 create ～を創造する／ l.8 cloth 布
l.20 share ～を共有する／ l.23 especially 特に
l.29 pass through 通り抜ける／ l.30 privacy プライバシー／ l.31 post 柱
l.37 brass 真鍮（しんちゅう）／ l.45 warm ～を暖める（動詞）
l.46 wrap A in [with] B AをBで包む／ l.47 fill A with B AをBで満たす
l.48 thirsty のどの渇いた

構文の理解

l.6 Even **with all** the beds in the world, people still create new ones.

➡ with all～には「～（がある）にもかかわらず（**譲歩**）」と「～（がある）ので（**理由**）」の意味があるが，ここは譲歩の意味。even は with all の意味を強めている。ones は beds の代わりに用いられている。 参照 **26** 構文 l.56

l.9 In ancient Egypt, over three thousand years ago, the pharaohs were *the first* **to raise** their beds off the floor.

➡ < the first + to ～>は「～した最初の人」という意味で，この to raise 以下は**形容詞的用法**の**不定詞**である。 参照 **6** 文法 BOX ②

l.18 Beds were **so** special **that** in England, **when** a rich person traveled to another person's home, he took his bed with him.

➡ that は結果・程度を表す接続詞で，**< so ～ that …>**は「とても～なので…（**結果**）」や「…なほど～（**程度**）」の意味を表す。so の後ろには形容詞と副詞の両方が可能である。ここは that 節の中に，さらに**< when ＋主語＋動詞>**「～が…するとき」という副詞節が含まれている。

▶結果・程度を表す接続詞 that の用法

< so ＋形容詞［副詞］＋ that …>

She spoke **so** *fast* **that** I couldn't understand her.

「彼女はとても速く話したので，私には彼女の言うことが理解できなかった」

< such（＋ a［an］）＋形容詞＋名詞＋ that …>

It was **such** *a difficult question* **that** no students could answer it.

「それはとても難しい問題だったので，生徒は誰も答えられなかった」

➡名詞を含む場合は，such を用いて表現するのがふつうである。

l.27 The curtains were used to **keep** the bed *warm*.

➡**< keep ＋～（目的語）＋…（補語）>**は「～を…にしておく」の意味。この warm は形容詞だが，補語には形容詞のほか，名詞，分詞などが可能である。

➡ were used は受動態，to keep は**目的**を表す**副詞的用法**の**不定詞**で，< used to ～>「よく～したものだ（過去の習慣）」や< be used to ～>「～に慣れている」ではない。

l.37 Metal beds were **better** for your body **than** *beds* **made** of wood, because they had fewer insects in them.

➡前半は A is better for ～ than B で「A は B よりも～にとって良い」と比較級を用いた文である。

➡ made は beds を後ろから修飾する**形容詞的用法**の**過去分詞**で，<… made of ～> は「～でできた…」という意味になる。 参照 **29** 文法 BOX

➡ fewer は few「ほとんどない」の比較級で，数えられる名詞を修飾する。

設問の解答

問 1　2　　問 2　ア　　問 3　2　　問 4　1　　問 5　4 → 2 → 1 → 3　　問 6　3

問 7　4　　問 8　like　　問 9　4，5，9

設問の解説

問 1　直前の文に述べられている，葉のベッドを指している。

問 2　与えられた文は「彼らはこれらを床の上に置いた」という意味。アの直後の文で「ファラオが初めてベッドを床から上げた」とあるので，アが適切。these はアの直前の文の layers of cloth, palm leaves, or furs を指す。

問 3　形容詞 light には「軽い」,「明るい」などの意味があるが，文脈から「軽い」が適切。

問 4　make room は「場所をあける」の意味。

問 5　ベッドの周りにかけるカーテンについて述べている箇所である。全訳参照。

問 6　「金属製のベッドには虫がほとんどいない。この理由で～」に続く文なので 3 が適切。

問 7　ベッドで温まる手段としては 4 が適切。

問 8　< look like ＋名詞 >で「～のように見える」, a lot は「とても，かなり」の意味。

問 9　1「今日，ほとんどの人は 5 年ごとにベッドを替える」(×)　第 1 段落第 6 文参照。

2「折りたためて持ち運びできる金属製ベッドがツタンカーメンの墓で発見された」(×)　第 2 段落参照。発見されたのは「木製ベッド」である。

3「古代エジプトの人々は布や葉っぱや毛皮でできた枕を使っていた」(×)　第 2 段落最終文参照。「木でできた枕」を使っていた。

4「かつて金持ちの女性はホテルではいすで寝た，なぜならホテルのベッドはあまり清潔ではなかったからだ」(○)　第 3 段落最終文と一致。

5「ビクトリア女王のベッドには 7 枚のマットレスが重ねてあった」(○)　第 5 段落第 2 文と一致。

6「1820 年以前，わらや綿のマットレスの中には金属製のばねが使われていた」(×)　第 5 段落第 5 文参照。金属製のばねが使われだしたのは，「1820 年以降」である。

7「18 世紀後半，男性は寝るときパジャマを着始めた」(×)　第 6 段落最終文参照。「1890 年以降」は 19 世紀後半である。

8「人々は冬には，温めた石をビンに入れてベッドの中に置いた」(×)　第 7 段落第 5 文参照。温めた石は布で包んでいた。

9「今日，アジアの人々の中には，床の上に敷いたマットレスの上に寝る人もいればそうでない人もいる」(○)　第 8 段落の内容と一致。

10「今日のベッドは大きさに違いはあるが，形に違いはない」(×)　最終段落第 1 文参照。現代のベッドは，大きさも形も様々である。

全訳

人は人生の約 30 % を眠って過ごす。私たちは睡眠がない場合より食べ物がない場合のほうが長く生きていられる。睡眠はとても重要なのでベッドもまた重要である。科学者によれば，最初のベッドは葉っぱだったようだ。もちろん，現代ではベッドはそれよりずっと良くなっていて，たくさんのベッドの中から選べる。現代のベッドはたいてい 15 年くらい使え，ほとんどの人は生涯にだいたい 5 回ベッドを替える。世界中にベッドがあるのに，それでも人は新しいベッドを作る。そしていまだに完璧なベッドを見つけようとしている人もいる。

② 歴史のほとんどの間，人は布やヤシの葉や毛皮を幾層にも重ねた上に眠っていた。ア人はこれらを床の上に敷いていた。3000年以上前の古代エジプトで，ファラオが初めてがベッドを床から上げた。彼らは木でできた③軽いベッドの上に寝た。そのベッドは折りたたんで運ぶことができた。考古学者はこのようなベッドをツタンカーメンの墓で見つけた。当時の人々はやわらかい枕が必要だとは思わなかった。エジプトの人々は木でできた台に頭をのせていたし，中国の人々は陶製の台を使っていた。

西暦100年以降には，金持ちだけがベッドを使っていた。貧乏人はまだ床に寝ていた。ベッドは富の象徴となった。ローマのある皇帝は銀のベッドを使った。ベッドはまた，人々の持ち物の中で最も重要なものになった。シェイクスピアは，死んだとき自分の2番目に良いベッドを妻にあげた。ベッドはとても特別なものなので，イギリスでは金持ちは他の人の家に旅するときに自分のベッドを持っていった。夜ホテルに泊まるときは，見知らぬ人とベッドを共用しなければならなかった。もし金持ちがホテルへ来たら，支配人は，④場所をあけるために貧乏人をベッドから放り出した。ベッドを共用するということは，ベッドがあまり清潔ではなく虫が住んでいるということを意味した。中には，特に金持ちの女性などには，旅行するときはいすに眠る人もいた。

1750年以降，ベッドは美しい家具になった。ベッドは彫り物を施された木でできていた。当時の美しいベッドは現在のお金にして100万ドルになる。⑤ ベッドには角に1本ずつ，合計4本の柱があった。人々はこれらの柱を，ベッドの周りにカーテンをつるすのに使った。カーテンはベッドを温かくしておくために使われた。また，1つの部屋を通り抜けて別の部屋へ行くので，カーテンはプライバシーを守るのに役立った。

ベッドはまた，どんどん高くなった。ビクトリア女王はマットレスを7枚重ねた上に寝た。彼女はベッドに上るために，横に踏み台を置いていた。マットレスの中は，たいていわら（貧乏人用）か羽毛（金持ち用）だった。1820年以降，人々は金属のばねが中に入っている綿のマットレスの上で寝た。金属でできたベッドも人気になった。最も良いベッドは真鍮と呼ばれる黄色い金属でできたベッドだった。金属製ベッドは木製ベッドより体に良かった，なぜなら中に虫がほとんどいなかったからだ。この理由で，現代では⑥病院のベッドは金属製である。

古代ローマでは，人々は普段着ている服を着て寝ていた。イギリスでは，人々は寝るとき何も着ていなかった。頭と耳を温かくしておくために帽子をかぶっていた。のちに，男性はシャツに似た寝巻きを，女性は長いドレスのような寝巻きと帽子を身につけた。1890年以降になって初めて男性がパジャマを着始めた。

ベッドの中で温まるための興味深い方法があった。多くの家族は⑦1つの大きなベッドを共用していた。足を温かくするために小犬をベッドに入れている人もいた。人々は，寝る前にベッドを温めておくこともあった。石を温めて布で包み，ベッドに入れた。その後，熱い湯を入れたビンが使われた。イギリスの首相，ウィリアム・グラッドストーンはビンに紅茶をいっぱい入れていた。彼は夜中にのどが渇くと，それを飲んだ。

アジア文化圏には床に寝ることを選ぶ人がいる。彼らはフトンと呼ばれる，布を重ねたマットレスの上に寝る。彼らは昼間はフトンをたたんでしまう。床の上に直接敷くより，低い枠組みにフトンを敷くほうを好む人もいる。そうするとだいぶ西洋式ベッド⑧のように見える。

今日のベッドにはあらゆる形状と大きさがある。丸いベッド，キングサイズのベッド，ウォーターベッド，エアーベッド，フトンもある。あなたはもう眠いですか？　良い夢を！

14 歴史・伝記 Step 2

コナン・ドイルとシャーロック・ホームズ

出題校 —— 大阪教育大学附属高等学校平野校舎

●学習のポイント
➡歴史上有名な人物の話は，内容や話の展開が推測できて読みやすい。
➡前置詞 as の用法

Every year, many foreign visitors to London go to a famous street. Many of them even want to see Sherlock Holmes there. He is very famous in the world and has many hobbies. He likes playing the violin while he is solving one of his mysteries. Maybe some visitors think they will hear the sound of his violin. (1) London doesn't want its foreign visitors to feel sad. The city has built the kind of house that was popular around (2) 1890. Of course, it is not the real thing, but looks just the same as the house in the Sherlock Holmes stories.

How was Sherlock Holmes created ? If you really want to know, you should visit Scotland. At a university there the writer of the Sherlock Holmes stories studied medicine. The name of the writer was Conan Doyle. He first got the idea of Sherlock Holmes from his teacher Dr. Bell. Like Holmes, Dr. Bell could give the life history of any dead body who was put before him. In one case, Dr. Bell said, "The dead man before me drank beer very much, often got angry and liked cycling." How did he know ? By smelling the dead man's mouth, and looking at the lines on his face and his strong legs. Conan Doyle never forgot (3) this special gift Dr. Bell had.

Conan Doyle wanted to be a doctor, but nobody came to see him. He spent his time in writing the Sherlock Holmes stories. He only (4) [as / writing / his / a / thought / hobby / of]. He didn't think his stories were very interesting. He was not making much money as a doctor, so he sold his stories. They were a success. First, they were written in a magazine. Later, they were all put together in a book.

The British people loved Sherlock Holmes, but Conan Doyle did (5) not. He wanted to stop writing these stories. In one story, Holmes was pushed off a high and dangerous place. (6) The readers were very angry. They wrote many letters.

"Why was our hero Sherlock Holmes killed ? " Conan Doyle didn't enjoy writing Homes stories, but he had to (7) writing. In the next story, he wrote that Holmes didn't really fall to his death. He caught a branch of a tree while he was falling.

Sherlock Holmes lived and solved many more mysteries. In the hearts and minds of lots of people, he lives on to this day.

（注）Sherlock Holmes　シャーロック・ホームズ（イギリスの小説家であるコナン・ドイルの探偵小説の主人公）

問１　下線部(1)の方法としてロンドンが実施したことを日本語で書きなさい。
（　　　　　　　　　　　　　　　　　　　　　　）

問２　下線部(2)の読み方を英語で書きなさい。
（　　　　　　　　）

問３　下線部(3)が指す内容を 20 ～ 30 字の日本語で書きなさい。句読点も字数に含めます。

問４　下線部(4)の［　　］内の語を適切に並べ替えなさい。
（　　　　　　　　　　　　　　　　　　　　　　）

問５　下線部(5)の後に省略されている英語２語を補いなさい。
（　　　　　　　　）

問６　下線部(6)について，読者がそうなった理由を 25 字以内の日本語で書きなさい。句読点も字数に含めます。

問７　本文中の（　7　）に入る適切な１語を書きなさい。（　　　　　）

歴史・伝記 Step 2

14 コナン・ドイルとシャーロック・ホームズ

解説・解答

語句の整理

l.3 solve （問題など）を解く／l.4 mystery 謎／l.10 medicine 医学

l.12 case 実例／l.14 smell （においなど）をかぐ

l.24 push A off B A を B から突き落とす／l.28 branch 枝

l.30 heart （喜怒哀楽など感情の）心，気持ち

l.31 mind （知性，理性の）心，記憶／l.31 live on 生き続ける

構文の理解

l.3 He likes playing the violin **while** he *is solving* one of his mysteries.

l.28 He caught a branch of a tree **while** he *was falling*.

➡ while は「～しているあいだに」という意味の**接続詞**で，while で始まる節の動詞は**進行形**になることが多い。また，主節の主語と while 節の主語が同じ人や物である場合は，while 節の＜主語＋ be 動詞＞は**省略**されることがある。

l.14 By *smelling* the dead man's mouth, **and** *looking* at the lines on his face and his strong legs.

➡＜主語＋動詞＞が**省略**されている文。文頭に He knew を補って読む。

➡ By smelling ～, and looking ～は，前置詞 by の後ろなので**動名詞**になっている。

l.6 but looks just **the same as** the house in the Sherlock Holmes stories.

l.18 He only thought of his writing **as** a hobby.

l.19 He was not making much money **as** a doctor,

➡**前置詞** as には，the same as ～「～と同じ（ように）」，as a hobby「趣味（である）と」，as a doctor「医者として」のように，いろいろな用法や意味がある。

➡**前置詞** as が**＜ as ＋名詞＞**の形をとるのに対し，**接続詞** as は**＜ as ＋主語＋動詞＞**の形，つまり節の形をとる。

参照 **18** 文法 BOX

▶前置詞 as の用法

< the same as ～>	His car is **the same as** mine. 「彼の車は私のと同じだ」
<～として>	I worked **as** his secretary. 「私は彼の秘書として働いた」
<～（である）と>	I can't see her **as** class president. 「私は彼女を学級委員長と見る［考える］ことはできない」
<～のとき>	She came to Japan once **as** a young girl. 「彼女は子どものとき一度日本に来た」

l.27 In the next story, he wrote **that** Holmes didn't really fall **to** *his death.*

➡この前置詞 to は**結果**を表す用法で，fall to death は「落ちて（その結果）死ぬ」ということを表す。ここは否定文なので「落ちても死ななかった」という意味になる。

参照 **15** 本文 *l.22*

設問の解答

問 1　シャーロック・ホームズの物語に出てくる家とそっくりの家を建てた。

問 2　eighteen ninety

問 3　死体に残っている特徴からその人の生活ぶりを言い当てること。(29 字)

問 4　thought of his writing as a hobby

問 5　love him

問 6　シャーロック・ホームズが殺されたと思ったから。(23 字)

問 7　keep［continue］

設問の解説

問 1　シャーロック・ホームズに会いたいと思っている外国人旅行者を悲しませないためにロンドンが実施したこと。直後の 2 文参照。

問 2　西暦は 2 桁ずつ区切って読むのが原則である。

問 3　「この特別な才能」とは，第 2 段落第 6 文 Dr. Bell could give the life history of any dead body who was put before him. の内容を指す。life history は，そのままだと「生活史」だが，文章の流れから「生前の生活ぶり」と考える。

問 4　〈think of A as B〉で「A を B と考える［みなす］」の意味。

問5　直前の内容を否定する場合，省略の表現をとることが多い。ここでは loved Sherlock Holmes の否定である。動詞を原形にし，Sherlock Holmes を目的格の代名詞 him にすることに注意。

問6　2つあとの文，読者の抗議の手紙の内容参照。

問7　コナン・ドイルはホームズの物語を書くのをやめたかったが，読者からの抗議により書き続けなければならなかった，という流れになる。keep ～ing は「～し続ける」という意味。

全訳

毎年，ロンドンを訪れるたくさんの外国人はある有名な通りへ行く。彼らの多くはそこでシャーロック・ホームズに会いたいとさえ思っている。彼は世界中でとても有名で，趣味をたくさん持っている。彼は，謎を解こうとしているときにバイオリンを弾くのが好きだ。観光客の中には，彼のバイオリンの音が聞こえるかもしれないと思う人もいるだろう。(1)ロンドンは，外国人観光客を悲しませたくはない。ロンドンは，1890年ごろ流行した種類の家を建てた。もちろん，それは本物ではないが，シャーロック・ホームズの物語に出てくる家とそっくりである。

シャーロック・ホームズはどのようにして生みだされたのだろうか。もし本当にそれを知りたければ，スコットランドを訪れるべきである。そこのとある大学で，シャーロック・ホームズの物語の作者は医学を学んでいた。作者の名前はコナン・ドイルといった。彼は最初，自分の先生のベル博士からシャーロック・ホームズの着想を得た。ホームズと同様，ベル博士は自分の前に置かれたどんな死体の生前の生活ぶりをも言い当てることができた。ある例では，ベル博士は「私の前にある死体はビールをたくさん飲み，よく怒っていて，サイクリングが好きだった」と言った。どのようにしてわかったのだろうか。それは，死人の口のにおいをかいだり，顔の輪郭とたくましい脚を見ることによってわかったのだ。コナン・ドイルは，ベル博士が持っていた(3)この特別な才能を決して忘れなかった。

コナン・ドイルは医者になりたかったが，彼に診てもらいに来る人はいなかった。彼はシャーロック・ホームズの物語を書くのに自分の時間を費やした。彼は(4)書くことを単に趣味と考えていた。彼は自分の物語がそんなにおもしろいとは思っていなかった。彼は医者としてはあまり稼いでいなかったので，その物語を売った。それは成功した。最初に，それは雑誌に掲載された。のちに，すべてが一冊の本にまとめられた。

イギリス人はシャーロック・ホームズが大好きだったが，コナン・ドイルは(5)そうではなかった。彼はこれらの物語を書くのをやめたかった。ある話で，ホームズは高くて危険な場所から突き落とされた。(6)読者はとても怒った。彼らは手紙をたくさん書いた。「なぜ私たちの英雄，シャーロック・ホームズは殺されたのですか？」　コナン・ドイルは，ホームズの物語を書くのを楽しんでいなかったが，書き(7)続けなければならなかった。彼は次の話で，ホームズは落ちたが本当は死んでいなかったと書いた。ホームズは落ちるときに木の枝につかまったのだ。

シャーロック・ホームズは生きて，さらに多くの謎を解いた。たくさんの人の心と記憶の中で彼は今日まで生き続けているのだ。

MEMO

歴史・伝記 ―― Step 3

15 ロンドン大火災

出題校 ―― 開成高等学校

●学習のポイント
➡出来事を時間の流れにそって整理しながら読もう。
➡強調構文　➡関係詞の制限用法と非制限用法

In the seventeenth century, London was a city full of rats. Rats in the streets, rats in the houses, rats in the shops. The rats brought dirt and disease to the people. In the year 1665, thousands of people in London died from a terrible disease carried by rats. Nobody felt safe from disease and death.

The next year, 1666, there was a long hot summer. People were glad to enjoy the sunshine, and they felt that it would probably ①［ア the city　イ disease　ウ get　エ of　オ help　カ rid］. But in fact the disease was finally destroyed by something much more powerful : [②].

It was two o'clock in the morning on Monday, September 2nd, 1666. John Farynor, the King's baker, lived above his baker's shop, near the River Thames and London Bridge. Mr. Farynor was asleep, but it was time (A) his men to start baking bread for the King's breakfast. The King liked fresh bread in the morning.

One of Mr. Farynor's men woke up and went to light the kitchen fires. Mr. Farynor kept a lot of wood in his kitchen in order to bake the bread every day.

That morning when he arrived in the kitchen, the man discovered that some wood had caught fire, and the kitchen was beginning to burn. Quickly, the man woke Mr. Farynor and shouted "Fire ! Fire ! " Soon the whole house was awake, and people were running everywhere, trying to escape. Mr. Farynor escaped by climbing on to the roof of his house and jumping on to the roof of the next house. One woman was not so lucky. She stayed in the house, perhaps hoping to save some of her money or her valuables. She burned to death.

After the fire started, a strong wind blew the flames towards the west. More and more people panicked, and they all tried to save their valuables. The fire moved quickly through the old city. The houses were made of wood, and were built very close together in narrow streets. As the fire moved, it destroyed everything in its way. It could not cross the River Thames, but it reached the buildings beside the river. Ships from foreign countries often stopped here and left their strange and exciting cargoes in the warehouses. Soon London was smelling of hot peppers and burning brandy ! And hot metal was flowing (B) a river through the streets.

Sir Thomas Bludworth, the Lord Mayor of London, thought that the fire could be put (C) easily. Later, he tried to organize the fire-fighting, but he gave up the job. It was then ③ that the King and his brother began to lead the fight against the fire.

King Charles soon realized that the fire was completely out of control. He called a meeting of his special advisers. Together, they decided to make several 'fire posts' in the city, (D) the fire-fighters were given everything they needed to fight the fire. King Charles led the fight and worked for thirty hours without sleep, and he was much loved for his bravery.

④ King Charles and his men decided to clear part of the city of some houses so that there would be nothing to burn there. This 'fire break' stopped the fire, and by Wednesday, September 5th, it was finally (E) control.

The Great Fire of London had several important results. It finally stopped the disease which ⑤ [kill] so many people in 1665. It destroyed eighty-seven churches and about 13,000 wooden houses. The houses were neither safe (F) healthy. After the Great Fire, more houses were built of stone or brick, so London became a safer and healthier city.

The Great Fire also destroyed the old St. Paul's Cathedral, so King Charles asked Sir Christopher Wren to plan a new cathedral. In 1675, Sir Christopher finally began to build the new St. Paul's Cathedral, (G) still stands in London today.

問1 ①の［ ］内の語（句）を適切に並べ替え，2番目と6番目にくるものを記号で答えなさい。 2番目（ ） 6番目（ ）

問2 本文中の ② に入る適切な1語を本文中から抜き出しなさい。 （ ）

問3 下線部③のthatと同じ用法のthatを含む文を次のア～エから1つ選び，記号で答えなさい。 （ ）

ア It is said that Tom is very honest.

イ It is Tom that broke the vase.

ウ This is the book that I've been looking for.

エ It seems that he is unhappy.

問4 下線部④を和訳しなさい。

（ ）

問5 下線部⑤［kill］を最も適切な形（2語）にしなさい。 （ ）

問6 本文中の（ A ）～（ G ）に入る最も適切な語を次のア～コから選び，記号で答えなさい。ただし，各記号は1度しか用いないこと。

(A)（ ） (B)（ ） (C)（ ） (D)（ ）

(E)（ ） (F)（ ） (G)（ ）

［ア nor イ or ウ where エ out オ for
カ under キ that ク which ケ like コ of］

問7 本文中で二重線を引いた次の5語について，下線部のsの発音が他と異なるものを1つ選び，記号で答えなさい。 （ ）

ア houses イ disease ウ close エ easily オ advisers

問８　本文の内容と一致するものを次の⑴～⑼から３つ選び，番号で答えなさい。

(　　　)(　　　)(　　　)

⑴ King Charles made up his mind to destroy some houses so as to prevent the fire from spreading.

⑵ A "fire break" is a piece of land in which a fire breaks out.

⑶ A woman in the bakery burned to death because she didn't wake up.

⑷ Strange goods which foreign ships had brought to London were burned in the fire.

⑸ The fire happened because one of Mr. Farynor's men mistakenly set fire to wood which was kept in the kitchen.

⑹ Mr. Farynor was awake when the wood in his kitchen caught fire, but he was in another room, so he didn't notice.

⑺ Even after the Great Fire of London, rats which brought disease and dirt to people at that time could still be seen in the streets.

⑻ If most of the houses had been made of stone or brick, the Great Fire of London might not have taken place.

⑼ Ships from many countries quickly left London as soon as the fire started, so they didn't have any damage.

15 歴史・伝記 Step 3
ロンドン大火災

解説・解答

語句の整理

l.1 rat ネズミ／**l.2** dirt 汚物／**l.2** disease 病気
l.8 destroy ～を破壊する／**l.14** light （火）をつける
l.22 valuables 貴重品／**l.23** flame 炎／**l.26** narrow 狭い／**l.29** cargo 船荷
l.29 warehouse 倉庫／**l.30** brandy ブランデー／**l.30** metal 金属
l.33 organize ～を組織する／**l.36** out of control 手に負えない
l.40 bravery 勇敢さ／**l.49** cathedral 大聖堂

構文の理解

l.34 **It was** *then* **that** the King and his brother began to lead the fight against the fire.

➡**強調構文**は< **It is … that ～**>の形で，「～であるのは…である」と…にあたる語句を強調するときに用いる。通常の文から，強調したい語句を< It is … that ～>の…の部分に入れて作る。…の部分には**副詞，副詞句，副詞節，（代）名詞**が入る。ここでは副詞 then「そのとき」が強調されている。通常の文は The King and his brother began to lead the fight against the fire *then*. となる。

➡強調構文は，It is と that を取り除くともとの完全な文になる。形式主語構文は，It is と that を取り除くと文として成立しないため区別できる。 参照 **12** 文法 BOX

（**It was**）*last week*（**that**）the player broke the record.（強調構文）
「その選手が記録を破ったのは先週だった」

It was *surprising* **that** the player broke the record.（形式主語構文）
「その選手が記録を破ったのは驚くべきことだった」

▶強調構文

Ann bought a ring at the department store yesterday.
「アンは昨日デパートで指輪を買った」

➡ **It was *Ann* that**［**who**］bought a ring at the department store yesterday.
「昨日デパートで指輪を買ったのはアンだった」（名詞［主語］Ann を強調）

➡ **It was *a ring* that** Ann bought at the department store yesterday.
「アンが昨日デパートで買ったのは指輪だった」（名詞［目的語］a ring を強調）

➡ **It was *at the department store* that** Ann bought a ring yesterday.
「アンが昨日指輪を買ったのはデパートだった」
（副詞句 at the department store を強調）

➡ **It was *yesterday* that** Ann bought a ring at the department store.
「アンがデパートで指輪を買ったのは昨日だった」（副詞 yesterday を強調）

l.37 Together, they decided to make several *'fire posts'* in the city, **where** the firefighters were given everything they needed to fight the fire.

➡ where は 'fire posts' を先行詞とする**関係副詞**。関係詞の前にコンマがあると，そこで意味が区切られるので，「そしてそこで…」と順に訳せばよい。このコンマのついた関係詞の用法を**非制限用法**といい，コンマのつかない用法を**制限用法**という。

➡ everything と they のあいだには everything を先行詞とする**目的格**の**関係代名詞** that が省略されている。

l.44 It finally *stopped* the disease **which had killed** so many people in 1665.

➡**過去完了形＜ had ＋過去分詞＞**は，過去のある時点までの，動作や状態の**完了**・**経験**・**継続**を表すときや，過去のある時点よりも前に起こった動作・出来事（「**大過去**」という）を表すときに用いられる。ここでは後者の用法で，had killed は stopped（過去）の時点よりもさらに過去であることを表している。 参照 **17** 文法 BOX

l.50 In 1675, Sir Christopher finally began to build *the new St. Paul's Cathedral*, **which** still stands in London today.

➡ which は前にコンマがついているので，the new St. Paul's Cathedral を先行詞とする**非制限用法**の**関係代名詞**（主格)。「そしてそれは…」と訳せばよい。

➡非制限用法の関係代名詞・関係副詞（あわせて関係詞）は省略できない。また，関係代名詞 that は，非制限用法で用いることができない。

▶関係詞の制限用法と非制限用法

- I gave her some *flowers* **which** she liked.
  「私は彼女が好きな花を彼女にあげた」（関係代名詞の制限用法）
  I gave her *some flowers*, **which** she liked.
  「私は彼女に花をあげた，そして彼女はその花を気に入った」
  （関係代名詞の非制限用法）
- I looked for a *shop* **where** I could buy postcards.
  「私はハガキが買える店を探した」（関係副詞の制限用法）
  I entered *the shop*, **where** I bought some postcards.
  「私はその店に入り，そこでハガキを何枚か買った」（関係副詞の非制限用法）

設問の解答

問1　2番目　ア，　6番目　イ　　問2　fire　　問3　イ

問4　チャールズ国王と彼の部下たちは，そこで燃える物が何もなくなるように，市の一部から家々を除去することに決めた。

問5　had killed

問6　(A)　オ　(B)　ケ　(C)　エ　(D)　ウ　(E)　カ　(F)　ア　(G)　ク

問7　ウ　　問8　(1)，(4)，(8)

設問の解説

問1　help <u>the city</u> get rid of <u>disease</u>　＜help＋～(目的語)＋(to＋)動詞の原形＞「～が…するのに役立つ」，get rid of ～「～を免れる，追い払う」。

問2　病気を撲滅したのは「火」であったことが第10段落第2文に書かれている。

問3　下線部③のthatは，It is … that ～「～であるのは…である」という強調構文を作る接続詞that。イも強調構文のthatで，「花びんを割ったのはトムだ」という意味になる。アとエは「～ということ」という名詞節を導く接続詞のthat。アは形式主語構文で，強調構文と形が似ているため注意が必要である。「トムはとても正直だと言われている」という意味。エは「彼は不幸そうに見える」という意味で，It seems that ～は「～である［する］ように思われる」を表す。ウは目的格の関係代名詞で，「これは私が探していた本だ」という意味。

問4　decide to ～「～することに決める」，clear A of B「AからBを取り除く」（ここで

はAがpart of the city，Bがsome houses），＜so that＋主語＋助動詞…＞「〜が…するように」，nothing to burn「燃えるものは何もない」。

問5　whichは主格の関係代名詞で，先行詞はdisease。「病気が多くの人々を殺した」のは，「それ（大火災）が病気を止めた」ことよりさらに過去のことなので，過去完了形＜had＋過去分詞＞にする。

問6　A　It is time for − to 〜「−が〜する時間だ」　for −は不定詞の意味上の主語。

B　前置詞like 〜「〜のように」を用いて「川のように流れていた」とする。

C　put out 〜「（火など）を消す」の受動態。

D　後ろには完全な文（主語や目的語が欠けていない文）が続いているので，fire postsを先行詞とする関係副詞のwhereが入る。

E　under control「管理されて，抑制されて」　out of control（第8段落第1文）の反意語。

F　neither A nor B「AもBも〜ない」で，全部否定を表す。

G　後ろには主語のない文が続いているので，the new St. Paul's Cathedralを先行詞とする主格の関係代名詞whichが入る。

問7　ウのcloseは「近い」という意味の形容詞で，下線部の発音は[s]。他は全部[z]。

問8　(1)　「チャールズ国王は火事が広がるのを防ぐために，何軒かの家を壊すことに決めた」（○）　第9段落第1文（下線部④）と一致。

(2)　「『防火帯』とは火事が発生する一区画の土地である」（×）　第9段落第1，2文参照。break out「（戦争・火事・病気・暴動などが）急に発生する」

(3)　「パン屋の女性は起きなかったために焼死した」（×）　第5段落最終2文参照。

(4)　「外国船がロンドンに運んできた珍しい品物は火事で燃えた」（○）　第6段落最終4文と一致。

(5)　「火事は，フェリノー氏の従業員の1人が，台所に保管されていた薪にまちがって火をつけたために起こった」（×）　第5段落第1文参照。男性が台所に着いたときはすでに火がついていた。

(6)　「フェリノー氏は台所の薪に火がついたときに起きていたが，別の部屋にいたので気づかなかった」（×）　第3段落第3文参照。フェリノー氏はまだ寝ていた。

(7)　「ロンドン大火災後でさえ，当時人々に病気と汚物を運んできたネズミは，なおも通りで見られた」（×）　第10段落に，病気は撲滅され，町はより衛生的になったと書かれている。

(8)　「もしほとんどの家が石かレンガで作られていたら，ロンドン大火災は起こらなかっただろう」（○）　木造の家が密集していたために「大火災」になってしまったので，正しいといえる。この文は仮定法過去完了の文＜If＋主語＋had＋過去分詞〜，主語＋助動詞の過去形＋have＋過去分詞…＞である。

(9)「多くの国から来た船は，火事が起こるとすぐに速やかにロンドンを出発したので，まったく損害を受けなかった」(×) 第6段落最終2文に損害の様子が書かれている。

全訳

17世紀，ロンドンはネズミだらけの市だった。通りにネズミ，家にネズミ，店にもネズミがいた。ネズミは人々に汚物と病気をもたらした。1665年，ロンドンの何千人もの人々が，ネズミに運ばれた恐ろしい病気が原因で亡くなった。病気と死の危険がないと感じる人は誰もいなかった。

翌1666年は，長く暑い夏がやって来た。人々は喜んで日光を楽しみ，それはたぶん①市が病気を追い払うのに役立つだろうと感じた。しかし実際は，さらにもっと強力なものによって，その病気はついに撲滅されたのだった。②火である。

1666年9月2日，月曜日の午前2時だった。王室付きのパン屋，ジョン・フェリノーは，テムズ川とロンドン橋の近くにある，自分のパン屋の上で暮らしていた。フェリノー氏は寝ていたが，彼の従業員たちが国王の朝食用のパンを焼き始める時間だった。国王は朝の焼きたてのパンが好きだった。

フェリノー氏の従業員の1人が起きて，台所の火をおこしに行った。フェリノー氏は，毎日パンを焼くために，台所にたくさんの薪を保管していた。

その朝台所に着くと，従業員の男性は数本の薪に火がついて，台所が燃え始めていることに気がついた。すぐにその男性はフェリノー氏を起こして，「火事です！ 火事です！」と叫んだ。まもなく家中が目覚め，人々は逃げようとしてあちこちを走りまわっていた。フェリノー氏は自宅の屋根に登って，隣家の屋根に飛び移って逃げた。ある女性はあまり運が良くなかった。彼女はおそらく自分のお金や貴重品を救い出したいと思って，家にとどまったのだろう。彼女は焼死した。

火事が起こったあとで，強い風が火を西に向かって吹き飛ばした。ますます多くの人々がパニックになり，みんな自分の貴重品を救い出そうとした。火は旧市街の至る所にすぐに広がった。家は木造で，狭い通りにかなり密集して建てられていた。火が広まるとき，通り道のすべてを焼き尽くした。それはテムズ川を渡ることはなかったが，川岸の建物には届いた。ここには外国船がしばしば停泊し，珍しくてわくわくするような積み荷を倉庫に降ろしていた。まもなくロンドンには，唐辛子と燃えているブランデーの匂いが立ちこめていた！ そして熱した金属が，川のように通りを流れていた。

ロンドン市長のトーマス・ブラッドワース卿は，火事は簡単に消火されると思った。その後，彼は消火活動隊を編成しようとしたが，その仕事をあきらめた。国王とその弟が，火事に対する消火活動を指揮し始めたのは，そのときだった。

チャールズ国王はすぐに，火がまったく抑えきれなくなっていることに気づいた。彼は特別顧問会議を招集した。同時に彼らは，市内に消防署をいくつか作ることを決定した。そこでは，消火するのに必要なあらゆる物が消防士に与えられた。チャールズ国王は消火活動を指揮して，30時間眠らずに働き，その勇敢さのために大変愛されたのだった。

④チャールズ国王と彼の部下たちは，そこで燃える物が何もなくなるように，市の一部から家々を除去することに決めた。この「防火帯」が火の広がりを食い止め，9月5日の水曜日までについに火事は収まった。

ロンドン大火災はいくつかの重大な結果をもたらした。それはついに，1665年に大変多くの人を死なせた病気を撲滅した。それは87の教会と，約1万3000の木造の家を焼き尽くした。その家々は安全でも衛生的でもなかったのである。大火災のあと，より多くの家が石やレンガで建てられたので，ロンドンはより安全でより衛生的な市になった。

大火災は旧セントポール大聖堂も焼き尽くしたので，チャールズ国王はクリストファー・レン卿に新しい大聖堂を設計するように頼んだ。1675年，クリストファー卿はついに新しいセントポール大聖堂を建造し始め，それは現在でもロンドンに建っている。

歴史・伝記 —— Step 3

16 ベートーベンの生涯

出題校 —— 慶應義塾高等学校

●学習のポイント
➡伝記は，人物に起こったことに下線を引くなどして読むとよい。
➡＜名詞＋ of ＋名詞＞の表現　➡知覚動詞の文

Ludwig van Beethoven was one of the greatest composers of all time. Much of his music was filled with great joy. However, Beethoven's life wasn't filled with joy or happiness.

Ludwig van Beethoven was born in 1770 in Bonn, Germany. He had a difficult and miserable childhood. His father, Johann, was a musician for the king. Johann started to give Ludwig piano lessons before he was four years old. Ludwig was so small that he had to stand on the piano seat to reach the piano. When Johann saw how quickly Ludwig learned, he knew his son had talent. He was determined to make Ludwig into a concert performer, and he was very demanding. ① He hit Ludwig's hand when he made a mistake and often woke him up in the middle of the night to make him play for friends. Ludwig continued to study, and, in 1782, he became the assistant organist for the king. He was only 12 years old !

Around this time, Beethoven began composing and publishing music. He used the money that he earned to help take care of his family. His father had a lot of problems and could not support them. When Beethoven was about sixteen, he went to Vienna to study. This was every musician's dream. While he was there, he played for many important people, including the famous composer Wolfgang Amadeus Mozart. When Mozart heard him, he told his friends, "Keep your eyes on him. ② Someday he will give the world something to talk about."

Soon after Beethoven arrived in Vienna, his mother died. He loved her very much and he was very upset by the news. In fact, he was shocked. Beethoven moved back to Bonn to help care for his younger brothers and sister. He made money by performing and giving music lessons. In 1790, Beethoven returned to Vienna. He studied for a short time with Austrian composer Joseph Haydn. Haydn was an older man and did not have the patience to teach the independent, young Beethoven. Several years later, Beethoven decided to stay and live in Vienna because all the great musicians at that time lived there. He gave many concerts and continued to compose music.

Most of the well-known composers of that time worked for wealthy families. Beethoven was too independent and rebellious to work for anyone else, so he worked for himself. He was the first great composer to do this. His love of independence also showed in his music. However, when Beethoven was in his late twenties, a terrible thing happened to him. He began to lose his hearing. In the end, he would be completely deaf. Beethoven was very angry and upset by this. Sometimes he broke the strings on his piano because he hit the keys so hard to hear the notes.

Music was the most important thing in Beethoven's life and his loss of hearing tortured him. But inside his head, the music continued to play. He continued to compose music, but it was difficult for him to perform in public. His last public performance was very emotional. When Beethoven was finished conducting, the audience began to applaud. But Beethoven continued to conduct because he could not hear the people applauding. Finally, one of the musicians turned him toward the audience. Now he could see how much they loved his music. He started to cry.

Beethoven was an excellent composer, but a difficult man. He was selfish and he treated people badly. His music was so beautiful that some people cried when they heard it. He laughed at this, and thought they were stupid. Before he lost his hearing, he would walk away if people talked while he was playing. If he did not like an audience, he did not perform at all. He could also be quite insulting. He wrote a song called "Praise to the Fat One," for a violinist who was overweight. Beethoven was not very good-looking himself. He was short and he let his hair grow long and wild. But he knew it, and made jokes about it.

Beethoven was also a wild and bad-tempered person, especially in restaurants. Once he got so mad at a waiter that ③ <u>he emptied a plate of food on the waiter's head</u>. Then he laughed loudly, as he always did. Sometimes he wrote music on the bill and then left without paying. Beethoven probably went to a lot of restaurants because he was a terrible cook. He loved macaroni and cheese, a soup made of bread and eggs, and red herring, which is a type of fish. He liked to make strong coffee and counted exactly 60 beans to the cup.

Beethoven usually worked early in the morning. But sometimes he stayed up all night and worked without eating or sleeping. He poured water over his head to help him stay awake, but he never cleaned it up. His room was a mess. There were dirty clothes, old pens, plates of food, and papers everywhere. His room was so dirty that all his landlords made him move. Beethoven himself was not very clean either. ④ <u>He wore the same clothes until they were so dirty that his friends had to throw them out.</u> They usually did this while Beethoven was sleeping. They left new clothes in place of the old ones, but he never noticed. He was too busy writing music. Naturally Beethoven never got married. Who would want him ? He fell in love many times, however, and asked several women to marry him. Most of the women were engaged or already married. He never had children of his own, but he helped to raise his brother's son after his brother died.

People do not think about all these things when they hear the name Beethoven. People remember the great beauty of his music. They also remember that he helped to make classical music popular and respected around the world. Beethoven died in Vienna in 1827 when he was 57. Over 20,000 people came to his funeral. The great composer Franz Schubert helped to carry Beethoven's coffin. Schubert said that when he died, he wanted to be buried in Vienna, next to Beethoven. Sadly, Schubert died a year later, at the age of 32. He was buried next to Beethoven.

（注）Ludwig ルードヴィヒ　composer 作曲家　earn ～を稼ぐ　Vienna ウィーン
perform 演奏する　patience 忍耐　wealthy 裕福な　rebellious 反抗的な
deaf 耳の聞こえない　string 楽器の弦　note ピアノの鍵　torture ～を苦しめる
conduct 指揮する　audience 聴衆　applaud 拍手喝采する　insulting 無礼な
bad-tempered 気むずかしい　landlord 家主　funeral 葬式　coffin 棺

問1　本文の内容に合うように，(1)～(12)の英語に続く最も適切なものを次の(a)～(d)から1つずつ選び，記号で答えなさい。

(1) When Beethoven was 12 years old, he (　　　).
(a) began to take piano lessons from his father
(b) began to play the organ for the king
(c) gave up the hard lessons from his father
(d) met Mozart to take piano lessons

(2) The famous musician who first noticed Beethoven in Vienna was (　　　).
(a) Haydn　(b) Mozart　(c) Beethoven's father　(d) Schubert

(3) Haydn taught Beethoven for just a short while because Beethoven (　　　).
(a) was so talented he did not need lessons
(b) was too wild and independent
(c) had to go to work to support his family
(d) was more famous than Haydn

(4) Beethoven was the first great composer to (　　　).
(a) work for himself
(b) work for a wealthy family
(c) live outside of Vienna
(d) perform with the audience in his concerts

(5) Beethoven's loss of hearing (　　　).
(a) made him a better concert performer
(b) caused Mozart to perform in public
(c) affected him emotionally
(d) ended his career

(6) When the audience was deeply moved by Beethoven's music and they cried, (　　　).
(a) Beethoven looked down on the audience
(b) Beethoven walked down to the audience and shook hands
(c) Beethoven stopped his performance with anger
(d) Beethoven made the audience laugh by his jokes

(7) We can imagine from the story that (　　　).

(a) he ordered only vegetable dishes in restaurants

(b) he enjoyed cooking himself in the kitchen

(c) he did not eat until all the dishes were set on the table in restaurants

(d) he was particular about the taste of coffee

(8) To stay awake while he composed at night, Beethoven (　　　).

(a) cleaned up his room

(b) poured water over his head

(c) invited friends to visit

(d) washed his face in cold water

(9) The main idea the writer wants to tell the readers at the end of the story is that (　　　).

(a) people have always loved Beethoven's music

(b) Beethoven died in Vienna in 1827

(c) many people came to Beethoven's funeral

(d) Schubert was very fond of Beethoven

(10) According to the story, Beethoven's father (　　　).

(a) had no interest in his son at all

(b) earned enough money to support his family

(c) cared mostly about his son's career

(d) was proud of his son, but did not like his son's music

(11) We can probably say from the story that (　　　).

(a) Beethoven was unsuccessful because of his difficult personality

(b) Beethoven really wanted to work for a wealthy family

(c) Beethoven's independent and rebellious personality was good for his career

(d) Beethoven never married, but there was a woman who wanted to marry him

⑿ We can also say from the story that Beethoven (　　　　).

(a) was so unpleasant that very few people went to his concerts

(b) was very unpleasant, but people still loved his great talent

(c) was very unpleasant, but his friends loved his kindness and generosity

(d) was not so much an unpleasant person as a social person

問２　下線部①②③④を和訳しなさい。

①(　　　　　　　　　　　　　　　　　　　　　　　　　　　　　　　　)

②(　　　　　　　　　　　　　　　　　　　　　　　　　　　　　　　　)

③(　　　　　　　　　　　　　　　　　　　　　　　　　　　　　　　　)

④(　　　　　　　　　　　　　　　　　　　　　　　　　　　　　　　　)

歴史・伝記　Step 3

16 ベートーベンの生涯

解説・解答

語句の整理

l.5 miserable　みじめな／l.8 be determined to ～　～することを決心している
l.9 demanding　あまりに多くを要求する，自分本位の
l.18 keep one's eyes on ～　～を注意深く見つめる／l.21 be upset　取り乱す
l.25 independent　自尊心の強い／l.40 emotional　感情的な，感動的な
l.45 selfish　利己的な／l.46 treat　～を扱う／l.47 stupid　愚かな
l.60 stay up　（寝ないで）起きている／l.61 pour A over B　A を B にかける
l.67 in place of ～　～の代わりに／l.68 naturally　当然ながら
l.77 bury　～を埋める（発音注意 [béri]）

構文の理解

l.31 *His love* **of** *independence* also showed in his music.
l.37 … and *his loss* **of** *hearing* tortured him.

➡ His love of independence は He loved independence. と同じ内容を表し，love と independence は**＜動詞ー目的語＞**の関係になっている。したがって「彼が自立を大切にしていたこと」のように，of を「～を」と訳すことがポイントになる。同様に，his loss of hearing は He lost hearing. と同じ内容を表し，loss と hearing は**＜動詞ー目的語＞**の関係で，「彼が聴力を失ったこと」という意味になる。ここでは**意味上の主語**が**所有格** his で表わされているが，主語が示されない場合もある。

▶＜名詞＋ of ＋名詞＞の表現

His discovery **of** *X ray* was an accident.
「彼がエックス線を発見したのは偶然だった」
Loss **of** *health* is a serious problem.
「健康を失うことは深刻な問題だ」

l.41 But Beethoven continued to conduct **because** he could not **hear** the people *applauding*.

➡**知覚動詞**を用いた**＜ hear ＋…（目的語）＋～ing ＞**は「…が～しているのが聞こえる」という意味になる。また，**＜ hear ＋…（目的語）＋動詞の原形＞**の形もあり「…が～するのが聞こえる」を意味する。＜～ing ＞の場合は「動作の途中を聞く（**一部**）」ことを表し，＜動詞の原形＞の場合は「動作の始めから終りまでを聞く（**全部**）」ことを表す。

▶知覚動詞の文

I **saw** John *walking* across the street.
「私はジョンが通りを横切っているのを見た」（横切っている最中を見た）
I **saw** John *walk* across the street.
「私はジョンが通りを横切るのを見た」（渡り終えるのを見た）

l.55 Then he *laughed* loudly, **as** he always *did*.

➡この接続詞 as は，「～するように（**様態**）」という意味。 参照 **18** 文法 BOX

➡ did は直前の動詞 laughed の代わりに用いられている。繰り返しを避けるためで，**代動詞**と呼ぶ。

l.68 Who would want him ?

➡**修辞疑問**は，形は疑問文だが相手に答えを求めるものではなく，内容は書かれていることの反対を意味する（**反語**という）。実際は Nobody would want him.「誰も彼を望まなかったろう」と否定の内容を表している。

l.69 He fell in love many times, **however**, and **asked** several women *to marry* him.

➡「しかしながら」という意味の副詞 however は，文頭・文中・文尾のどこでも用いられるが，コンマで区切る。文中にあっても「しかしながら彼は…」と最初に訳すとよい。 参照 **19** 文法 BOX

➡**＜ ask ＋…（目的語）＋ to ＋動詞の原形＞**は「…に～するように頼む」という意味。

設問の解答

問1 (1) (b)　(2) (b)　(3) (b)　(4) (a)　(5) (c)　(6) (a)　(7) (d)　(8) (b)
(9) (a)　(10) (c)　(11) (c)　(12) (b)

問2 ① 彼はルードヴィヒが間違えると手を叩き，友人たちのために演奏させようとしばしば深夜に起こした。
② いつか彼は世の中のうわさになることをするぞ。
③ そのウェイターの頭にお皿の食べ物を全部かけてしまった
④ 彼は同じ服を，友人が捨てなければならないほど汚くなるまで着つづけた。

設問の解説

問1 (1)「ベートーベンは12歳のとき，宮廷でオルガンを弾き始めた」　第2段落最終2文参照。

(2)「ウィーンで最初にベートーベンに目をとめた有名な音楽家はモーツァルトだった」　第3段落最後から2つ目の文参照。

(3)「ハイドンはベートーベンを短期間教えただけだった，なぜならベートーベンは性格が激しく，自尊心が強かったからだ」　第4段落最後から3つ目の文参照。

(4)「ベートーベンは自分自身のために働いた最初の偉大な作曲家だった」　第5段落第2，3文参照。

(5)「ベートーベンが聴力を失ったことは感情面で彼に影響を与えた」　第5段落第6文～第6段落第1文参照。

(6)「聴衆がベートーベンの音楽に深く感動して泣いたとき，ベートーベンは聴衆を見下した」　第7段落第3，4文参照。look down on ～「～を見下す」

(7)「私たちはこの話から彼はコーヒーの味にこだわっていたと想像できる」　第8段落最終文の内容から想像できる。be particular about ～「～について好みがうるさい」

(8)「夜，作曲しているあいだ起きているために，ベートーベンは自分の頭に水をかけた」　第9段落第2，3文参照。

(9)「この話の最後で著者が読者に伝えたい主な考えは人々はいつもベートーベンの音楽を愛してきたということだ」　最終段落第1～3文の内容からそのように考えられる。

(10)「この話によれば，ベートーベンの父親は主に息子の出世に関心があった」　第2段落後半に，4歳になる前からピアノを練習させて12歳で宮廷でオルガンを弾くようにさせたと書かれている。according to ～「～によれば」

(11)「この話から，ベートーベンの自尊心が強く反抗的な性格は彼の成功に役立ったと言えるだろう」　第5段落前半の内容から，この性格ゆえに独自の音楽性で成功したと言える。

(12)「この話から，ベートーベンはとても無礼であったが，それでも人々は彼のすばらしい才能を愛していたとも言える」　最終段落の内容からそのように考えられる。最終段落第1文の all these things は，第7～9段落に書かれているベートーベンの気難しい性格や無礼な振るまいを指す。

問2　① to make は目的を表す副詞的用法の不定詞。＜使役動詞 make ＋～（目的語）＋動詞の原形＞は「～に…させる」という意味。

② to talk は形容詞的用法の不定詞。something と to talk about が意味的に＜目的語－動詞＋前置詞＞の関係になっていて，「話すこと，話題」という意味になる。全文を直訳すると「いつか彼は世間に話題を提供するだろう」となる。

③ empty は「～をからにする」という動詞。

④ until「～まで」の節中は so ～ that …「とても～なので…（結果）」「…なほど～（程度）」の形になっている。

全訳

ルードヴィヒ・ヴァン・ベートーベンは，常に最も偉大な作曲家の一人であった。彼の音楽の多くには大きな喜びが満ちていた。しかし，ベートーベンの人生は喜びや幸福で満たされたものではなかった。

ルードヴィヒ・ヴァン・ベートーベンは1770年にドイツのボンで生まれた。子供時代は困難でみじめだった。彼の父，ヨハンは宮廷音楽家だった。ヨハンは，ルードヴィヒが4歳になる前にピアノを教え始めた。ルードヴィヒはとても小さかったので，いすの上に立たなければピアノに手が届かなかった。ヨハンはルードヴィヒがとても速く学ぶのを見て，息子には才能があることを知った。彼はルードヴィヒをコンサート演奏者にすることに決め，とても多くを要求した。①彼はルードヴィヒが間違えると手を叩き，友人たちのために演奏させようとしばしば深夜に起こした。ルードヴィヒは学び続け，1782年に宮廷のアシスタントオルガン奏者となった。彼はわずか12歳だった！

このころ，ベートーベンは音楽の作曲と出版を始めた。彼は稼いだお金を，家族を養う費用の足しにした。彼の父親には多くの問題があり，家族を養うことはできなかったのだ。16歳になったとき，ベートーベンは勉強するためにウィーンへ行った。これはすべての音楽家の夢だった。そこにいるあいだ，ベートーベンは多くの要人のために演奏した。その中には有名な作曲家，ウォルフガング・アマデウス・モーツァルトも含まれていた。モーツァルトは彼の演奏を聴いて，友人に「彼から目を離すなよ。②いつか世の中のうわさになることをするぞ」と言った。

ベートーベンがウィーンに着いてすぐに，母親が亡くなった。彼は母親をとても愛していたので，この知らせを聞いて非常に取り乱した。つまり，ショックを受けたのだ。ベートーベンは，弟妹の養育を手助けするためにボンへ帰った。彼は音楽を演奏したり教えたりしてお金を稼いだ。1790年，ベートーベンはウィーンに戻った。オーストリア人の作曲家ヨーゼフ・ハイドンのところで短期間学んだ。ハイドンは年をとっていて，自尊心が強く若いベートーベンに教える忍耐力は，彼にはなかった。数年後，そのころの偉大な音楽家はみなウィーンに住んでいたので，ベートーベンもウィーンにとどまりそこで暮らすことに決めた。彼はコンサートをたくさん開き，作曲を続けた。

そのころの有名は作曲家のほとんどは裕福な家のために仕事をしていた。ベートーベンはとても自尊心が強く反抗的だったので，他の人のために仕事をするということができなかった。だから彼は自分自身のために仕事をした。彼はこれをした最初の偉大な作曲家だった。**彼の自尊心の強さは彼の音楽に現れていた**。しかしながら，ベートーベンが20代後半のとき，恐ろしいことが彼の身に起きた。彼は聴力を失い始めたのだ。最後にはまったく耳が聞こえなくなりそうだった。ベートーベンはとても怒り，取り乱した。ピアノの音を聞くためにとても激しく鍵盤をたたいたので，ピアノの弦を切ってしまうこともあった。

音楽はベートーベンの人生で最も大切なものだったので，**聴力を失うことは彼を苦しめた**。しかし，彼の頭の中では音楽が流れ続けていた。彼は作曲を続けたが，人前で演奏することは難しかった。最後の人前での演奏はとても感動的だった。ベートーベンが指揮を終えたとき，聴衆は拍手喝采し始めた。**しかし，ベートーベンは人々が拍手しているのが聞こえなかったので，指揮を続けた**。とうとう演奏者の一人が彼を聴衆のほうに向けさせた。そのとき彼は，聴衆がどれほど自分の音楽を愛してくれているかを見ることができた。彼は泣きだした。

ベートーベンは卓越した作曲家だったが，気難しい男だった。彼は利己的で聴衆の扱いが悪かった。彼の音楽はとても美しかったので，聴いて泣く人もいた。彼はこれを笑い，泣く人を愚かだと思った。聴力を失う前，演奏中に聴衆が話をしたら，彼は歩いて行ってしまったものだった。聴衆を気に入らなければ，まったく演奏しなかった。彼はとても無礼でもあった。ある太ったバイオリン奏者に対して『太った人への賛歌』という歌を書いた。ベートーベン自身はあまり外見がよくなかった。彼は背が低く，髪を長く伸ばして手入れをしないままだった。だが自分で承知していて，容姿についての冗談を言った。

ベートーベンは手に負えない，気難しい人間でもあった。特にレストランではそうだった。一度，ウェイターを非常に怒って，③そのウェイターの頭にお皿の食べ物を全部かけてしまったことがあった。**それからいつものように大声で笑った**。請求書の上に曲を書き，お金を払わずに出て行ったこともあった。ベートーベンは料理がひどく下手だったので，多くのレストランへ行ったのだろう。彼は，チーズがかかったマカロニ，パンと卵でできたスープ，それに魚の種類の1つである燻製ニシンが好きだった。彼は濃いコーヒーを入れるのが好きで，1カップ用にコーヒー豆を正確に60粒数えた。

ベートーベンはたいてい朝早くに仕事をした。しかしときどき食事も睡眠もとらず徹夜で仕事をすることもあった。彼は起き続けていられるように自分の頭に水をかけたが，決してそれをふき取らなかった。彼の部屋は散らかっていた。汚れた衣服，古いペン，食べ物が入った皿，そして紙がいたるところにあった。彼の部屋はあまりに汚かったので家主はみな，彼を追い出した。ベートーベン自身もあまり清潔ではなかった。④彼は同じ服を，友人が捨てなければならないほど汚くなるまで着つづけた。友人たちはたいてい，ベートーベンが眠っている間にこれをした。彼らは古い服の代わりに新しい服を置いておいたが，彼は決して気がつかなかった。彼は作曲にあまりに忙しかった。当然ながらベートーベンは一度も結婚しなかった。一体誰が彼と結婚したいと思っただろうか。しかしながら彼は何度も恋をし，何人かの女性に結婚を申し込んだ。その女性のほとんどは婚約していたかすでに結婚していた。彼には自分の子どもは一人もいなかったが，自分の弟が死んだあと，その息子の養育を援助した。

人はベートーベンの名前を聞くとき，これらのことをまったく考えない。人は彼の音楽が非常に美しいことは忘れない。人はまた，彼が，世界中でクラシック音楽の人気が高まり尊重されるようになるのに役立ったことを覚えている。ベートーベンは1827年，57歳のときにウィーンで亡くなった。2万人以上の人が彼の葬式にやって来た。偉大な作曲家フランツ・シューベルトが，ベートーベンの棺を運ぶのを手伝った。シューベルトは，自分が死んだらウィーンでベートーベンの隣に埋葬してほしいと言った。悲しいことに，シューベルトは翌年，32歳で亡くなった。彼はベートーベンの隣に埋葬された。

紹介文 Step 1

17 アイスマンの謎

出題校 —— 早稲田大学本庄高等学院・東大寺学園高等学校

●学習のポイント
➡「可能性や仮説」と「事実」を混同しないように，整理して読もう。
➡過去完了形< **had** ＋過去分詞>の文

On a September day in 1991, two Germans were climbing the mountains between Austria and Italy. High up on a mountain pass, they found the body of a man (1) on the ice. (2) that height (10,499 feet, or 3,200 meters), the ice is usually permanent, but 1991 had been an especially warm year. The mountain ice had melted more than usual and so the body had come to the surface.

It was lying face downward. The skeleton was in perfect condition, except (3) a wound in the head. There was still skin (4) the bones and the remains of some clothes. The hands were still holding the wooden handle of an ax and (5) the feet there were very simple leather and cloth boots. Nearby was a pair of gloves made (6) tree bark and a holder for arrows.

Who was this man? How and when had he died? Everybody had a different answer (7) these questions. Some people thought that he was from this century, perhaps the body of a soldier who died in World War I, ア <u>since</u> several soldiers had already been found in the area. A Swiss woman believed it might be her father, (8) had died in those mountains twenty years before and (9) body had never been found. The scientists who rushed to look at the body thought it was probably much [A], maybe even a thousand years old.

Before they could be sure about this, however, they needed to bring the body down the mountain and study it in their laboratories. [問題は，それが誰のものかということだった。] It was lying almost exactly on the border between Italy and Austria and of course both countries wanted the Iceman, as he was called. For some time the Austrians kept the body, while the Italians and Austrians argued, but later it was moved (10) Italy. It now lies in a special refrigerated room in the South Tyrol Museum in Bolzano.

イ <u>With modern dating techniques</u>, the scientists soon learned that the Iceman was about 5,300 years old. (11) in about 3300 B.C., he lived during the Bronze Age in Europe. (12) first scientists thought he was probably a hunter who had died [B] an accident in the high mountains. More recent evidence, however, tells a different story. A new kind of X ray shows an arrowhead still (13) in his shoulder. [skin / a / it / hole / tiny / left / his / only / in], but it caused internal damage and bleeding. He almost certainly died [B] this wound, and not [B] the wound (14) the back of his head. ウ <u>This means that (　　　　)</u>. It may have been part of a larger war, or he may have been fighting bandits. He may even have been a bandit himself.

By studying his clothes and tools, エ <u>scientists have already learned a great deal from the Iceman about the times he lived in.</u> We may never know the full story of (15) he died, but he has given us important clues to the history of those distant times.

(注) permanent 永久の　wound 傷　bark 樹皮　bandit 山賊

問1　本文中の（ 1 ）～（ 15 ）に入る最も適切な語または語句を次の１～５から１つずつ選び，番号で答えなさい。

(1)（　　　）(2)（　　　）(3)（　　　）(4)（　　　）(5)（　　　）
(6)（　　　）(7)（　　　）(8)（　　　）(9)（　　　）(10)（　　　）
(11)（　　　）(12)（　　　）(13)（　　　）(14)（　　　）(15)（　　　）

(1)	1 lie	2 to lie	3 to be lying	4 lied	5 lying
(2)	1 With	2 At	3 Below	4 During	5 Of
(3)	1 for	2 in	3 at	4 but	5 from
(4)	1 at	2 of	3 into	4 on	5 from
(5)	1 behind	2 from	3 on	4 into	5 without
(6)	1 for	2 of	3 from	4 into	5 over
(7)	1 without	2 with	3 against	4 at	5 to
(8)	1 who	2 which	3 what	4 whose	5 that
(9)	1 who	2 which	3 what	4 whose	5 that
(10)	1 along	2 away	3 from	4 over	5 to
(11)	1 Left	2 Brought	3 Born	4 Came	5 Got
(12)	1 With	2 At	3 On	4 In	5 From
(13)	1 stick	2 to stick	3 to be stuck	4 having stuck	5 stuck
(14)	1 on	2 against	3 for	4 away	5 with

(15) 1 what　2 who　3 how　4 which　5 that

問2　本文の内容と一致するものを次の1～8から2つ選び，番号で答えなさい。
(　　　)(　　　)

1 This story is about how men lived in the distant past.
2 The Iceman was found by a Swiss woman.
3 The body was in good condition because the scientists took good care of it.
4 When the Iceman was found, the body still had some clothes on.
5 When the body was first found, some people knew for sure where it came from.
6 The Italians and Austrians were arguing about how the Iceman died.
7 After examining the body, the scientists said the Iceman was an Italian from Bolzano.
8 Scientists now think that the Iceman was killed by another man with arrows.

問3　本文中の[A]に入る最も適切な語を次の1～5から1つ選び，番号で答えなさい。
(　　　)

1 later　2 earlier　3 older　4 more　5 younger

問4　下線部アのsinceと同じ用法のsinceを含む文を次の1～5から1つ選び，番号で答えなさい。
(　　　)

1 He hasn't spoken since he sat down.
2 Since we're not very busy just now, I can get away from the office.
3 Since he left for America, he has written only once.
4 Since leaving college he has been ill.
5 The city was destroyed by an earthquake in 1910 and has since been rebuilt.

問5　本文中の[　　]内の日本語を英訳しなさい。ただしTheで始め，文中でbelongを使うこと。
(　　　　　　　　　　　　　　　　　　　　　　　　　　　　　　)

問6　本文の内容と合うように，次の質問に英語2語で答えなさい。

Which country got the Iceman after all ?
(　　　　　　　　)

問7　下線部イの内容を最も適切に表しているものを次の1～5から1つ選び，番号で答えなさい。（　　）

1　By the new ways of determining the date of the body
2　With new skills of keeping the body in good condition for study
3　By using new machines that can melt the frozen body perfectly
4　With the new machines that can check the body carefully
5　With new ways for finding arrow wounds on the body

問8　本文中の3カ所の[B]に入る最も適切な語を次の1～5から1つ選び，番号で答えなさい。（　　）

1　with　2　as　3　because　4　from　5　for

問9　本文中の[　　]内の語を正しい語順に並べ替えなさい。
（　　　　　　　　　　）

問10　下線部ウの空所に入る最も適切なものを次の1～5から1つ選び，番号で答えなさい。（　　）

1　the back of his head was probably damaged more seriously than his shoulder
2　he was probably shot in the shoulder and in the head at the same time
3　perhaps he got lost in the high mountain and was frozen to death at last
4　he probably went into the mountain for hunting and had an accident
5　he was probably in some kind of a battle

問11　下線部エを和訳しなさい。
（　　　　　　　　　　）

紹介文 ―― Step 1

17 アイスマンの謎

解説・解答

語句の整理

l.2 pass 山道／l.5 melt 融ける／l.5 surface 表面
l.6 downward 下向きに／l.6 skeleton 骨格／l.6 condition 状態
l.8 ax おの／l.9 leather 皮／l.19 laboratory 研究所
l.20 border 国境／l.22 argue 論ずる，議論する
l.23 refrigerate ～を冷凍する／l.28 evidence 証拠／l.29 arrowhead 矢じり
l.31 internal 内部の／l.31 bleeding 出血／l.37 clue 手がかり

構文の理解

l.4 but 1991 **had been** an especially warm year. The mountain ice **had melted** more than usual and so the body **had come** to the surface.

➡過去完了形<**had ＋過去分詞**>の文。ここでは，段落冒頭の on a September day in 1991「1991 年 9 月のある日」という過去の時点を基準として，そのときまで「暖かい日が続いていた」（**継続**），そのときまでに「氷が融けてしまっていた」「遺体が表面に出てしまっていた」（**完了**）という意味を表す。 参照 15 構文 l.44

▶過去完了形<had ＋過去分詞>の文

<完　了> The train **had** already **left when** I *arrived* at the station.
「私が駅に到着したときには電車はすでに出発していた」

<経　験> I **had** never **visited** a foreign country *at that time.*
「当時，私は外国に行ったことがなかった」

<継　続> He **had lived** in Osaka for two years **before** he *came* to Tokyo.
「彼は東京に来る前に 2 年間大阪に住んでいた」

<大過去> I *found* **that** I **had left** my umbrella in the bus.
「私はバスの中にかさを置き忘れたことに気づいた」

l.9 Nearby *was* **a pair of gloves** made of tree bark **and a holder for arrows**.

➡<場所を表す語＋動詞＋主語>の語順になっている**倒置**の文。a pair of gloves と a holder for arrows が主語である。be 動詞が were ではなく was になっているのは，手袋と矢筒をひとつのまとまったものとしてとらえているからである。

➡ made of tree bark は gloves を後ろから修飾する**形容詞的用法**の**過去分詞句**。

参照 **29** 文法 BOX

l.12 Some people *thought* **that** he was from this century, perhaps the body of a soldier **who** died in World War Ⅰ, **since** several soldiers **had** already **been found** in the area.

➡ thought の目的語になる that 節は World War Ⅰまでで，perhaps の前には and he was が省略されていると考える。

➡この since は「～なので」と**理由**を表す**接続詞**。節中は**過去完了形**の**受動態< had been ＋過去分詞>**で，thought という過去の時点を基準にして，「すでに発見されていた」と完了の意味を表す。

l.26 **Born** in about 3300 B.C., he lived during the Bronze Age in Europe.

➡ Born in about 3300 B.C., は**過去分詞**を用いた**分詞構文**で，ここでは「…，そして～」を表す。He was born in about 3300 B.C. and lived during the Bronze Age in Europe. と同じ意味を持つ。過去分詞を用いた分詞構文は，過去分詞の前に現在分詞 being が省略されていると考えることができ，現在分詞の分詞構文と同様に，時，理由，付帯状況などを表す。 参照 **11** 文法 BOX ①

l.33 It **may have been** part of a larger war, **or** he **may have been fighting** bandits.

➡**過去の事柄**に対する**推量**を表す文。前半は**< may have ＋過去分詞>**「～だった［した］かもしれない」，後半は**< may have been ～ing >**「～していたかもしれない」となっている。 参照 **11** 文法 BOX ②

設問の解答

問 1 (1) 5 (2) 2 (3) 1 (4) 4 (5) 3 (6) 2 (7) 5 (8) 1
(9) 4 (10) 5 (11) 3 (12) 2 (13) 5 (14) 1 (15) 3

問 2 4，8 問 3 3 問 4 2

問 5 The problem was to whom it belonged. / The problem was who(m) it belonged to.

問 6 Italy did. 問 7 1 問 8 4

問 9　It only left a tiny hole in his skin　　問 10　5

問 11　科学者たちはアイスマンから彼の生きた時代について非常に多くのことをすでに学んだ。

設問の解説

問 1　(1)　lie「横たわる」の現在分詞 lying を入れて lying on the ice「氷の上に横たわっている」が後ろから man を修飾する形にする。

(2)　at that height「その高さで」　この at は地点や場所を表す。

(3)　except for ～「～を除いて他は，～という点以外では」

(4)(5)　この on は「～に，～の上に」と接触を表す。

(6)　made of ～「～でできた，～製の」　通例材料が本質的に変化しない場合に前置詞 of を用いる。変化する場合は from を用いる。

(7)　answer to ～「～に対する答え」　この answer は名詞。

(8)　直後に動詞が続いていることから，主格の関係代名詞を入れる。先行詞は father なので，who が適切。なお関係代名詞 that は非制限用法（関係代名詞の前にコンマを置いて，先行詞に関する追加的な説明を加える用法）で用いることができないため，ここでは不可。

(9)　直後に無冠詞の名詞が続いていることに着目し，所有格の関係代名詞 whose を入れる。先行詞は同じく father。

(10)　move A to B「A を B へ移動させる」　ここはその受動態。

(11)　前文でアイスマンの遺体の年代について述べているので，Born を入れて「紀元前 3300 年ごろに生まれて」とする。この Born in about 3300 B.C., は過去分詞を用いた分詞構文。

(12)　at first「最初は，初めは」

(13)　arrowhead を後ろから修飾するよう，stick「突き刺さる」の過去分詞 stuck を入れる。この stuck は「突き刺さっている」という完了の状態を表す過去分詞。

(14)　on the back of ～「～の裏側［後ろ］に」

(15)　前段落でアイスマンが死んだときの状況について推測しているので，how he died「彼がどのように死んだか」が適切。

問 2　1　「この話は，遠い過去に人間がどのように暮らしていたかについて述べている」（×）　この文章はアイスマンの発見について述べたものであり，遠い過去における人間の暮らしという一般的内容については書かれていない。

2　「アイスマンはスイス人女性によって発見された」（×）　第 1 段落第 1，2 文参照。2 人のドイツ人によって発見された。

3 「遺体は良い状態だった，なぜなら科学者たちが十分な管理をしたからだ」(×) 第1，2段落より，ずっと氷の中にあったために良い状態だったと読み取れる。

4 「アイスマンが発見されたとき，遺体にはまだ衣服が残っていた」(○) 第2段落第3文参照。

5 「遺体が最初に発見されたとき，それがどこから来たのか確実に知っている人たちがいた」(×) 第3段落第1～3文参照。for sure「確かに，確実に」

6 「イタリア人とオーストリア人はアイスマンがどのように死んだのかということで論争していた」(×) 第4段落参照。どちらの国がアイスマンを管理するかということで論争していた。

7 「遺体を検査したあと，科学者たちはアイスマンはボルザノ出身のイタリア人だったと言った」(×) そのような記述はない。

8 「科学者たちは現在，アイスマンは他の人に矢で殺されたのだと考えている」(○) 第5段落第5～7文参照。

問3 直後の maybe even a thousand years old に着目する。

問4 アと2の since は「～なので」と理由を表す接続詞。1，3は「～以来」を表す接続詞，4は「～以来」を表す前置詞，5は「その後（今までの間に)」を表す副詞。

問5 「問題は～だった」は The problem was ～とする。「それが誰のものか」は belong to ～「～のものである」を用いた間接疑問 to whom it belonged とする。to を節の後ろにおいて who(m) it belonged to としてもよい。

問6 「結局どちらの国がアイスマンを手に入れたか」 第4段落最後から2つ目の文参照。主語をたずねる一般動詞の過去形の疑問文に対しては，＜主語＋ did.＞の形で答える。

問7 この with は道具・手段を表して「～で，～を使って」という意味。dating technique は文脈から「年代を測定する技術」とわかる。よって，1「遺体の年代を決定する新しい方法によって」が適切。

問8 die from ～「(事故・けがなど) がもとで死ぬ」

問9 続く but 以下の文の主語が it なので，ここも it を主語にし，leave の過去形 left を動詞にする。left a tiny hole in his skin で「彼の皮膚に小さな穴を残した」という意味。only「～だけ」は修飾する語の直前に置く。ここでは「残しただけだった」となるよう，left の前に置く。

問10 This は直前の文の内容を指す。肩に受けた矢の傷がもとで死んだということは，戦闘に参加していたということである。

問11 現在完了の文。have already learned は「すでに学んだ」を表す。learned の目的語は a great deal「非常に多くのこと」で，about 以下がこれを修飾している。the times he lived in は「彼が生きていた時代」という意味で，he の前に目的格の関係代名詞が省略されている。

全訳

1991年9月のある日，2人のドイツ人がオーストリアとイタリアの間の山を登っていた。山道を高く上ったところで，彼らは氷の上に横たわっている男性の遺体を発見した。その高さ（10,499フィート，つまり3,200メートル）では氷はふつう永久に凍っているが，1991年は特に暖かい年だった。山の氷はいつもよりも多く融けて，遺体が表面に出てきたのだった。

それは顔を下にして横たわっていた。頭部の傷を除けば骨格は完璧な状態だった。まだ骨には皮膚がついていて，衣服の残りもあった。両手はいまだにおのの木製の握り手をつかんでいて，足にはとても簡素な，皮と布のブーツを履いていた。近くには，樹皮でできた1組の手袋と矢筒があった。

この男性は誰であったのか。彼はいつどのようにして死んだのか。誰もがこれらの質問に対して異なる答えを持っていた。彼は今世紀の人で，第1次世界大戦で死んだ兵士の遺体かもしれないと考える人もいた，なぜならその地域では数人の兵士がすでに発見されていたからだ。あるスイス人女性は，その遺体は20年前にその山で亡くなり，遺体がまだ見つかっていない自分の父親かもしれないと思った。遺体を見ようと駆けつけた科学者たちは，それはたぶんAもっと古いものだろう，もしかしたら1000年も前のものかもしれない，と考えた。

しかし，このことについて彼らがわかるには，遺体を山から下ろして研究所で調べる必要があった。問題は，それが誰のものかということだった。それはイタリアとオーストリアの国境線のほぼ真上に横たわっており，当然どちらの国もアイスマン（彼はそのように呼ばれた）がほしかった。イタリア人とオーストリア人が論争しているあいだ，しばらくオーストリア人がその遺体を管理していたが，のちに遺体はイタリアへ移送された。現在それは，ボルザノの南チロル博物館の特別冷凍室に置かれている。

イ現代の年代測定技術で，科学者たちはまもなく，アイスマンが約5,300年前の人であるとわかった。彼は紀元前3300年ごろに生まれ，ヨーロッパの青銅器時代に生きていた。最初科学者たちは，彼はおそらく高い山の中で事故死したハンターだったのだろうと考えた。しかし，より最近の証拠によって違う説が示されている。新しい種類のエックス線により，矢じりが今も彼の肩に突き刺さっていることがわかるのだ。それは肌に小さな穴を残しただけだったが，体内の損傷と出血を引き起こした。彼はほぼ確実にこの傷がもとで死亡し，後頭部の傷がもとではなかった。ウこのことは彼がおそらくある種の戦闘に参加していたことを意味する。それはもしかしたらより大きな戦争の一部だったのかもしれないし，彼は山賊と戦っていたのかもしれない。彼自身が山賊だったのかもしれない。

衣服や道具を研究することにより，エ科学者たちはアイスマンから彼の生きた時代について非常に多くのことをすでに学んだ。彼がどのようにして死んだのかについての詳細な話は決してわからないかもしれないが，彼は私たちにそのように遠く離れた時代の歴史について重要な手がかりを与えてくれた。

MEMO

18 紹介文 Step 2

インターネットブログ

出題校 —— 洛南高等学校

●学習のポイント
➡インターネットに関する知識を身につけ，用語に慣れよう。
➡接続詞 as の用法

When important events are happening around the world, most people watch traditional news programs, such as the ones on CNN and the BBC. But we now have a new way to learn them. It is a kind of Internet site known as a "blog." Blogs are Internet diaries, and they are usually kept by some persons or groups of persons. They are the fastest growing type of Internet site. In 2003, there were several hundred thousand blogs on the Internet, and the number is growing very fast.

A blog is different from a traditional Internet site in several ways. First of all, it is updated much more often. Many blogs are updated every day, and some are updated several times a day. Also, most blogs use special computer programs or Internet sites which are made for bloggers, so you don't need to know much about the computer to write your own blog. ① This means that people who may find using computers difficult can easily start writing their own blogs. In 2003, AOL introduced its own blogging service, and so its 35 million members could quickly and easily start blogging.

There are many different kinds of blogs. The most popular type is a diary of links; the blog writers surf the Internet and then post links to sites or news that they find interesting, with a few words about each one. Other types are personal diaries; the writers talk about their everyday lives. Sometimes these blogs can be very personal.

There is another kind of blogging called "moblogging." Mobloggers use mobile phones with cameras to take photos, and then they are posted to the Internet at once. In 2003, the first international mobloggers meeting was held in Tokyo. The use of mobile phones in ② this way became news in Singapore when a high school student posted on the Internet a movie of a teacher shouting at another student.

Many people were surprised to see the movie on the Internet and thought phones with cameras should not be brought into schools.

Many people think that as blogs become more common, news reporting will rely less on big news stations, and more on people who post news to the Internet. They think that then the news will be less like a speech, and more like a conversation anyone can join in.

（注）updated　更新された　　AOL　エー・オー・エル（インターネット会社の名前）
link　リンク（関連する他のホームページの場所を示すもの，簡単な操作でそのページを呼び出すことができる）
post　（メッセージなど）を送る　　personal　私的な　　reporting　報道
rely on ～　～に頼る

問1　本文の表題として最も適切なものを次のア～エから1つ選び，記号で答えなさい。
（　　）

ア　CNN and the BBC　　イ　The History of the Internet
ウ　Popular Sites on the Internet　　エ　A New Type of News Reporting

問2　下線部①②について，次の問いに答えなさい。

①　この内容を，「ブログ」ということばを使って25～30字の日本語で書きなさい。句読点も字数に含めます。なお，「ブログ」とは本文中の “blog” のことです。

②　この内容を25字以内の日本語で書きなさい。句読点も字数に含めます。

問3　次の⑴⑵の質問に対する答えとして最も適切なものを，下のア～エから1つずつ選び，記号で答えなさい。

⑴　What is the most important difference between blogs and traditional sites ?
（　　）

ア　Blogs need some special skills.
イ　Blogs are updated much more often.
ウ　Blogs have photos and movies on them.
エ　The number of blogs is increasing very fast.

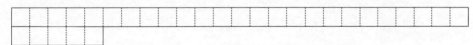

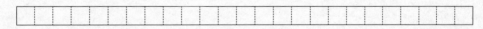

(2) What do people think about the future of blogs ? (　　)

ア Blogging sites will be stopped.

イ More people will have their own blogs.

ウ People will be able to learn news from everyone.

エ People will not need big news stations any longer.

問４ 本文の内容と一致するものを次のア～ケから３つ選び，記号で答えなさい。

(　　)(　　)(　　)

ア Some blogs are very personal.

イ We can post photos to Internet sites.

ウ CNN and the BBC are popular writers of blogs.

エ 35 million members of AOL are writing blogs now.

オ Blogs are personal diaries and nobody should read them.

カ In 2003, there were several hundred thousand sites on the Internet.

キ Many people don't believe news on blogs because they are too personal.

ク Many people think students shouldn't bring mobile phones into schools.

ケ A high school student was invited to the first mobloggers meeting in Tokyo.

MEMO

紹介文 ―――――――――― **Step 2**

18 インターネットブログ

解説・解答

語句の整理

l.1 event　出来事，事件／ l.2 traditional　伝統的な，従来の
l.2 program　番組／ l.4 diary　日記／ l.11 blogger　ブログ作成者，ブロガー
l.17 surf the Internet　インターネット上の情報を見て回る
l.21 mobile phone　携帯電話／ l.31 conversation　会話

構文の理解

l.12 This means **that** *people* **who** may **find** using computers *difficult* can easily start writing their own blogs.

➡ that 節中の主語は people ～ difficult で，関係代名詞節 who may find using computers difficult が先行詞 people を修飾している。

➡ find using computers difficult は，**＜ find ＋～（目的語）＋…（補語）＞**「～が…であるとわかる［感じる，思う］」の形。動名詞句 using computers「コンピュータを使うこと」が目的語である。

l.17 the blog writers surf the Internet and then post links to *sites or news* **that** they **find** *interesting*, with a few words about each one.

➡ that は**目的格の関係代名詞**で，関係代名詞節 that they find interesting が，先行詞 sites or news を修飾している。ここも**＜ find ＋～（目的語）＋…（補語）＞**「～が…であるとわかる［感じる，思う］」の形である。

➡ with は「～と共に」という意味で，with ～ one が動詞 post を修飾する。

l.24 … **when** a high school student posted on the Internet a movie of a *teacher* **shouting** at another student.

➡動詞 posted の目的語は a movie 以下である。a movie を修飾する語句（of ～ student）が長いので，副詞句 on the Internet の後ろに置かれている。

➡ shouting は，前の名詞を修飾する**形容詞的用法の現在分詞**で，shouting ~ student が teacher を修飾する。 参照 **29** 文法 BOX

l.28 Many people think **that as** bolgs become *more common*, news reporting will rely *less* on big news stations, **and** *more* on *people* **who** post news to the Internet.

➡このasは「～するにつれて」と**比例**の意味を表す**接続詞**で，**＜become [grow, get] ＋比較級＞**「だんだん～になる」の文で用いられることが多い。接続詞asは他に「～するとき（**時**）」「～するように（**様態**）」「～なので（**理由**）」などを表す。

➡このlessは，副詞littleの**比較級**で「より～しなくなる」を表す。andの直後のmoreは，副詞muchの**比較級**で「ますます～する」を表す。ここはmoreの前にwill relyが省略されていて，lessとmoreが対比されている。

▶接続詞 as の用法

＜時＞ **As** I was taking a bath, the phone rang.
「私が入浴しているときに電話が鳴った」

＜比例＞ **As** she grew older, she became more sociable.
「彼女は年をとるにつれて，だんだん社交的になった」

＜様態＞ Do **as** I did. 「私がしたようにしなさい」

＜理由＞ **As** I was late, I took a taxi.
「遅れたので私はタクシーに乗った」

l.30 They think **that** then the news **will be less like** a speech, **and more like** a *conversation* anyone can join in.

➡ that は接続詞で，that 節は文末まで。anyone の前に，conversation を先行詞とする**目的格**の**関係代名詞**が省略されている。

➡ be like ～は「～のようだ」という意味。more の前に will be が省略されている。

設問の解答

問1 エ

問2 ① ブログの作成にコンピュータの知識はあまりいらないということ。(30字)

② カメラで写真を撮ってインターネットに送る使い方。(24字)

問3 (1) イ (2) イ 問4 ア，イ，ク

設問の解説

問1　本文は，CNNやBBCのような大きな報道機関のニュース番組に代わる新しい報道手段として，ブログについて述べたものである。ア「CNNとBBC」，イ「インターネットの歴史」，ウ「インターネットの人気サイト」，エ「新しいタイプのニュース報道」では，エが適切。

問2　①　直前の文の内容を指している。「～ということ」のような言い方でまとめる。

②　2つ前の文の内容を指す。this wayは「この方法」なので「～する方法」，「～の使い方」のような言い方でまとめる。

問3　⑴「ブログと従来のサイトとの最も重要な違いは何か」　第2段落第1～3文の内容とイ「ブログのほうがずっと頻繁に更新される」が一致する。

⑵「ブログの未来についてどのように考えられているか」　第1段落最終文のthe number is growing very fastとイ「自分のブログを持つ人が増えるだろう」が一致する。

問4　ア「とても私的なブログもある」(○)　第3段落最終文と一致。

イ「インターネットのサイトに写真を送ることができる」(○)　第4段落第2文と一致。

ウ「CNNとBBCは人気のあるブログの作成者だ」(×)　第1段落第1文参照。CNNやBBCはニュース報道を行うマスメディアである。

エ「現在，AOLの会員3500万人がブログを書いている」(×)

オ「ブログは私的な日記で誰も読むべきではない」(×)

カ「2003年には，数十万のインターネットのサイトがあった」(×)　第1段落最終文参照。sitesではなくblogsであれば正しい。

キ「ブログのニュースは私的すぎるので多くの人がそれらを信じない」(×)

ク「学生は学校に携帯電話を持ち込むべきではないと多くの人が考えている」(○)　第4段落最終文と一致。

ケ「ある高校生が東京で行われた最初のモブロガーの集会に招待された」(×)

全訳

世界で重大な出来事が起こっているとき，ほとんどの人はCNNやBBCのような従来のニュース番組を見る。しかし今は，それらを知る新しい手段がある。それは「ブログ」として知られる，一種のインターネットのサイトである。ブログはインターネットの日記であり，たいてい何人かの人々やグループになった人々によって管理されている。最も急速に成長しているインターネットサイトである。2003年には，数十万のブログがインターネットにあった。そしてその数は急激に増えている。

ブログは従来のインターネットサイトといくつかの点で異なっている。まず，更新される回数がずっと多い。多くのブログが毎日更新され，1日に数回更新されるブログもある。また，ほとんどのブログが，特別なコンピュータプログラムやブロガー用に作られたインターネットサイトを使っているので，自分のブログを作成するのにコンピュータについて多くを知っている必要はない。①このことは，コンピュータを使うことが難しいと感じる人でも簡単にブログの作成を始められることを意味する。2003年に，エー・オー・エルが独自のブロギングサービスを導入したので，そこの3500万人の会員が即座に簡単にブロギングを始めることができた。

多くのいろいろな種類のブログがある。最も一般的なタイプはリンクによる日記だ。ブログの作成者はネットサーフィンをし，それからおもしろいと思ったサイトやニュースに，ちょっとした言葉を添えてリンクを送る（貼る）。他のタイプは，私的な日記である。作成者は自分の日常生活について書く。時には，これらのブログはとても私的になることがある。

「モブロギング」と呼ばれる別の種類のブロギングがある。モブロガーは，写真を撮るためにカメラ付きの携帯電話を使い，それから写真は即座にインターネットに送られる。2003年には，最初の国際的なモブロガーの集会が東京で開かれた。②このような携帯電話の使用は，ある高校生が，先生が別の生徒をどなっている映像をインターネット上に送ったとき，シンガポールでニュースになった。多くの人は，インターネット上の映像を見て驚き，カメラ付き携帯電話は学校に持ち込まれるべきではないと考えた。

ブログがさらに一般的になるにつれて，ニュース報道は大きな報道局に頼らなくなりインターネットにニュースを送る人々に頼るようになるだろうと，多くの人が考えている。そうなるとニュースはスピーチのようではなくなり，誰でも参加できる会話のようになるだろうと考えられている。

紹介文 ——— Step 2

19 ニューヨークの“ミスター手袋”

出題校 —— 慶應義塾女子高等学校・城北埼玉高等学校・開智高等学校

●学習のポイント
➡読み手に興味を持たせるよう工夫された書き出しに着目しよう。
➡副詞 however の用法

Michael Greenberg is a popular New Yorker. He is not in the Government, and he is not famous in sports or the arts, but people in the streets know about him, especially poor people.

For these poor people, he is not Michael or even Mr. Greenberg. For them, his name is “Gloves” Greenberg. “Here comes Gloves,” they say when they see him walking down the street. How did he get that name ? He looks like any other businessman. He wears a suit and carries a briefcase. He is different, however. His briefcase does not just have papers and books. It also has several pairs of gloves.

On cold winter days, Mr. Greenberg does not act like other New Yorkers. He does not look at the sidewalk and hurry down the street. He looks around at people. He is looking for poor people with cold hands. That is why he carries gloves in his briefcase. He stops when he sees someone with no gloves. If the person looks poor, he gives him or her a pair of gloves. “Merry Christmas !” he says. He shakes the person’s hand. Then he moves on, looking for more people with cold hands.

Every day during the winter, Mr. Greenberg gives away gloves. During the rest of the year, he buys gloves. People who know about him send him gloves. He has a mountain of gloves in his apartment. There are gloves of all colors and sizes: children’s gloves, work gloves, and evening gloves for ladies.

Mr. Greenberg began giving away gloves 21 years ago. Now, many of the poor people in New York know him. They know why he gives away gloves. Some people, however, are surprised by him. They think he wants money for the gloves. They can’t understand that he just wants to help them be a little warmer and happier.

The Greenberg family was poor, but Michael's father always gave things away. He believed it made everyone happier. Michael Greenberg feels the same way. He wants to do something for the poor people in New York. He feels that winter is a hard time for them. Many of these poor people have no warm place to go and no warm clothing. A pair of gloves may be a small thing, but he feels it can make a big difference in the winter. It is not surprising that he is popular among the street people of New York.

（注）Government　政府　especially　とりわけ　glove　手袋　briefcase　書類かばん
sidewalk　歩道　hurry　急ぐ　the rest of ～　～の残り

問　本文の内容と一致するものを次の 1 ～ 13 から 4 つ選び，番号で答えなさい。
（　　）（　　）（　　）（　　）

1　Mr. Greenberg is so famous in New York because he is not only a great sports player but also an official worker in the Government.

2　Mr. Greenberg has been giving gloves to the poor people in New York since he was 21 years old.

3　When poor people in New York say, "Here comes Gloves !" it means "Here comes Mr. Michael Greenberg."

4　Mr. Greenberg looks like a businessman because he carries a briefcase with a lot of papers and several pairs of gloves inside.

5　Mr. Greenberg always carries some gloves in his briefcase because he sometimes buys some gloves in New York in summer.

6　In winter Mr. Greenberg doesn't look at the sidewalks or hurry down the street but looks for poor people with cold hands.

7　In spring, summer and autumn Mr. Greenberg buys and sells a lot of gloves.

8　Some people were surprised to find that Mr. Greenberg wanted money for the gloves.

9　In his apartment Mr. Greenberg keeps a lot of gloves of all colors and sizes.

10　Mr. Greenberg started giving gloves to poor people just as his father did.

11　Mr. Greenberg just hopes that poor people can be warmer and happier with the gloves he gives.

12　Many people didn't understand that winter is a hard time for the poor people in New York.

13　Mr. Greenberg's father was so rich that he believed that he could make everyone happier with many gifts.

Step 2

19 紹介文 ニューヨークの“ミスター手袋”

解説・解答

語句の整理

l.15 shake one's hand　～と握手する／ l.17 give away　ただであげる

l.24 a little　少し／ l.30 make a big difference　重要である

l.31 surprising　驚くべき

構文の理解

l.7 He wears a suit and carries a briefcase. He is different, **however**.

l.22 They know why he gives away gloves. Some people, **however**, are surprised by him.

➡ give away は，①＜ give away ＋目的語＞②＜ give ＋目的語＋ away ＞の語順が可能で，l.26 の give things away は②の語順である。目的語が代名詞のときは②のみが用いられる。

➡**副詞** however には「しかしながら」という意味があり，前に述べたことと対照的な内容を述べる場合に用いる。接続詞のような働きをするが，副詞なので文頭・文中・文尾に置くことができる。

▶副詞 however の用法

The comic was popular among boys. **However**, their parents didn't like it.

The comic was popular among boys. Their parents, **however**, didn't like it.

The comic was popular among boys. Their parents didn't like it, **however**.

「そのマンガは少年たちに人気があった。しかしながら，親たちは好きではなかった」

l.12 **That is why** he carries gloves in his briefcase.

➡ **That [This] is why ～**は「そう［こう］いうわけで～だ」「それ［これ］が～する理由だ」という意味の表現。

➡**関係副詞** why の先行詞 the reason が省略されてできた表現，という説明も可能である。 参照 **30** 構文 l.29

l.15 Then he moves on, **looking** for more people with cold hands.

➡ looking 以下は「…，そして～」という付帯状況を表す**分詞構文**。and looks for ～に書き換えられる。 参照 **11** 文法 BOX ①

l.31 **It is** not surprising **that** he is popular among the street people of New York.

➡**形式主語構文＜It is … that ～＞**「～ということは…だ」の文。 参照 **12** 文法 BOX

➡ surprising は「驚くべき」という意味の形容詞でそれが否定されているので，It is not surprising that ～は「～ということは当然だ」と訳すことができる。

設問の解答

3, 6, 9, 11

設問の解説

1 「グリーンバーグ氏はニューヨークで非常に有名である，なぜなら彼はすばらしいスポーツ選手であるだけでなく，政府の役人だからだ」（×） 第1段落第2文参照。

2 「グリーンバーグ氏は21歳のときからニューヨークの貧しい人々に手袋をあげている」（×） 第5段落第1文参照。21年前に手袋をあげ始めた。

3 「ニューヨークの貧しい人々が『手袋さんが来たよ！』と言うとき，それは『マイケル・グリーンバーグ氏が来たよ』という意味である」（○） 第2段落第1～3文参照。

4 「グリーンバーグ氏はビジネスマンのように見える，なぜならたくさんの書類と何組かの手袋が入った書類かばんを持ち歩いているからだ」（×） 第2段落第5，6文参照。彼はスーツを着て書類かばんを持っているのでビジネスマンのように見えるのである。

5 「グリーンバーグ氏はいつも書類かばんの中にいくつかの手袋を入れて持ち歩いている，なぜなら彼はときどき夏にニューヨークで手袋をいくつか買うからだ」（×） 第3段落参照。グリーンバーグ氏が手袋を持ち歩くのは，手袋がない貧しい人に手袋をあげるためである。

6 「冬にグリーンバーグ氏は歩道を見つめて道を急ぐのではなく，冷たい手をした貧しい人々を探す」(○)　第3段落第2，4文参照。

7 「春，夏，秋にグリーンバーグ氏はたくさんの手袋を買ったり売ったりする」(×)　第4段落第1，2文参照。手袋を売るとは書かれていない。

8 「グリーンバーグ氏が手袋の代金をほしがっているとわかって驚いた人がいた」(×)　第5段落第4，5文参照。グリーンバーグ氏が代金をほしがらないことに驚く人がいる。

9 「グリーンバーグ氏は自分のアパートメントにすべての色とサイズのたくさんの手袋を持っている」(○)　第4段落第4，5文参照。a mountain of ～「山のようにたくさんの～」

10 「グリーンバーグ氏はちょうど自分の父親がしたように，貧しい人々に手袋をあげ始めた」(×)　最終段落前半部参照。グリーンバーグ氏の父も物をただであげていたが，貧しい人に手袋をただで配っていたとは書かれていない。

11 「グリーンバーグ氏はただ，自分のあげる手袋で貧しい人がより暖かく，幸せになれればいいと思っている」(○)　第5段落最終文の that 以下参照。

12 「多くの人は冬がニューヨークの貧しい人にとって厳しい時期だとわからなかった」(×)　そのような記述はない。

13 「グリーンバーグ氏の父はとてもお金持ちだったので，自分は多くのプレゼントで皆をより幸せにできると信じていた」(×)　最終段落第1文参照。グリーンバーグ氏の父は貧しかった。

全訳

マイケル・グリーンバーグは人気のあるニューヨーカーである。彼は政府に所属しているのではないし，スポーツや芸術で有名なのでもないが，通りの人は彼を知っている，とりわけ貧しい人は。

これらの貧しい人にとって，彼はマイケルではなくグリーンバーグ氏でさえもない。彼らにとって彼の名前は「手袋の」グリーンバーグである。彼らは彼が道を歩いてくると「手袋さんが来たよ」と言う。彼はどうやってその名前を得たのだろうか。彼は他のビジネスマンと同じように見える。彼はスーツを着て，書類かばんを持ち歩いている。しかし彼は違っている。彼の書類かばんはただ書類や本だけが入っているのではない。その中には何組かの手袋も入っているのだ。

寒い冬の日，グリーンバーグ氏は他のニューヨーカーと同じようには振るまわない。彼は歩道を見つめて道を急ぐようなことはしない。彼は人々を見回す。彼は冷たい手をした貧しい人を探している。そういうわけで彼は手袋を書類かばんに入れて持ち歩くのだ。彼は手袋のない人を見ると立ち止まる。もしその人が貧しそうに見えると，彼はその人に一組の手袋を与える。「メリー・クリスマス！」と彼は言う。彼はその人の手を握る。それから彼は歩き続け，冷たい手をした人をもっと探す。

彼は冬の間毎日手袋をただであげる。1年の残りの期間は手袋を買う。彼のことを知っている人は彼に手袋を送る。彼は自分のアパートメントに山のように手袋を持っている。子どもの手袋，作業用，婦人の夜会用など，すべての色やサイズがそろっている。

グリーンバーグ氏は21年前に手袋をただであげ始めた。今や，ニューヨークの貧しい人の多くは，彼のことを知っている。彼らはなぜ彼が手袋をただであげるのか知っている。しかしながら彼によって驚かされる人々もいる。彼らは彼が手袋代金をほしがっていると考える。そのような人は，彼が，貧しい人が少しでも暖かく，また少しでも幸せになる手助けをしたがっているだけだということを理解できない。

グリーンバーグ家は貧しかったが，マイケルの父はいつも物をただであげていた。彼はそれが皆をより幸せにすると信じていた。マイケル・グリーンバーグも同じように感じている。彼はニューヨークの貧しい人に何かをしてあげたいと思っている。冬が彼らにとって厳しい時期だと彼は感じている。貧しい人の多くには行くべき暖かい場所もなく，暖かい服もない。一組の手袋は小さな物かもしれないが，冬にはそれが重要であると彼は感じている。彼がニューヨークの路上生活者の間で人気があるのは，当然のことだ。

紹介文 —— **Step 3**

20 ダイアナ・ゴールデン

出題校 —— 市川高等学校

●学習のポイント
➡著名人の紹介文も歴史文と同様に「過去→現在」という書き方が多い。
➡接続詞 if の用法

Diana Golden grew up a happy child, but she wasn't very good at sports. In fact, she was always the last person to be picked to be on a team. Sometimes she wasn't picked at all. But there was one sport that Diana was very good at — skiing. Every weekend in the winter, Diana skied with her family. She liked skiing because she could do it [①] herself. She didn't have to wait to be ② chosen.

One day when Diana was 12 years old, she felt something wrong [③] her leg. She thought it was strange, but she tried to forget about ④ it. Later, it happened again. Her parents took her to a doctor. Unfortunately, Diana had bone cancer, and her leg had to be cut off. However, Diana was very brave in front of her parents and doctors. But when they left her hospital room she cried for hours. She kept thinking that her life would be unhappy.

Several days later, Diana asked one of her doctors if she could still ski. He said there was no reason why she couldn't.

⑤ That made her feel much better. While she was at the hospital, Diana saw other children die of cancer. She began to realize that she was lucky to be alive.

A few months later, Diana was ready to try skiing again. She was not sure that she could ski once again and she was afraid to fail. Her parents took her to a ski ground with a program called National Handicapped Sports. She saw other disabled athletes and she also met her skiing coach. He had lost his leg in a war, but he skied like a champion. He gave Diana the confidence and encouragement to ⑥ [彼女の夢を実現させる].

With hard work and determination, Diana started skiing again. It was surprising. Soon she was skiing as well as she had before. One day during her junior year of high school, the school skiing coach saw her practicing. He asked her to join the ski team. She started to train to make her body stronger, especially her leg, back, and arms. A year later, she won the World Games for Disabled Athletes in Norway. That same year, she won the downhill event in the World Handicapped Championships. (A). ⑦ 彼女はスキーやレースや勝つこと以外何も考えなかった。 Finally, Diana became the star of the United States Disabled Ski Team. Newspapers and magazines wrote about her. They called her a champion and a hero. But Diana didn't believe she was a hero. She was just doing her best.

After high school, (B). She trained with the ski team there in the school stadium. She had to use crutches to help her, but she ran and hopped up the stadium steps.

During her second year at the college, (C). She worried about her future. She didn't know who she was or what she wanted to do with her life. She began to think of the meaning in her life. She joined a religious group. She studied and read. But after a while, ⑧ important / she / life / was / realized / her / skiing / in / how.

After she graduated in 1984, (D). She worked harder than ever to make her body stronger again. She trained with both disabled and non-disabled skiers. With great determination, she became the greatest skier in the history of disabled sports.

Diana Golden won 28 gold medals in world and national championships. Finally, she also won an Olympic gold medal in 1988. During the 1980s, she continued to win medals in both disabled and non-disabled events. In 1988, she was named U.S. Alpine Skier of the Year.

（注）bone cancer 骨肉腫　disabled athlete 身体に障害をもった運動選手
confidence 自信　encouragement 勇気　determination 決意
crutch 松葉杖　religious 宗教の

問1　本文中の［ ① ］［ ③ ］に入る適切な前置詞を1語ずつ書きなさい。
①（　　　　）③（　　　　）

問2　下線部②と同じ意味で使われている1語を文中から抜き出しなさい。
（　　　　）

問3　下線部④⑤が指す内容を日本語で書きなさい。
④（　　　　）

⑤（　　　　）

問4　本文中の⑥［　　］⑦［　　］の日本語に合うように，次の空所に入る適切な語を書きなさい。
⑥（　　　　）her dream（　　　　）true.
⑦ She thought of（　　　　）else（　　　　）skiing, racing and winning.

問5　本文中の⑧［　　］内の語を正しい語順に並べ替えなさい。
（　　　　）

問6　本文中の（ A ）～（ D ）に入る最も適切な文を次のア～エから1つずつ選び，記号で答えなさい。
(A)（　　）(B)（　　）(C)（　　）(D)（　　）
ア　Diana stopped skiing.
イ　Diana went to a famous college.
ウ　Diana returned to skiing.
エ　Diana was filled with great joy.

問7　本文の内容と一致するものには○，一致しないものには×と答えなさい。
ア　Skiing was the only sport that Diana could do.（　　）
イ　Diana's illness was so bad that she had no hope of the future.（　　）
ウ　Diana did not belong to the ski team before her leg was cut off in the hospital.（　　）
エ　Diana was in a religious group to win the national championships.（　　）
オ　The total number of the gold medals Diana won was twenty nine.（　　）

MEMO

紹介文 —— Step 3

20 ダイアナ・ゴールデン

解説・解答

語句の整理

l.1 grow up (to be) ～　成長して～になる／l.2 pick　～を選ぶ
l.9 unfortunately　不運にも／l.10 brave　勇敢な
l.17 be sure that ～　～ということを確信している／l.26 train　訓練する
l.27 back　背中／l.35 hop up　ぴょんぴょん跳び上がる
l.42 graduate　卒業する／l.42 than ever　ますます，今までよりも
l.48 name A B　A を B に選ぶ，指名する

構文の理解

l.13 Several days later, Diana asked one of her doctors **if** she could still ski.

➡この if は「～かどうか」という意味の**接続詞**で，if 以下が**名詞節**として asked の**目的語**になっている。名詞節の if ～は文の目的語になるもので，文から省略することができない（文として成立しない）。**副詞節**の if ～「もし～なら」は**仮定・条件**を表し，省略しても if 節以外の部分（主節）だけで文として成立する。

➡また，仮定・条件を表す**副詞節**では，**未来**のことを**現在形**で表すが，**名詞節**では未来のことは **will** を使って表すという違いもある。　参照 **28** 文法 BOX

▶接続詞 if の用法

＜名詞節になるもの＞ Do you know **if** Mary *will come* to the party ?
「メアリーがパーティーに来るかどうか知っていますか」

＜副詞節になるもの＞ John will be happy **if** Mary *comes* to the party.
「もしメアリーがパーティーに来れば，ジョンは喜ぶだろう」

*l.*13 He said there was **no** ***reason*** **why** she could**n't**.

➡ why は reason を先行詞とする**関係副詞**で，reason why ～で「～する理由」となる。ここでは，couldn't の後ろに動詞 ski が省略されている。 参照 **30** 構文 *l.*29

➡また reason の前に no があるので**二重否定**となり，「彼女がスキーできない理由はない（つまりスキーができる）」という**肯定**の意味になる。

*l.*15 **While** she was at the hospital, Diana **saw** other children *die* of cancer.

*l.*24 One day **during** her junior year of high school, the school skiing coach **saw** her *practicing*.

➡**＜ see ＋…（目的語）＋動詞の原形＞**「…が～するのを見る」と**＜ see ＋…（目的語）＋～ing ＞**「…が～しているのを見る」の違いをもう一度確認しよう。

参照 **16** 文法 BOX ②

➡ while は「～しているあいだに」という意味の**接続詞**で，during は「～のあいだに」という意味の**前置詞**である。接続詞 while の後ろには＜主語＋動詞＞が続き，前置詞 during の後ろには名詞または名詞句が続く。while she was at the hospital は during her stay at the hospital と書き換えることができ，during her junior year of high school は while she was in her junior year of high school と書き換えることができる。

参照 **14** 構文 *l.*3

*l.*24 Soon she *was skiing* **as** well **as** she **had** before.

➡ had の後ろには過去分詞 skied が省略されており，**大過去**を表す**過去完了**になっている。 参照 **15** 構文 *l.*44，**17** 文法 BOX

➡この as well as は**比較**を表して「～と同じくらい上手に」という意味であり，接続詞的な働きをする as well as「～と同様に」ではない。

*l.*38 She didn't know **who** she was **or what** she wanted to do with her life.

➡ who she was と what she wanted to do with her life はともに know の目的語となる**間接疑問**。or で 2 つの節が結ばれている。not A or B で「A も B も～ない」を表す。

➡＜ What + do +主語+ do with ～?＞は「…は～をどうするか，どう扱うか」という表現。ここでは動詞に want to ～が付け加えられ，さらに間接疑問＜疑問詞＋主語＋動詞＞の語順になっており，「彼女が自分の人生をどうしたいのか」という意味になる。

設問の解答

問1　①　by　③　with　問2　picked

問3　④　足に何か異常を感じたこと。

⑤　医者にスキーができると言われたこと。

問4　⑥　make, come　⑦　nothing, but

問5　she realized how important skiing was in her life

問6　(A)　エ　(B)　イ　(C)　ア　(D)　ウ

問7　ア　×　イ　×　ウ　○　エ　×　オ　○

設問の解説

問1　①　by oneselfで「1人で」の意味。同じ段落で「チームの一員に選ばれない」ことが述べられている。スキーは団体競技でないことから考える。

③　something wrong with ～で「～はどこか具合が悪い」の意味。

問2　chosenはchoose「～を選ぶ」の過去分詞。ここでは「チームの一員に選ばれる」ということ。第1段落第2，3文に使われているpickedもpick「～を選ぶ」の過去分詞である。

問3　④　前文のshe felt something wrong with her legを指す。

⑤　前文の内容を指す。

問4　⑥　＜make＋～(目的語)＋動詞の原形＞で「～に…させる」と使役の意味を表す。「実現する」はcome true。

⑦　nothing but ～で「～以外に何も…ない」の意味。else「他の」はnothingを後ろから修飾している。

問5　動詞がwas，realizedと2つあることに着目する。文の主語と動詞をshe realized ～「彼女は～がわかった」とし，realizedの目的語として間接疑問＜how＋主語＋動詞＞を続ける。ここでのhowは「どれほど」という意味で後ろに形容詞・副詞が続き，how important skiing was in her lifeで「スキーが彼女の人生でどれほど重要か」という意味になる。

問6　(A)　片足の切断という不幸を乗り越え，世界大会で優勝するまでになったという内容を述べていることから，エが適切。

(B)　直前に「高校卒業後」とあり，また，次の段落では「大学2年のあいだ」のことを述べていることから「大学に入学した」と考えて，イが適切。

(C)　直後に「将来について悩む」「宗教団体に入る」とあり，スキー以外のことについて述べていることから，アが適切。

(D)　直前の段落の最終文で,「スキーが自分の人生でどれほど重要かを理解した」と述べられており,この段落では,再び努力をして偉大なスキーヤーになったことが述べられているので,ウが適切。

問7　ア「スキーはダイアナにできるただ一つのスポーツだった」(×)　第1段落第1～4文参照。スキー以外のスポーツは不得意でスキーは得意だった,とある。スキーしかできなかったというのは不適切。

イ「ダイアナの病気はとても悪かったので,彼女は将来の希望を持っていなかった」(×)　第4段落第3文参照。ダイアナは入院中に生きていて幸運であると思うようになっている。

ウ「ダイアナは病院で足を切断される前はスキーチームに入っていなかった」(○)　ダイアナがチームに入ったことが述べられているのは退院後のこと。

エ「ダイアナは国内選手権で優勝するために宗教団体に入った」(×)　第8段落参照。ダイアナが宗教団体に入ったのは,将来に不安を感じたからである。

オ「ダイアナが獲得した金メダルの総数は29個だった」(○)　最終段落参照。第1文に「28個の金メダルを獲得した」とあるが,次の文に「1988年にオリンピックでも金メダルを獲得した」とあるので全部で29個。

全訳

ダイアナ・ゴールデンは幸せな子どもに育ったが,彼女はスポーツがあまり得意ではなかった。実際,彼女はいつでも,まずチームの一員としては選ばれない人物だった。まったく選ばれないこともあったのだ。しかし,ダイアナがとても得意なスポーツが1つあって,それはスキーだった。冬は週末ごとに家族とスキーをした。彼女は①1人でできるからスキーが好きだった。選ばれるのを待つ必要がなかったのだ。

ダイアナが12歳のときのある日,彼女は足がどこか悪いような気がした。彼女は変だと思ったが,④そのことについては忘れようとした。後になってまたそれが起こった。彼女の両親は彼女を医者に連れていった。不幸なことに,ダイアナは骨肉腫で,彼女の足は切断しなくてはならなかった。しかしダイアナは両親と医者の前でとても勇敢だった。だが,彼らが病室を出ると彼女は何時間も泣いたのだった。彼女は自分の人生は不幸になるだろうと思い続けた。

数日後,彼女は医者の一人にまだスキーができるかどうかたずねた。彼はできない理由はないと言った。

⑤そのことが彼女の気持ちをずっとよくしてくれた。病院にいるあいだ,彼女は他の子どもたちがガンで死ぬのを見た。彼女は生きていて幸運だと理解し始めた。

数か月後,ダイアナは再びスキーをしてみる準備ができた。彼女はもう一度スキーができる確信はなく,失敗するのが怖かった。両親は彼女を,国民障害者スポーツと呼ばれる課程のあるスキー場へ連れていった。彼女は身体に障害をもった他の運動選手に会い,自分のスキーのコーチにも出会った。彼は戦争で片足を失っていたが,チャンピオンのようにスキーをした。彼はダイアナに，彼女の夢を実現させる自信と勇気を与えてくれた。

大変な努力と決意をもって，ダイアナは再びスキーを始めた。それは驚くべきことだった。ほどなく彼女は以前と同じくらい上手にスキーをしていた。高校の卒業学年の１つ前の学年のある日，学校のスキーのコーチは彼女が練習しているのを見た。彼は彼女にスキーチームの一員になるよう頼んだ。彼女は体，特に脚と背中と腕をもっと強くするために訓練し始めた。１年後，彼女はノルウェーで行われた身体障害者の世界大会に優勝した。その同じ年，彼女は世界身体障害者選手権の滑降種目で優勝した。(A)ダイアナは大きな喜びでいっぱいだった。彼女はスキーやレースや勝つこと以外何も考えなかった。ついに，彼女は合衆国身体障害者スキーチームのスターとなった。新聞や雑誌が彼女のことについて書いた。彼女はチャンピオンや英雄と呼ばれた。しかし彼女は自分が英雄とは思っていなかった。彼女はただ全力を尽くしているだけだったのだ。

高校卒業後，(B)ダイアナは有名な大学に行った。彼女は学校の競技場で，そこのスキーチームとともに訓練した。彼女は支えに松葉杖を使わなくてはならなかったが，走ったり，競技場の階段を跳び上がったりした。

大学２年の間，(C)彼女はスキーをやめた。自分の将来が心配だったのだ。彼女は自分が何者なのかや自分の人生をどうしたいのかがわからなかった。彼女は自分の人生の意味について考え始めた。彼女は宗教団体に入った。彼女は勉強し，本を読んだ。だがしばらくして，⑧彼女は自分の人生でスキーがどれほど重要かを理解した。

1984 年に卒業したあと，(D)ダイアナは再びスキーをやり始めた。彼女は再び体力をつけるために，それまで以上に努力した。彼女は身体に障害がある人とない人の両方の人たちと訓練した。強い決意をもって，彼女は身体障害者スポーツの歴史の中で，最も偉大なスキーヤーとなった。

ダイアナ・ゴールデンは世界と国内の選手権で 28 個の金メダルを獲得した。ついには，彼女は 1988 年にオリンピックでも金メダルを獲得したのである。1980 年代の間，彼女は身体に障害がある人とない人の両方の競技で金メダルを獲得し続けた。1988 年に，彼女はその年の全米最優秀アルペン競技スキーヤーに選ばれたのである。

MEMO

エッセイ —— **Step 1**

21 インターナショナルな人間とは

出題校 —— 専修大学松戸高等学校・立教新座高等学校

●学習のポイント
➡疑問文で問題を提示し，それに対して自分の考えを述べていく部分が多い。
➡等位接続詞 **and**，**but**，**or** の読み取り

My father is Iranian and my mother is Japanese. They met in America, so I was born in America. I did not understand Japanese at all when I came to Japan with my family in 1989. I was 3 years old, then. I also had a hard time in the kindergarten and elementary school. Some students teased me. As soon as they heard my name, they called me "*gaijin*." Or they came all the way from different floors to see me and laugh at me for being different from them. I also hated when people called me "*gaijin*" or "half." But one word changed my whole way of thinking. My parents told me, "Naseem, you are a lucky girl. You are both Iranian and Japanese. You are not half, you are double." This word made me stronger and stronger. I thought maybe I could be triple, too. Now I am proud of myself and when I meet someone for the first time, I say "I am double Iranian and Japanese, and I was born in America," in a clear voice. I think I am an international girl.

Why do I feel that I am an international person ? At home I speak English. When I go out, I speak Japanese. When I visit my relatives in America, they speak English and Farsi. When my parents talk about some topics at home, I can see differences between them. When I go to school I can feel and understand my Japanese friends' way of thinking. When I go to America I can see how people from different cultures see things and communicate with each other. I feel lucky to be crossing three different kinds of bridges, all at the same time.

Some people say, "Who is an international person ? " A person who can speak English ? A person who has been abroad ? These days many Japanese are going abroad, but most of them go on tours and stay with Japanese all the time. Or even when they go by themselves, they do not try to talk with foreigners. And after they come back and look at the pictures, they are satisfied that they have been abroad. I do not think an international person is someone who can speak English and travel abroad. That is not enough. It is important to be able to speak foreign languages or travel to many countries. But I think an international person is someone who can respect and is interested in many cultures and accepts their differences.

Sometimes people compare cultures and say this culture is better than the other. No culture is perfect, neither all wrong. They are just different. Being different is what makes this world beautiful and interesting. Don't you think that if everyone acted and thought the same it would be a boring world ? Would you like to be in a garden with only one flower, or in a garden with many colorful flowers ? Japanese are very good in decorating food on their dinner table. They have many different kinds of colors and dishes on the table when they eat. When I go to America, the first thing that catches my eyes is the color of people. Black, white, brown, ... They all look beautiful.

I really feel lucky to be who I am. I have to thank my family, friends and teachers for that. I really think that most of the people have kind hearts but do not know how to express themselves or be open to others. To love different people as your own family member is internationalization. I've loved many different people, and from now on I would like to love as many people as possible. Respect for others, communication, and love of humankind are what I think can help people to become international. Internationalization means understanding and accepting our differences, and loving people no matter what color of skin they have or what language they speak.

（注）Iranian　イラン人　kindergarten　幼稚園　tease　～をいじめる　relative　親戚
Farsi　ペルシャ語　satisfied　満足した　respect　～を尊敬する，尊敬の念
accept　～を受け入れる　compare　～を比較する　boring　つまらない
no matter ～　～であろうと

問1　次の(1)～(5)の質問に対する答えとして最も適切なものを，下の1～4から1つずつ選び，番号で答えなさい。

(1) Where is Naseem's mother from?　(　　)

1 England　2 U.S.　3 Iran　4 Japan

(2) What is "one word" that changed Naseem's whole way of thinking?　(　　)

1 "*gaijin*"　2 "half"　3 "double"　4 "triple"

(3) Who does Naseem think is an international person?　(　　)

1 A person who can speak more than one language.
2 A person who has traveled to many countries.
3 A person who accepts the differences of many cultures.
4 A person who can compare many cultures.

(4) What looks beautiful to Naseem when she goes to America?　(　　)

1 The different colors of people.
2 The different colors of dishes on the table.
3 The garden with only one kind of flower.
4 The garden with many different kinds of flowers.

(5) What does Naseem think is internationalization?　(　　)

1 To love different people as much as you love your own family.
2 To love as many people as you can.
3 To express honestly how you feel.
4 To thank your family, friends and teachers.

問2　本文の内容と一致するものには○，一致しないものには×と答えなさい。

(1) Naseem could speak Japanese a little when she was 3 years old.　(　　)

(2) Some students laughed at Naseem because she was different from them.　(　　)

(3) Naseem's parents made her strong and proud of herself.　(　　)

(4) Naseem's relatives in America speak Japanese as well as English.　(　　)

(5) It is impossible for Naseem to understand what her Japanese friends think.　(　　)

(6) Today, more and more Japanese tourists are trying to talk with foreigners. ( )

(7) You should speak English when you go abroad. ( )

(8) Some cultures are perfect, and others are all wrong. ( )

(9) Naseem thinks that few people are really unkind. ( )

(10) Neither the color of your skin nor the language you speak is important for internationalization. ( )

エッセイ **Step 1**

21 インターナショナルな人間とは

解説・解答

語句の整理

l.3 have a hard time　つらい目にあう／l.4 elementary school　小学校
l.5 all the way　はるばる，わざわざ／l.6 hate　～をひどく嫌う
l.7 whole　すべての／l.7 way of thinking　考え方／l.10 triple　3倍の
l.16 topic　話題／l.17 difference　違い／l.23 all the time　その間ずっと
l.36 decorate　～を飾る／l.42 express　～を表現する／l.42 open　打ち解けた
l.43 internationalization　国際化／l.44 from now on　今後は

構文の理解

l.32 **Being different** is **what makes** this world *beautiful and interesting*.

➡ Being は「～であること」という意味の動名詞で，Being different が文の**主語**になっている。what 節は文の**補語**である。　参照 **24** 文法 BOX

➡ what は先行詞を含む**関係代名詞**で，the thing that と言い換えられる。直後に動詞が続いているので，**主格**（主語の役割）である。　参照 **3** 文法 BOX

➡ what 節は**＜ make ＋～（目的語）＋…（補語）＞**「～を…にする」の形で，beautiful and interesting が補語である。

l.33 Don't you think **that** *if* everyone **acted** and **thought** the same it **would be** a boring world ?

➡ that は接続詞で，that から文末までが think の目的語になっている。

➡ if から same までが「もし～なら」，it から world までが「…だろうに」を表す**仮定法過去**になっている。現在の事実に反する仮定・想像を表し，**＜ if ＋主語＋動詞の過去形～，主語＋助動詞の過去形＋動詞の原形…＞**が原則である。　参照 **10** 文法 BOX

l.41 I really think **that** most of the people *have* kind hearts **but** *do not know* how to *express* themselves **or** *be* open to others.

➡等位接続詞 and, but, or は「語・句・節・文」を対等に結びつける働きをする。どの部分とどの部分が対等に結ばれているのかを考えながら読み進める必要がある。この文の that 以下の語句の結びつきは，下の文法 BOX のようになっている。

▶等位接続詞 and，but，or の読み取り

most of the people ┌ have kind hearts
　　　　　　　　　│ **but**
　　　　　　　　　└ do not know how to ┌ express themselves
　　　　　　　　　　　　　　　　　　　│ **or**
　　　　　　　　　　　　　　　　　　　└ be open to others

By ┌ smelling the dead man's mouth,
　 │ **and**
　 └ looking at ┌ the lines on his face
　　　　　　　 │ **and**
　　　　　　　 └ his strong legs.

（**14** 構文 *l.*14）

*l.*45 **Respect** for others, **communication, and love** of humankind are **what** *I think* can help people to become international.

➡ respect 〜 humankind が文の**主語**（A, B, and C の形）で，what 節は文の**補語**。

➡ respect は「尊敬」という意味の**名詞**。love of humankind は**＜名詞（〜）＋ of ＋名詞（…）＞**の形で，「…を〜すること」を表す。　参照 **16** 文法 BOX ①

➡ what は *l.*32 の文と同じ**主格**の**関係代名詞**で what can help people to …と続くが，I think「私が思うには」が**挿入**されている。

*l.*46 Internationalization means *understanding* **and** *accepting* our differences, **and** *loving* people **no matter what** color of skin they have **or what** language they speak.

➡ understanding 〜 differences と loving 〜 speak が and によって対等に結ばれ，動詞 means の目的語になっている。さらに，our differences は understanding と accepting 両方の目的語である。

➡**＜ no matter ＋疑問詞〜＞**の形は「（たとえ）〜であろうと（**譲歩**）」という意味の**副詞節**を表す。or と what のあいだには no matter が**省略**されていて，2 つの副詞節が or によって対等に結ばれている。

➡疑問詞 what には**＜ what ＋名詞＞**で「何の〜，どんな〜」という意味がある。

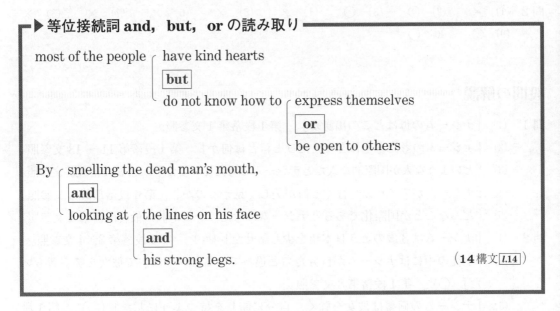

設問の解答

問1　(1) 4　(2) 3　(3) 3　(4) 1　(5) 1

問2　(1) ×　(2) ○　(3) ○　(4) ×　(5) ×　(6) ×　(7) ×　(8) ×
(9) ○　(10) ○

設問の解説

問1　(1)「ナシームの母はどこの出身か」　第1段落第1文参照。

(2)「ナシームの考え方全体を変えたひと言とは何か」　第1段落第11～13文参照。

(3)「どのような人が国際的な人だとナシームは考えているか」　第3段落最終文参照。

(4)「ナシームがアメリカへ行くと何が美しく見えるのか」　第4段落最終3文参照。

(5)「どんなことが国際化であるとナシームは考えているか」　最終段落第4文参照。

問2　(1)「ナシームは3歳のとき日本語を少し話せた」(×)　第1段落第3，4文参照。

(2)「生徒の中にはナシームが自分たちと違っているという理由で彼女を笑う者もいた」(○)　第1段落第8文参照。

(3)「ナシームの両親は彼女を強く，自分に誇りを持つようにした」(○)　第1段落第11～16文参照。

(4)「アメリカにいるナシームの親戚は英語だけでなく日本語も話す」(×)　第2段落第4文参照。

(5)「ナシームは日本人の友人が考えていることを理解できない」(×)　第2段落第6文参照。

(6)「今日，外国人と話そうとする日本人旅行者はどんどん増えている」(×)　第3段落第4，5文参照。

(7)「外国へ行ったら英語を話すべきだ」(×)　そのような記述はない。

(8)「完全な文化もあればすべてが悪い文化もある」(×)　第4段落第2文参照。

(9)「本当に不親切な人はほとんどいないとナシームは考えている」(○)　最終段落第3文参照。

(10)「肌の色も話す言語も国際化には重要ではない」(○)　最終段落最終文参照。

全訳

私の父はイラン人で母は日本人である。彼らはアメリカで出会い，それで私はアメリカで生まれた。私が1989年に家族と共に日本に来たとき，私は日本語がまったくわからなかった。私はそのとき3歳だった。私はまた幼稚園や小学校でもつらいときを過ごした。何人かの生徒たちが私をいじめたのだ。彼らは私の名前を聞くやいなや，私を「外人」と呼んだ。または，彼らは私を見るために違う階からわざわざやって来て，彼らと違っているからといって私を笑った。私はまた，人が私を「外人」とか「ハーフ」と呼ぶのも嫌だった。しかし1つの言葉が私の考え方すべてを変えた。私の両親は私に「ナシーム，あなたは運の良い女の子よ。あなたはイラク人と日本人の両方なの。あなたはハーフではないわ，あなたはダブルなのよ」と言った。この言葉は私を以前よりずっと強くした。私はトリプルでもありうると思った。今私は自分自身に誇りを持っており，誰かに初めて会うときには「私はイラン人と日本人のダブルで，アメリカで生まれました」とはっきりした声で言う。私は自分が国際的な少女だと思っている。

なぜ私は自分が国際的な人間だと感じるのか。家では私は英語を話す。外では日本語を話す。アメリカの親戚を訪ねると，彼らは英語とペルシャ語を話す。私の両親が家で何かの話題について話すとき，私は彼らの違いがわかる。学校に行くと，私は日本人の友人たちの考え方がわかると感じられる。アメリカに行くと，私は様々な文化の人々がどのように物事を見たり気持ちを伝えあったりするのかがわかる。私は同時に3つの異なる橋を渡っているのを幸運に感じる。

「国際的な人間とはどんな人ですか」と言う人がいる。それは，英語を話せる人なのか。外国へ行ったことがある人なのか。最近は多くの日本人が海外へ出かけているが，彼らのほとんどはツアーで行き，ずっと日本人と一緒にいる。あるいは個人で行くときでさえ，外国人と話そうとしない。帰ってきて写真を見て外国へ行ったと満足している。私は，国際的な人間とは英語を話せ，外国へ旅行できる人のことだとは思わない。それは十分ではない。外国語を話せたり多くの国へ旅行することは大切である。しかし私は，国際的な人とは多くの文化を尊敬し，それに興味を持つことができて，彼らの違いを受け入れる人のことだと思う。

時に人は文化を比較し，この文化は他の文化より良いと言う。完璧な文化というものはないし，すべてが悪い文化というものもない。それらはただ異なっているだけである。異なっているということは，この世界を美しく興味深くするということである。もし誰もが同じように行動したり考えたりするなら，それはつまらない世界だと思わないだろうか。あなたは1本しか花がない庭にいたいですか，それとも多くの色とりどりの花が咲く庭にいたいですか。日本人は，食卓に食べ物を飾るように盛り付けるのが上手だ。彼らが食事をとるとき，テーブルには多様な色と料理がある。アメリカに行くと最初に私の目に留まるのは人々の（肌の）色である。黒，白，茶色･･･彼らはみな美しく見える。

私は自分であることが本当に幸運だと感じる。私はそのことに関して，家族，友人，先生方に感謝しなければならない。私は本当に思うのだが，ほとんどの人は親切な心を持っているが，どうやって自分自身を表現したらよいのかや，どうやって他の人と打ち解けたらよいのかを知らないのだ。異なる人々を自分の家族のように愛することが国際化である。私は多くの異なる人を愛してきたし，これからもできるだけ多くの人を愛したい。他人への尊敬，交流，そして人類を愛することが，人を国際的にするのに役立つものだと私は思う。国際化とは，自分たちの違いを理解して受け入れ，そして肌がどんな色をしていようとも，あるいはどんな言語を話そうとも，その人々を愛することである。

エッセイ —— Step 2

22 国際列車で起きた事件

出題校 —— 東海高等学校

●学習のポイント
➡エッセイは，現在時制の文と過去時制の文が混在しやすい。
➡近い未来の動作や予定を表す現在進行形

I never stay in one country for a long time. It gets boring. I like to move on, see new places, meet different people. It's a good life, most of the time.

I like to go south in the winter. Life is easier in the sun, and northern Europe can get very cold in the winter. Last year — 1989 it was — I arrived in *Venice on October 3rd. I did some work in a hotel for three weeks, then I began slowly to move south. I always go by train when I can. I like trains. You can walk about on a train, and you meet a lot of people.

I left Venice and went on to *Trieste. There I got a cheap ticket for the slow train to *Sofia, in *Bulgaria. After that, the train left Trieste. There weren't many people on it at first, but at *Zagreb more people got on. The train left Zagreb and I looked out of the window for about ten minutes, then I went to sleep.

When I opened my eyes again, two girls were in the carriage. They looked friendly, so I said, "Hello."

"Hi ! " they said.

They were nice girls. They were older than me, perhaps twenty-seven or twenty-eight, but I liked them. We talked and laughed for hours. I told them a lot of stories about my life.

"Hey, Carol," Melanie said. "We're staying in *Bela Palanka for a day or two. But let's go over to Sofia this weekend and meet Tom there. We can meet him on Saturday night at the Hotel Marmara."

"Yeah ! It's a good hotel," Carol told me. "Cheap, but good. What do you think, Tom ? "

"Great ! " I said. "Let's ① do that."

Carol looked at Melanie. "Hey, Mel," she said. "② Why don't you and Tom go along to the restaurant ? I'm not hungry, and I want to sleep for an hour."

"Er.... Food's very expensive on the train," I said. "I don't have much money just now. I'm going to get a job in Sofia."

"Oh, Tom ! " Melanie said. "Why didn't you tell us ? Look, you're a nice guy, right ? We're OK for money this week. ③ We can buy you a meal."

"Of course we can," Carol said. "And look, in Sofia, we can take you to the best restaurant in town. It's a great place. We love it."

What could I say ? I was hungry. They had money, ④ I didn't. So Melanie and I went to the restaurant and had a meal. When we came back, Carol was still alone in the carriage. Melanie put her feet on the seat and went to sleep.

The train came into Bela Palanka and stopped. The two girls got off and stood on the platform. They smiled at me through the window. "Saturday. Eight o'clock," Melanie shouted.

They smiled again, picked up their bags and walked away. Nice girls. I'm going to have a great time in Sofia, I thought.

The train left *Yugoslavia and crossed into Bulgaria at two o'clock in the morning. Then the train stopped at some village.

Suddenly there were a lot of policemen on the train. Everybody in the carriage sat up and began to talk.

Then two policemen came into our carriage, a tall thin one and a short fat one. They looked at everybody carefully... and then they looked at me again.

"Come with us, please," the fat policeman said in English.

"What ? Me ? " I said. "Why ? What's the matter ? "

"And bring your bag with you," the tall policeman said.

In the station building there were a lot more policemen, and some people from the train. They were all young people. Some were afraid, some were bored. The police looked in everybody's bags, and then the people went back to the train.

My two policemen took me to a table. "Your passport, please," the fat policeman said, "and open your bag."

They looked at my passport and I opened my bag. There was a young policewoman with red hair at the next table. She had a nice face, so I smiled at her and she smiled back.

"Aaah ! " the tall policeman said suddenly. ⑤ The policeman picked up my bag and turned it over. ⑥ On to the table, out of my bag, fell packet after packet of US American dollars. Nice, new dollars. Fifty-dollar notes in big packets. A lot of money.

My mouth opened, and stayed open. I couldn't find my voice. I was suddenly a very interesting person, and a lot of police ran up to our table and stood behind me.

"50,000... 100,000... 150,000... There're 200,000 dollars here," the tall policeman said. "What an interesting bag, Mr. Tom Walsh ! "

⑦ I found my voice again quickly. "But it's not my bag ! " I shouted.

There was a big, happy smile on that policeman's face. "Well," he said, "it has your name on ⑧ it. Look ! "

So I looked, and of course there was my name, and yes, of course, it was my bag. So how did 200,000 US dollars get into my bag ?

"You cannot bring US dollars into ⑨ this country," the fat policeman said. He had very short gray hair and little black eyes. He didn't smile once.

"But I didn't bring them," I said quickly. "They're not my dollars. I never saw them before in my life, and —"

There was a lot of noise in the station. I looked out of the window and saw my train. Slowly, it began to move.

"Hey ! " I shouted. "That's my train —"

The tall policeman laughed. It was a great day for ⑩ him. "Oh no," he said. "You're not getting back on that train. You're staying here with us, in ⑪ our beautiful country." He smiled, happily.

（注）boring 退屈な　carriage 客車　guy 男，やつ　thin やせた
fat 太った　bored 退屈した　packet 包み
＊印は地名もしくは国名

問１　本文中の事件は何年何月に起きましたか。日本語で書きなさい。
(　　　　　　　　)

問２　本文では筆者に何が起き，その後どうなったと思いますか。80 ～ 100 字の日本語で書きなさい。句読点も字数に含めます。

問 3　How old are the two girls in this story ? Answer this question in English.
(　　　　　　　　　　　　　　　　　　　　　　　　　　　　　　　　)

問 4　本文の内容と一致するものを次のア～オから 2 つ選び，記号で答えなさい。
(　　　　)(　　　　)

ア　Tom saw the two girls in Sofia.
イ　The two girls got off at Bela Palanka.
ウ　A policeman asked him to come with him in German.
エ　In Tom's bag there were two hundred thousand dollars.
オ　The money in Tom's bag was his own.

問 5　下線部①の具体的な内容を日本語で書きなさい。
(　　　　　　　　　　　　　　　　　　　　　　　　　　　　　　　　)

問 6　下線部②③⑤⑦を和訳しなさい。
②(　　　　　　　　　　　　　　　　　　　　　　　　　　　　　　)
③(　　　　　　　　　　　　　　　　　　　　　　　　　　　　　　)
⑤(　　　　　　　　　　　　　　　　　　　　　　　　　　　　　　)
⑦(　　　　　　　　　　　　　　　　　　　　　　　　　　　　　　)

問 7　下線部④の後に省略されている英語を補いなさい。
(　　　　　　　　　　　　　　　　)

問 8　下線部⑥の文の主語はどれですか。本文中の英語で答えなさい。
(　　　　　　　　　　　　　　　　　　　　　　　　　　　　　　　　)

問 9　下線部⑧⑨⑩⑪の指すものを本文中の英語で答えなさい。
⑧(　　　　　　　　　　　　　　　)　⑨(　　　　　　　　　　　　　　　)
⑩(　　　　　　　　　　　　　　　)　⑪(　　　　　　　　　　　　　　　)

エッセイ　Step 2

22 国際列車で起きた事件

解説・解答

構文の理解

l.6　I always go by train **when** I *can*.

➡現在時制の文で用いられる接続詞の when には「～するときはいつも」という意味がある。always「いつも」を用いて，習慣になっていることを強調している。

➡ can の後に go by train が**省略**されている。

l.58　On to the table, out of my bag, *fell* **packet after packet of US American dollars.**

➡この文の**主語**は packet after packet of US American dollars である。on to the table と out of my bag を**強調**するために文頭へ置いたため，主語と動詞が**倒置**されている。動詞が fell, go, come などの動きを表す場合に，このように倒置の文になることがある。

➡前置詞 after には同じ名詞をくり返して「次々と」を表す用法がある。ここでは「アメリカドル札の包みが次から次へと」という意味になる。

l.61　My mouth **opened**, and stayed **open**.

➡ opened は「開いた」という**動詞**。open は「開いている」という**形容詞**で，stayed open で「開いたままだった」という意味になる。他に clean，clear なども，動詞と形容詞がある。

l.67　"Well," he said, "it **has** your name on it. Look ! "

➡無生物を主語にした文＜主語（～）＋ have … on ＋主語を指す代名詞＞は，「～には…がある」を表す。it は your bag を指すので「君のバッグには君の名前が（書いて）ある」という意味になる。

l.79 "You're **not getting** back on that train. You're **staying** here with us, in our beautiful country."

➡**現在進行形**には「近い未来の動作」や「予定」を表す用法がある。come, get, go, arrive, leave, start, stay などのほか，do や give もこの用法に用いることができる。前後関係から未来を表すことがはっきりしている場合以外は，未来を示す語句を一緒に用いる。

▶近い未来の動作や予定を表す現在進行形

I'm **leaving** *tomorrow*.　「私は明日出発します」

You **are not going** to see him *today*, are you？

「今日，彼に会いに行くつもりじゃないですよね？」

What **are** you **doing** *this evening*？　「今晩は何をする予定ですか」

設問の解答

問１　1989年10月

問２　筆者は列車で出会った２人の女性にだまされて，持ち込んではいけない大金のアメリカドルをバッグに入れられ，ブルガリアの警察に疑われている。その後，警察に留置されてブルガリアから出られないことになるだろう。(100字)

問３　They are (perhaps) twenty-seven or twenty-eight.／They are about twenty-seven.

問４　イ，エ　　問５　ホテル・マルマラで土曜日の夜に会う。

問６　②　あなたとトムはレストランへ行ったらどう。

③　あなたに食事をおごってあげてもいいわ。

⑤　その警察官は私のバッグを持ち上げて，それをひっくり返した。

⑦　すぐに私はまた話せるようになった。

問７　have money　　問８　packet after packet of US American dollars

問９　⑧　your bag　　⑨　Bulgaria　　⑩　the tall policeman　　⑪　Bulgaria

設問の解説

問１　1989年10月３日にベニスに着き，その３週間後にトリエステへ行き，そこからソフィア行きの列車に乗った。事件は列車に乗った翌日午前２時に起きた。

問2　起きたこと：トムは列車の中で2人の女性に会って楽しい会話をした。彼が女性の1人と食事をしているあいだに，もう1人が彼のバッグに持ち込み禁止の大金のアメリカドル（おそらく違法に得られたもの）を入れたため，彼は警察に疑われることになった。　その後：トムが違法行為をしたと思われたことと，ブルガリアにとどまることになると言われていることから，警察によって留置されるだろうと推測できる。

問3「この話の2人の女性は何歳か」　l.15 に perhaps twenty-seven or twenty-eight とある。about を用いて「だいたい27歳くらい」のような答え方もできる。

問4　ア「トムはソフィアで2人の女性に会った」（×）　ソフィア行きの列車の中で出会った。

イ「2人の女性はベラ・パランカで降りた」（○）

ウ「警察官はドイツ語で彼に一緒に来るように言った」（×）　警察官はトムに英語で話しかけている。

エ「トムのバッグには20万ドルが入っていた」（○）

オ「トムのバッグの中のお金はトムのものだった」（×）　2人の女性に対して「今はあまりお金を持っていない」と言っている。また警察官に対しても必死に「自分のお金ではない」と訴えている。

問5　We can meet him on Saturday night at the Hotel Marmara. というメラニーの提案に対するトムの返事であることを考える。

問6　② Why don't you ～？「～してはどうですか」

③ この can は「～してあげましょう」という好意的な申し出を表す。

⑤ pick up ～「～を持ち上げる」，turn ～ over「～をひっくり返す」

⑦ この find は「～を手に入れる」という意味。「声を手に入れる」は「話せるようになる」ということ。

問7　直前の文の had money を否定する。didn't の後ろなので had は原形 have にして答える。

問8　倒置の文で，本来の語順は <u>Packet after packet of US American dollars</u> fell out of my bag on to the table. である。

問9　⑧ 2つ後の文に my bag とあるが，ここは警察官の言葉なので your bag とする。

⑨ 列車がブルガリア（Bulgaria）に入ってからの事件。

⑩ 直前の文の主語 the tall policeman を指す。

⑪ ブルガリア（Bulgaria）の警察官の言葉。

全訳

私は1つの国に長く滞在したことはない。飽きてしまう。移動して，新しい場所を見て，いろいろな人々に会うのが好きだ。その間のほとんどは，良い人生だ。

私は冬には南へ行くのが好きだ。生活は日光があるほうが楽であり，北部ヨーロッパは冬にはとても寒くなることがある。去年，つまり1989年，10月3日にベニスに着いた。3週間ホテルで仕事をして，それからゆっくりと南下し始めた。**私は，列車で行けるときはいつも列車で行く。**私は列車が好きだ。列車の中を歩き回れるし，たくさんの人に会える。

ベニスを発ってトリエステへ移った。私はそこで，ブルガリアのソフィア行きの鈍行列車の安い切符を買った。そのあと，その列車はトリエステを出発した。最初，乗客は多くなかったが，ザグレブでたくさん乗り込んできた。列車はザグレブを出発し，私は10分ほど窓の外を見ていたが，そのあと寝てしまった。

私が再び目を開けると，客車には若い女性が2人いた。彼女たちは親しみやすく見えたので，私は「こんにちは」と言った。

「こんにちは！」と，彼女たちは言った。

彼女たちはすてきな女性だった。彼女たちは私より年上で，おそらく27歳か28歳だったが，私は彼女たちが気に入った。私たちは何時間か話したり笑ったりした。私は自分の人生についての話をたくさんした。

「ねえ，キャロル」と，メラニーが言った。「私たちは1日か2日間，ベラ・パランカに滞在する予定だわ。でも，この週末はソフィアまで行って，そこでトムに会いましょうよ。土曜日の夜にホテル・マルマラで会ってもいいわね」

「そうだわ！　いいホテルよ」と，キャロルは私に言った。「安いけど，いいホテルよ。トム，どう思う？」

「いいね！　①そうしよう」と，私は言った。

キャロルはメラニーを見た「ねえ，メル，②あなたとトムはレストラン（食堂車）へ行ったらどう？　私はお腹がすいていないし，1時間眠りたいの」と，彼女が言った。

「うーん…　列車の中の食べ物はとても高いよ。今はあまりお金を持っていないんだ。ソフィアで仕事を見つけるつもりなんだ」と，私は言った。

「まあ，トム！　どうして私たちに言わなかったの？　あなたはいい人よね。私たちは今週はお金の心配はないの。③あなたに食事をおごってあげてもいいわ」と，メラニーが言った。

「もちろんそうしてあげる。それにね，ソフィアでは町で一番のレストランへ連れて行ってあげるわ。すばらしいレストランよ。私たちは大好きなの」と，キャロルが言った。

私はなんと言えただろう。私は空腹だった。彼女たちはお金を持っていて，私は持っていなかった。それでメラニーと私はレストラン（食堂車）へ行って食事をした。私たちが戻ってきたとき，キャロルはまだ客車に一人きりだった。メラニーはいすに脚を乗せ，眠った。

列車はベラ・パランカに入り，止まった。2人の女性は降りてホームに立った。彼女たちは窓越しに私に微笑んだ。「土曜日。8時にね」と，メラニーが大声で言った。

彼女たちは再び微笑んで，荷物を持ち，歩いていった。すてきな女性たちだ。ソフィアではとても楽しいだろうと私は思った。

列車はユーゴスラビアを出て，午前2時に国境を越えてブルガリアに入った。それから列車は，ある村で停車した。

突然，たくさんの警察官が列車に乗ってきた。客車の中の誰もがきちんと座り，話し始めた。

それから2人の警察官が私たちの客車に入ってきた。1人は背が高くやせていて，1人は背が低くて太っていた。彼らは全員を注意深く見つめ，それから再び私をじっと見た。

「一緒に来てください」と太った警察官が英語で言った。

「何だって？　私が？　どうして？　私がどうしたっていうんですか？」と，私は言った。

「それと，あなたのバッグを持ってきなさい」と，背の高い警官が言った。

駅舎には，さらにたくさんの警察官と，列車から降りてきた人が何人かいた。彼らは全員若かった。おびえている人もいれば，退屈している人もいた。警察は1人1人のバッグを調べ，そのあと，その人たちは列車に戻っていった。

私を連れてきた2人の警官は，私をテーブルに連れて行った。「パスポートを見せてください。それからバッグを開けてください」と，太った警官が言った。

彼らは私のパスポートをじっと見て，私はバッグを開けた。となりのテーブルに赤い髪の毛の若い婦人警官がいた。彼女はかわいらしい顔をしていて，私が微笑みかけると，微笑みかえしてきた。

「あー！」と，背の高い警察官が突然言った。⑤その警察官は私のバッグを持ち上げて，それをひっくり返した。⑥私のバッグからテーブルの上に，アメリカドル札の包みが次から次へと落ちた。きれいな新札だった。50ドル札の大きな包みだった。大金だった。

私の口は開き，そして開いたままであった。声も出なかった。私は突然，注目を浴びる人間になった。そしてたくさんの警察官が私たちのテーブルに走ってきて，私の後ろに立った。

「5万… 10万… 15万…　ここに20万ドルある。トム・ウォルシュさん，なんと興味深いバッグかね！」と，背の高い警察官が言った。

⑦すぐに私はまた話せるようになった。「でも，それは私のバッグじゃありません！」と，私は叫んだ。

その警察官は，満面の笑顔だった。「そうかな，⑧それには君の名前が書いてあるよ。見なさい！」と，彼は言った。

それで私が見ると，確かに私の名前が書いてあった，だからそう，もちろん，それは私のバッグだった。それなら，どのようにして20万ドルが私のバッグに入ったのだろうか。

「アメリカドルを⑨この国に持ち込むことはできない」と，太った警察官が言った。彼はとても短いグレーの髪の毛と小さな黒い目をしていた。彼は一度も微笑まなかった。

「でも，私は持ち込んでいません。それは私のドル札じゃありません。今までに見たこともありませんでした。それに…」と，私はあわてて言った。

駅で大きな音がした。窓の外を見ると，私の乗ってきた列車が見えた。ゆっくりと，それは動き始めた。

「おーい！」と，私は叫んだ。「あれは私の列車だ…」

背の高い警察官は笑った。⑩彼にとってすばらしい日だった。「いいや，だめだ。君はあの列車には戻れない。君は我々と一緒に，⑪この美しい国に滞在することになる」と，彼は言った。彼はうれしそうに微笑んだ。

MEMO

エッセイ ―――――――――――― Step 3

23 時間に対する人間の感覚

出題校 ―― 久留米大学附設高等学校

●**学習のポイント**
- ➡内容の展開を示す接続詞が少なく，硬い文体で書かれた文章である。
- ➡接続詞 **whether** の名詞節

My observations tell me that one's sense of time, time-consciousness, differs not only from culture to culture but, ultimately, from mind to mind.

For me, time passes very slowly in Tokyo, especially in the evening. When I'm out eating and drinking with friends, Tokyo is a fine place to be. Otherwise, it drags like a tired dog on the way home from a long hunt.

At home in Kurohime I have so much to do and so much stimulation that the seasons pass quickly, not just the hours and the days. When I'm just beginning to enjoy summer, bang, it's autumn. If the hours and days pass slowly in the country for city people, it's because they're bored. When they first arrive in the country they say, "Oh, isn't this nice ? " or "Isn't this luxurious ? " After a month, however, they become bored and don't know what to do with themselves.

This leads me to believe that ① the only difference in time-consciousness is whether one is bored or not, whether one can slip into the alpha state or deeply into the beta state. If you can do this, time ceases to have any conscious effect.

Let me give you an example. If two or three people, at most a half dozen, were to sit around an outdoor campfire with something to drink, not necessarily *sake* or whiskey, and to eat, they could easily sit for ten hours without becoming bored. Time would flow very slowly because flames stimulate humans to go into the alpha state.

If I watch television for three hours, I get bored. After a couple of hours my eyes become tired because they have to focus on the moving dots on the screen. A fire is very different; anybody can look into a fire for hours ② without it causing them to grow mentally tired. Sleepy yes, but not bored.

When I first went to the Canadian North I remember becoming a little angry at the Inuit I worked with. I would ask them to bring in a snow tractor 'tomorrow morning,' for example. They would say okay and then wouldn't appear with the machine (A) three days later. I finally discovered that they have a completely different sense of time. In summer there is daylight 24 hours a day, you see, and so there is no night as such. (B), when the tide comes in and goes out, and things like that. 'Tomorrow morning' is just an abstraction.

In industrialized countries time must be divided into seconds, minutes and hours. In other places time is felt in very different ways. ③ <u>Whether time passes slowly or quickly depends upon what state your mind is in at the moment.</u> For myself, my mind is almost always in a state of frustration when I am in Tokyo unless I'm out drinking and eating with good friends. In the field I'm not often frustrated. In the Arctic I'm almost never frustrated. That's because my mind enters the alpha state out in the wilds. You know, I think if you tried to teach an Inuit *zazen* or some other type of meditation he would laugh at you. He already spends a quarter of his life in the meditative alpha state.

（注）ultimately = finally　otherwise = if not so　drag = move slowly

alpha state, beta state（脳の）アルファ状態，ベータ状態

cease to ～ = stop ～ing　stimulate ～を刺激する　abstraction 抽象概念

meditation 瞑想

問1　筆者が下線部①のように考えるようになった理由を，日本語で書きなさい。

(　　　　　　　　　　　　　　　　　　　　　　　　　　　　　)

問2　下線部②とほぼ同じ意味になるように，空所に適切な1語を書きなさい。

without (　　　　) mentally tired because of it

問3　下線部③を和訳しなさい。

(　　　　　　　　　　　　　　　　　　　　　　　　　　　　　)

問4　本文中の（　A　）に入る最も適切な語を次のア～オから1つ選び，記号で答えなさい。

ア　by　　イ　for　　ウ　until　　エ　during　　オ　in　　(　　　)

問5　本文中の（　B　）に入る最も適切な文を次のア～ウから1つ選び，記号で答えなさい。　(　　　)

ア　They need to take some tools with them to catch fish

イ　You don't time your activities by the clock but by the weather

ウ　They can go out without a lamp

問6　本文の内容と一致するものを次の1～6から2つ選び，番号で答えなさい。

(　　　)(　　　)

1　Inuit have already known meditation is the most important thing in their lives.

2　The writer thinks that because drinking and eating in Tokyo is very boring, time drags like a tired dog.

3　We can't really enjoy camping without an outdoor campfire.

4　The writer finally understood Inuit could know the time exactly without a clock.

5　A sense of time differs from person to person as well as from culture to culture.

6　If city people can enjoy country life as the writer does, their time passes quickly there.

MEMO

エッセイ ―――――――― Step 3

23 時間に対する人間の感覚

解説・解答

語句の整理

l.1 observation 観察／l.1 sense 感覚／l.1 consciousness 意識
l.1 differ 異なる，違う／l.5 hunt 狩猟／l.10 luxurious 豪華な
l.11 do with ～ ～を扱う／l.13 slip into ～ ～の状態に入る
l.15 at most せいぜい，多くて／l.18 flow 流れる
l.21 focus on ～ ～に集中する／l.31 industrialized country 先進工業国
l.34 frustration 欲求不満／l.35 not often めったに～ない
l.36 the Arctic 北極圏

構文の理解

l.1 *My observations* **tell** me **that** one's sense of time, time-consciousness, differs *not only* from culture to culture *but*, ultimately, from mind to mind.

➡文の主語 my observation「私の観察」は，**<所有格＋名詞>**で「～が…すること」の意味を表すので「私が観察すること」と訳すことができる。また，**無生物主語**の文では，tell は「～を示す，表す」の意味になる。よって「私の観察は～を示す」は「私が観察するところによれば，～である」と訳すことができる。

参照 **7** 文法 BOX，**16** 文法 BOX ①

➡ time-consciousness は that 節の中の主語 one's sense of time を言い換えたもので，**同格**の関係である。「つまり」などの語を補って訳すとよい。　参照 **5** 文法 BOX

➡**< not only A but（also）B >**で「A だけでなく B も」の意味。B の部分に ultimately が挿入されている。

l.12 This leads me to believe **that** the only difference in time-consciousness is **whether** one is bored **or not**, **whether** one can slip into the alpha state **or** deeply into the beta state.

l.32 **Whether** time passes slowly **or** quickly depends upon **what** state your mind is in at the moment.

➡ lead は，無生物を主語にすると＜ lead ＋人＋ to ＋動詞の原形＞の形で「人を～する気にさせる」という文を作る。「このことは私に…と信じる気にさせる」は「このことによって私は…と信じる気持ちになる」と訳すことができる。 参照 **7** 文法 BOX

➡ whether は「～かどうか」という意味の**名詞節**を作る**接続詞**で，＜ **whether ～ or …**＞は「～か…か」を表す。whether 節は主語，補語，目的語になる。**l.13** では**補語**，**l.32** では**主語**になっている。また not を伴い，＜ **whether ～ or not** ＞で「～かそうでないか」の形をとることも多い。

➡**接続詞** if にも「～かどうか」という意味の**名詞節**を作る用法があるが，whether より口語的で，原則として**目的語**の場合のみ if を用いることができる。 参照 **20** 文法 BOX

▶接続詞 whether の名詞節

＜主語＞ **Whether**［× If］I swim **or** dive in the sea depends on my physical condition.
「海で泳ぐかもぐるかは体調による」

＜補語＞ The problem is **whether**［× if］he is still alive **or not**.
「問題は彼がまだ生きているかいないかだ」

＜目的語＞ Let me know **whether**［○ if］you like Japanese food **or** Western food.
「あなたが和食が好きか洋食が好きか教えてください」

l.15 **If** two or three people, at most a half dozen, **were to sit** around an outdoor campfire with something to drink, not necessarily *sake* or whiskey, and to eat, they **could** easily **sit** for ten hours without becoming bored.

➡**＜ If ＋主語＋ were to ＋動詞の原形～，主語＋助動詞の過去形＋動詞の原形…＞**は**仮定法過去**の文で，実際に起こる可能性が少ない**未来**のことについて「仮に～するとしたら（もし万が一～ならば），…だろう」を表す。 参照 **10** 文法 BOX

l.37 You know, I think **if** you **tried** to teach an Inuit *zazen* or some other type of meditation he **would laugh** at you.

➡ think の目的語の節は**＜ if ＋主語＋動詞の過去形～，主語＋助動詞の過去形＋動詞の原形…＞**で「もし～なら，…だろう」と，**仮定法過去**になっている。実際にイヌイットに座禅を教えることは考えにくいため，**現在**の事実に反することを仮定した表現になっている。 参照 **10** 文法 BOX

設問の解答

問１　筆者は東京に行くと退屈し，時間がゆっくり過ぎると感じるが，自宅のある黒姫ではやることや刺激が多くあり，時間が速く過ぎると感じる。一方，都会の人は，田舎ではやることがなくて退屈し，時間を遅く感じるから。

問２　growing

問３　時間がゆっくりと過ぎるか速く過ぎるかは，そのときに精神がどのような状態にあるかによる。

問４　ウ　　問５　イ　　問６　5，6

設問の解説

問１　下線部①の文は，This leads me to believe that …「このことは私に…と信じる気にさせる」で始まっている。「このこと」は，第２～３段落の内容を指している。
＜私＞の場合，「都会（東京）→退屈する→時間を意識する→遅く感じる」「田舎（黒姫）→することが多くて退屈しない→時間を意識しない→速く感じる」となり，＜都会の人＞の場合，「田舎→退屈する→時間を意識する→遅く感じる」となる。この内容をまとめればよい。

問２　下線部②は，＜cause ＋～（目的語）＋ to ＋動詞の原形＞「～に…させる」の形になっている。it は a fire を指すので「火が人々を精神的に疲れるようにさせないで」となる。設問では前置詞 without が直前にあるので，grow mentally tired「精神的に疲れる」の grow を動名詞にする。

問３　Whether time passes slowly or quickly「時間がゆっくりと過ぎるか速く過ぎるか」が主語である。また，what state your mind is in「あなたの精神がどのような状態にあるか」は間接疑問で，depends upon ～「～による」の目的語になっている。

問４　＜not ~ until［till］…＞で「…まで～しない，…に初めて～する」の意味。ここでの until は前置詞。「3日後まで現れない，3日後に初めて現れる」を表す。

問５　直後の「『明日の朝』はただの抽象的な概念でしかない」より，カナダ北部では，自然現象に時間感覚を見出していることがわかる。ここでの time は「～にふさわしい時機を選ぶ（判断する）」という意味の動詞である。本文では not が動詞を否定する位置にあるが，本来は <u>not</u> by the clock but by the weather「時計によってではなく，天候によって」の形をとる。

問６　1「イヌイットは瞑想が人生で最も大切なものだとすでに知っている」（×）　そのような記述はない。

2「東京での飲食はとても退屈なので，時間は疲れた犬のようにゆっくり動くと筆者は思っている」(×)　第2段落第2，3文参照。東京での飲食は退屈しないと書かれているので不適切。

3「私たちは野外のキャンプファイアがなければ，キャンプをあまり楽しむことはできない」(×)　そのような記述はない。

4「筆者は，イヌイットは時計なしで時間を正確に知ることができるということがやっとわかった」(×)　第7段落第4，6文参照。「天候で時間を判断する」と書かれているだけなので不適切。

5「時間の感覚は文化によって異なるだけでなく人によっても異なる」(○)　第1段落参照。

6「もし，都会の人が筆者のように田舎の生活を楽しむことができれば，そこでは彼らの時間は速く過ぎる」(○)　第2～3段落の内容から正しいといえる。

全訳

私が観察するところによれば，時間に対する人間の感覚，つまり時間の意識は，文化によって異なるだけでなく，最終的には，人の精神状態によっても異なる。

私に関して，東京では，特に夕方は，時間がとてもゆっくりと過ぎていく。友人と外食したり，お酒を飲んだりしているとき，東京はすばらしい場所だ。そうでなければ，時間は，長時間の狩猟から帰る途中の疲れた犬のようにゆっくりと過ぎていく。

黒姫の自宅で，私はするべきことや刺激がたくさんあるので，時間や月日だけでなく季節までもが急速に過ぎていく。夏を楽しみ始めると，あっという間に秋だ。もし都会の人たちにとって田舎での時間や月日がゆっくりと過ぎるならば，それは彼らが退屈しているからである。彼らが最初に田舎に着いたときは「あら，すてきじゃない？」とか「これって豪華じゃない？」などと言う。しかし1か月後には，彼らは退屈してしまい，どうすればよいかわからなくなる。

このことによって私は，①時間の意識における唯一の違いは，人が退屈しているか，それともしていないかにある，人がアルファ状態に入ることができるか，それともベータ状態に深く入ることができるかにある，ということを信じる気持ちになる。もし，これができれば，時間は意識されなくなる。

例を1つあげてみよう。たとえば2人か3人，多くても6人で，必ずしも日本酒やウィスキーでなくてもよいが，何か飲み物や食べ物を持って野外でキャンプファイアーを囲んで座るとしたら，10時間は退屈せずに，たやすく座っていられるだろう。炎が人間をアルファ状態に入るように刺激するので，時間はとてもゆっくり流れていくのだ。

もし3時間テレビを見たら，私は退屈する。数時間たつと私の目は画面上の動く点に集中しなければならないので疲れてしまう。(ところが）火は大きく異なる。誰もが②それ（＝火）によって精神的に疲れることなく何時間も火を見つめることができる。確かに眠くはなるが，退屈はしない。

私が初めてカナダ北部へ行ったとき，一緒に仕事をしたイヌイットたちに少し腹が立ったことを覚えている。たとえば，彼らに「明日の朝に」スノートラクター（雪上車）を持ってきてくれるように頼んだとする。彼らはわかったと言うが，3日後までその機械を持って現れない。私はやっとのことで，彼らはまったく違う時間感覚を持っているのだとわかった。夏は1日24時間が昼間であり，だから夜らしい夜はない。行動にふさわしい時機を時計によって選ぶのではなく，いつ潮が満ちるか引くかとか，そのような天候によって時機を選ぶのだ。「明日の朝」は，ただの抽象的な概念でしかない。

先進工業国では，時間は秒，分，時間に分けられなければならない。(だが,) 他の場所では，時間はとても違うように感じられている。③時間がゆっくりと過ぎるか速く過ぎるかは，そのときに精神がどのような状態にあるかによる。私自身に関して，東京にいるときは，仲の良い友人と外で飲食している場合を除いて，心がほとんどいつも欲求不満の状態だ。(ところが) 私は野外ではめったに欲求不満にならない。北極地方にいるときも，まず欲求不満にはならない。それは，私の心が大自然の中ではアルファ状態に入るからだ。もしあなたがイヌイットに座禅や何か他の種類の瞑想を教えようとしたら，彼はあなたを笑うだろうと私は思う。彼はすでに人生の4分の1を瞑想的アルファ状態で過ごしているのだ。

MEMO

会話文 —— Step 1

24 国によって異なるタブー

出題校 —— 日本大学第二高等学校

●学習のポイント
➡４人以上の会話では，それぞれの発言内容を整理して読もう。
➡動名詞の用法

At Tadashi's house. He and his wife, Junko, have just finished preparing for a party. They have invited Jin-woo, Ellen, and John. Jin-woo, from Korea, and Ellen, from England, have already arrived at Tadashi's house, but John, from America, hasn't come yet. The party is planned to start at 7:00 p.m. Now, it is five past seven.

Tadashi : John is late. I'm afraid he may be lost. Junko, didn't you e-mail him a map to our house ?

Junko : Yes, sure.

Ellen : You don't have to worry so much. (1) <u>He may be late on purpose.</u>

Jin-woo : On purpose ? Why ?

Ellen : In Western countries like the U.K. and the U.S., it is common to be late when you are invited to a party.

Tadashi : Really ? I didn't know that.

Junko : I didn't know that, either. But why ?

Ellen : Because they think of the host, especially the wife. She may be very busy preparing food and drinks for the guests before the party. Also, she may have to clean the rooms. She may have no time to take a rest before the party. So people are usually late to give her more free time before the party starts. It is good manners to be 5 or 10 minutes late in Western countries.

Tadashi : I see. In Japan, being late is not polite at all.

Jin-woo : In Korea, (2). And some of us don't even say, "Sorry for being late."

Junko : Is that right ? It is very important to be on time in Japan. If we make an appointment, many people try to get to the place on time or (3).

Ellen : I know. So I got here before the party started. "When in Rome, do as the Romans do," as you know.

Jin-woo : Before John comes, why don't we talk about taboos in our own countries ?

Ellen : Good. Western people hate sniffing sounds. We think sniffing at the table is worse than burping.

Tadashi : What do you do when you have a running nose ?

Ellen : You should (4) even when you're with other people right in the middle of a meal.

Tadashi : Really ? That's taboo in Japan.

Ellen : Japanese people slurp when they eat *soba* or *ramen*. It is really a bad noise for Western people. When we eat soup, we try to eat it (5).

Junko : How about you, Jin-woo ? Do you have anything you should not do in Korea ?

Jin-woo : We should not start a meal (6).

Junko : What do you mean ?

Jin-woo : Old people are the greatest in our culture. We respect older people. So they should be the first to start the meal. I have heard Japanese people also respected older people many years ago. How about these days ?

Tadashi : Not any more, unfortunately. Anyway, it's great talking about different cultures and customs. (7) It is important for us to understand and respect each other's cultures and customs.

(Ding Dong)

Junko : Maybe, that'll be John.

John : Hi, everyone. Sorry. I caught a wrong bus coming here. So I'm late.

Everyone : That's O.K. We were just talking about cultures and customs.

（注）taboo タブー，してはいけないこと　sniff 鼻をすする　burp ゲップをする

問１　下線部⑴の理由として，最も適切なものを次の①～④から１つ選び，番号で答えなさい。　（　　）

①　英米の文化では日本と違って，時間に遅れることが少しも無礼ではないから。

②　招待される方は，パーティーの前に身支度などの準備で忙しいから。

③　パーティーの準備で忙しいので，招待する側に始まる前に一息ついてもらいたいから。

④　パーティーの準備ができているか心配なので，招待された方は遅れて行くのが無難だから。

問２　本文中の（　２　）に入る最も適切なものを次の①～④から１つ選び，番号で答えなさい。　（　　）

①　people can be late

②　people never arrive late

③　people usually try to be on time

④　people always worry about the appointment

問３　本文中の（　３　）に入る最も適切なものを次の①～④から１つ選び，番号で答えなさい。　（　　）

①　after　②　earlier　③　later　④　sooner

問４　本文中の（　４　）に入る最も適切なものを次の①～④から１つ選び，番号で答えなさい。　（　　）

①　pick your nose　②　blow your nose

③　keep your running nose　④　speak through your nose

問５　本文中の（　５　）に入る最も適切なものを次の①～④から１つ選び，番号で答えなさい。　（　　）

①　as fast as possible　②　as slowly as possible

③　as noisily as possible　④　as silently as possible

問６　本文中の（　６　）に入る最も適切なものを次の①～④から１つ選び，番号で答えなさい。　（　　）

①　that the oldest person hates a lot

②　when the oldest person tells us to start

③　after the oldest person tries to eat the soup

④ before the oldest person does

問7 本文中の（ 7 ）に入る最も適切なものを次の①～④から１つ選び，番号で答えなさい。 （ ）

① We should tell Western people to follow Japanese customs.

② Cultures are almost the same in any place we go.

③ Manners are different from culture to culture.

④ Other cultures have a bad influence on our own country.

問8 本文の内容と一致するものを次の①～⑤から１つ選び，番号で答えなさい。 （ ）

① John arrived late at the party on purpose, just as Ellen guessed.

② John caught a different train and was lost, so he came late to the party.

③ John followed the old saying and didn't arrive at the party on time on purpose.

④ John was late for the party because at first he didn't take the right bus to get to the house.

⑤ John didn't come to the party on time because Junko didn't e-mail him the map.

会話文 ── Step 1

24 国によって異なるタブー

解説・解答

語句の整理

l.6 e-mail 電子メールを送る／l.10 on purpose わざと
l.15 host （客を接待する）主人／l.16 busy ~ing ～するのに忙しい
l.24 on time 時間通りに／l.25 appointment 約束，予約
l.30 at the table 食事中に／l.36 slurp 音を立てて食べる
l.46 anyway いずれにせよ，とにかく／l.48 custom 習慣，慣習

構文の理解

l.26 "**When** in Rome, do **as** the Romans do," as you know.

➡ When in Rome は When you are in Rome の＜主語＋ be 動詞＞を**省略**したもの。最初の do は命令で「しなさい」の意味。その後ろの接続詞 as は「～するように（**様態**）」を表す。as you know は「あなたも知っての通り」という会話表現。

参照 **14** 構文 l.3，**18** 文法 BOX

➡「ローマにいるときは，ローマ人のするようにしなさい」は，「郷に入っては郷に従え」を意味することわざ。同じ内容を表すことわざでも，日本語と英語では，表現が異なるものが多い。

Don't count your chickens before they are hatched.
「卵がかえる前にひよこを数えるな」→「とらぬタヌキの皮算用（をするな）」

The early bird catches the worm.
「早起きの鳥は虫をつかまえる」→「早起きは三文の得」

Let sleeping dogs lie.
「眠っている犬は寝かせておきなさい」→「さわらぬ神にたたりなし」

Two heads are better than one.
「二人の頭脳は一人にまさる」→「三人寄れば文殊の知恵」

Out of sight, out of mind.
「目に見えないもの［人・物・事］は忘れ去られる」→「去るもの日々に疎し」

l.46 Anyway, **it**'s great **talking** about different cultures and customs.

➡ talking は「話し合うこと」という意味の**動名詞**で，talking 以下がこの文の**主語**になっている。**＜It is …＋動名詞～＞**は，**＜It is … to＋動詞の原形～＞**と同様に「～することは…だ」を表す**形式主語構文**である。動名詞は，主語，補語，目的語になる。また前置詞の後ろにも使われる。 参照 **12** 文法 BOX

▶動名詞の用法

＜主語＞	In Japan, **being** late is not polite at all. l.21
	We think **sniffing** at the table is worse than burping. l.30
＜補語＞	His job is **driving** a school bus.
	「彼の仕事はスクールバスを運転することだ」
＜目的語＞	He and his wife, Junko, have just finished **preparing** for a party. l.1
＜前置詞の後ろ＞	"Sorry *for* **being** late." l.22

l.51 I caught a wrong bus **coming** here.

➡ coming は「(ここへ) 来るのに」という意味を表す**現在分詞**。現在分詞にはこのように「～するのに」を表す用法もある。

I had a lot of trouble **finding** your house.
「あなたの家を見つけるのに苦労しました」

設問の解答

問1 ③　問2 ①　問3 ②　問4 ②　問5 ④　問6 ④　問7 ③
問8 ④

設問の解説

問1 l.18 に to give her more free time before the party starts とある。

問2 直後の文に「『遅れてごめんなさい』とさえ言わない人がいる」とあるので，①「遅れてもよい」と考えられる。この助動詞 can は許可「～してよい」の意味。

問3 「日本では時間通りであることが大切だ」という直前の文から，「時間通りか，早めに着こうとする」と考えて②の earlier が適切。

問4 直前のタダシの発言の have a running nose は「鼻水が出る」という意味。blow

one's nose で「鼻をかむ」の意味を表すので，②が適切。

問５　直前に「西洋人にとって，そばやラーメンを食べるときに立てる音は嫌な音だ」とあるので④「できるだけ静かに（＝音を立てずに）」が適切。

問６　④の does は start a meal を表す。ジンウの最後の発言の第３文に着目。

問７　文脈から③「マナーは文化によって異なる」が適切。different from ～ to ～「～によって異なる」

問８　①「エレンが推測したとおりに，ジョンはわざとパーティーに遅れて到着した」（×）

②「ジョンは違う列車に乗り，道に迷ったので，パーティーに来るのが遅くなった」（×）

③「ジョンは古い言い習わしに従い，パーティーにわざと時間通りに到着しなかった」（×）

④「ジョンは最初，家に着くための正しいバスに乗らなかったので，パーティーに遅れた」（○）　本文最後のジョンの発言と一致。

⑤「ジュンコが彼に地図を電子メールで送らなかったから，ジョンは時間通りに来なかった」（×）　ジュンコの最初の発言により，地図は送られている。

全訳

タダシの家で。彼と妻のジュンコはパーティーの準備が終ったところだ。彼らはジンウ，エレン，それにジョンを招いている。韓国出身のジンウとイギリス出身のエレンは，すでにタダシの家に着いているが，アメリカ出身のジョンはまだ来ていない。パーティーは７時に始まることになっている。現在，７時５分過ぎだ。

タダシ　：ジョンは遅いな。迷ったのかもしれない。ジュンコ，僕らの家の地図を電子メールで送らなかったのかい？

ジュンコ：送ったわよ，もちろん。

エレン　：そんなに心配する必要ないわ。⑴彼はわざと遅れているのかもしれないわよ。

ジンウ　：わざと？　どうして？

エレン　：イギリスやアメリカのような西洋の国では，パーティーに招かれたとき遅れて来るのはよくあることよ。

タダシ　：本当？　それは知らなかったな。

ジュンコ：私も知らなかったわ。でも，どうして？

エレン　：パーティーに招待する側，特に奥さんのことを考えるからなの。彼女はパーティーの前は，お客様用の食べ物や飲み物を用意するのにとても忙しいかもしれないでしょ。それに，部屋を掃除しなければならないかもしれないし。パーティーの前は休む暇もないかもしれないわ。だから，パーティーが始まる前に奥さんにくつろぐ時間をあげるために，たいてい遅れて来るの。西洋諸国では，５分か10分遅刻するのがマナーなの。

タダシ　：なるほど。日本では，遅刻するのはちっとも礼儀正しくないよ。

ジンウ　：韓国では，⑵遅れてもいいんだよ。それで「遅れてごめんなさい」とさえ言わない人がいる。

ジュンコ：そうなの？　日本では，時間通りであることがとても大切なのよ。約束をしたら，多くの人は，その場所に時間通りか⑶早めに着こうとするわ。

エレン　：知っているわ。だから私はパーティーが始まる前にここに着いたの。「郷に入っては郷に従え」と言うものね。

ジンウ　：ジョンが来る前に，自分たちの国のタブーについて話すのはどうだい？

エレン　：いいわね。西洋人は鼻をすする音をとても嫌がるわ。私たちは，食卓で鼻をすすることはゲップをすることより悪いと考えるの。

タダシ　：鼻水が出るときはどうするの？

エレン　：他の人たちと食事をしている最中でも⑷鼻をかむべきなの。

タダシ　：本当？　日本ではそれはタブーだよ。

エレン　：日本人はそばやラーメンを食べるときに音をたてるわ。あれは西洋人にとってはかなり嫌な音よ。私たちはスープを飲むとき，⑸できるだけ音を立てずに飲むようにするの。

ジュンコ：ジンウ，あなたはどう？　韓国ではすべきではないことがあるの？

ジンウ　：⑹最も年上の人が食べ始める前に食べるべきではないんだよ。

ジュンコ：どういうこと？

ジンウ　：僕たちの文化では，老人が最も偉いんだ。僕たちは年上の人を尊敬するんだよ。だから彼らがまず最初に食事を始めるべきなんだ。日本人も昔は年上の人を敬っていたと聞いたよ。今はどうなの？

タダシ　：残念だけど，今はもうそんなことはないよ。とにかく，いろいろな文化や習慣について話すことはすばらしいね。⑺マナーは文化によって違うものだ。お互いの文化や習慣を理解して尊重することは，大切なことだね。

（ベルが鳴る）

ジュンコ：たぶんあれはジョンよ。

ジョン　：やあ，みんな。ごめんね。ここへ来るのにバスを乗り間違えたんだ。それで遅れたのさ。

みんな　：大丈夫だよ。文化と習慣の違いについて話していたところだよ。

会話文 ―――――――― **Step 2**

25 和製英語について

出題校 ―― 同志社高等学校

●学習のポイント
➡会話体特有の表現や，何通りも意味がある会話表現に注意する。
➡関係代名詞 that の用法

Sue : Did you have a nice New Year holiday ?

Brian : Well yes, I went for a trip to Florida. And you ?

Sue : ①日本を訪れて楽しいときをすごしました。But I had one thing that I didn't like. Every time I stay in Japan, I feel silly Japanese-English words are boring.

Brian : You think Japanese-English words are silly ?

Sue : Oh, [1], Brian. Don't tell me you are going to try to support Japanese-English.

Brian : Oh, [2] ? I think it has its place.

Sue : Well, Brian, English has become the world's language for communication. So learning wrong English words puts Japanese English speakers in trouble.

Brian : Mm, [3]. Okay, English is spoken all over the world. But in each place there are words that are not understood by other English speakers. [4], even British people and American people have trouble communicating with each other sometimes.

Sue : Okay, but in Japanese-English there are a lot of examples that will make people feel strange — for example, when somebody says "smart" they mean "slim." Or "I live in a mansion." What they mean is, "I live in an apartment building."

Brian : Yeah, okay, but the same thing is said for other dialects. Come on. ②どれだけ多くのアメリカ人がローリー（lorry）をトラックだと知っていますか。It's not just a girl's name. And it's the Queen's English, but in America it seems like French. Remember, American English started out as a dialect, too.

Sue　: Okay. But [　5　] ? Imagine that you go into an American restaurant and ask for a "hot cake" or a "mix sandwich." What happens ? ③ <u>All you'll get is a blank stare</u>. A car doesn't have a handle, it has a steering wheel. And in sports, what is a "nighter" ? In English it's a night game ── why can't we just call it that ?

（注）dialect　その土地土地で使われている独特の表現

問1　本文中の [　1　] ～ [　5　] に入る最も適切なものを次のア～オから1つずつ選び，記号で答えなさい。

[1]（　　　）　[2]（　　　）　[3]（　　　）　[4]（　　　）　[5]（　　　）

ア　I mean　　イ　why not　　ウ　come on

エ　yes, you're right ── up to a point　　オ　how about this

問2　下線部①②を英訳しなさい。

①（　　　　　　　　　　　　　　　　　　　　　　　　　　　　）

②（　　　　　　　　　　　　　　　　　　　　　　　　　　　　）

問3　下線部③の内容を最も適切に表しているものを次のア～エから1つ選び，記号で答えなさい。（　　　）

ア　注文した通りのものが出てこない。　イ　じっとにらみ返されてしまう。

ウ　何度も聞き返されて困ってしまう。　エ　ぽかんとした顔をされてしまう。

問4　次の和製英語を本来の英語で書きなさい。

1　マンション（　　　　　　　　　　　　）

2　ハンドル　（　　　　　　　　　　　　）

問5　対話の内容と一致するように，次の要約文の（　1　）～（　4　）に適切な語を書きなさい。

Sue thinks Japanese-English words are silly and（1　　　　　　　）but Brian has a（2　　　　　　　）opinion from her. She thinks it is（3　　　　　　　）for Japanese people to learn wrong English words because they make problems but Brian thinks the（4　　　　　　　）thing is true with British English and American English.

会話文 **Step 2**

25 和製英語について

解説・解答

語句の整理

l.4 silly 愚かな，ばかげた／l.9 place 立場，役目

l.11 communication 意思の疎通／l.15 have trouble ～ing ～するのに苦労する

l.16 communicate with ～ ～と意思疎通する／l.18 smart 利口な

l.19 mansion 大邸宅／l.26 imagine ～と想像する／l.27 ask for ～ ～を求める

l.28 blank うつろな，無表情な／l.28 stare じっと見つめること

l.28 handle 取っ手／l.28 steering wheel （車の）ハンドル

構文の理解

l.4 **Every time** I stay in Japan, I feel silly Japanese-English words are boring.

➡time は，他の語と結びついて「～するときに」という意味で接続詞的に使われることがある。**＜every time＋主語＋動詞＞**で「～が…するたびに」を表す。他に，next time「今度～するときに」，the first time「初めて～するときに」，last time「この前～したときに」，any time「～するときはいつでも」などがある。

l.19 **What** they mean is, "I live in an apartment building."

➡What は先行詞を含む**関係代名詞**で，節内では**目的語**になっている。そして，関係代名詞の節 What they mean が，この文の**主語**になっている。 参照 **3** 文法 BOX

l.3 But I had one *thing* **that** I didn't like.

l.13 But in each place there are *words* **that** are not understood by other English speakers.

l.17 Okay, but in Japanese-English there are a lot of *examples* **that** will make people feel strange —

l.27 *All*（**that**）you'll get is a blank stare.

➡これらの that はすべて**関係代名詞**で，第 2，3 文が**主格**，第 1，4 文が**目的格**である。

主格の関係代名詞は**<関係代名詞（主語）＋動詞…>**と続き，目的格の関係代名詞は**<関係代名詞（目的語）＋主語＋動詞…>**と続く。目的格の関係代名詞は**省略**することができ，第 4 文では All の後に that が省略されている。

➡**関係代名詞** that には所有格がなく，また，非制限用法はない。先行詞に「形容詞の最上級」「the first, the second, … the last など」「the only, the very など」「all, every など」がついている場合，または，先行詞が「everything, anything, nothing, everyone など」のとき，特に that を用いる。

▶関係代名詞 that の用法

<主格> *Everyone* **that** came to the party was glad to see him.
「パーティーに来た誰もが，彼に会えて喜んだ」（先行詞は everyone）
I'll give you *anything* **that** is in the box.
「箱に入っている物ならどれでも，君にあげるよ」（先行詞は anything）

<目的格> This is *the most beautiful flower* **that** I've ever seen.
「これは私が今までに見た中で最も美しい花だ」（先行詞に最上級がつく）
She is *the only person* **that** they saved from the ship.
「彼女は，その船から助けられた唯一の人だ」（先行詞に the only がつく）
All **that** you have to do is（to）do your best.
「君がやらなければならないことは，最善を尽くすことだ」
→「君は，最善を尽くしさえすればよい」（先行詞は all）

l.4 I feel（**that**）silly Japanese-English words are boring.

l.7 Don't tell me（**that**）you are going to try to support Japanese-English.

l.26 Imagine **that** you go into an American restaurant and ask for a "hot cake" or a "mix sandwich."

➡これらの that はすべて，「～ということ」という意味の**接続詞**で，第 1，2 文では**省略**されている。一般に that 節が say，tell，think，feel，hope，know などの日常的な動詞の目的語になるとき，that は省略されることが多い。第 3 文の Imagine は，動詞の原形で始まる命令文「～と（いうことを）想像してみなさい」を表す。

参照 1 文法 BOX

➡**関係代名詞**の that には**先行詞**があり，that は節内で**主語**または**目的語**として働く。したがって，that の後ろの部分だけでは，主語または目的語がないので，文として**不完全**なものになる。一方，**接続詞**の that にはこれらの働きがないので，that の後ろの部分だけで，文として**完全**なものになる。

設問の解答

問１　[1]　ウ　　[2]　イ　　[3]　エ　　[4]　ア　　[5]　オ

問２　①　I visited Japan and had a good time.

　　　②　How many Americans know（that）a lorry means a truck ?

問３　エ　　問４　1　apartment building　　2　steering wheel

問５　1　boring　　2　different　　3　wrong［bad］　4　same

設問の解説

問１　[1]　Come on. は，反語的に「やめてよ，いいかげんにしてよ，まさか」などの意味を表す。

　　　[2]　Why not ?「どうして（だめなの）？」　相手が否定形で述べたことへの疑問なので not が付く。

　　　[3]　You're right ── up to a point.「きみは正しい──ある程度まで」

　　　[4]　I mean「つまり」　挿入句的に用いて，言いたいことを補足説明するときに用いる。

　　　[5]　How about this ?「これについてはどう思う？」　相手の意見を求めるときにも用いられる。

問２　①　「日本を訪れた」と「楽しいときをすごした」を and で結ぶ。「楽しいときをすごす」は have a good time で表す。動詞は過去形にする。

　　　②　ポイントは３つ。　<1>「どれだけ多くのアメリカ人が」は How many Americans または How many American people とし，疑問詞を用いた主語を作る。このときの疑問文の語順は，肯定文の語順＜主語＋動詞…＞と同じなので，動詞 know「知っていますか」を続ける。接続詞 that「〜だと（いうことを）」を用いて know の目的語にする。この that は省略できる。　<2>「ローリー」も「トラック」も乗り物で「数えられる名詞」なので，単数形のときは不定冠詞の a をつけて，a lorry，a truck にする。　<3>「ローリーをトラックだと」は，「ローリーはトラックを意味する」と考え，直前のスーの発言にある，動詞 mean「〜を意味する」を用いて，means とする。

問３　All you'll get「あなたが手に入れるすべてのもの」は「手に入るのは〜だけだ」を表し，a blank stare「ぽかんと見つめること」と合わせると，「ぽかんとした顔をされるだけだ」という内容になる。

問４　1　"I live in a mansion." を "I live in an apartment building." と言い直している。

　　　2　A car doesn't have a handle, it has a steering wheel. と言い直している。

問５　要約文を和訳すると以下の通り。「スーは和製英語の言葉はばかげていて（1）うんざりすると思っているが，ブライアンは彼女とは（2）違う意見を持っている。スーは，（間違った英語を学ぶと）問題が生じるので，日本人が間違った英語を学ぶのは（3）よくないと考えている。しかし，ブライアンは，（4）同じことがイギリス英語とアメリカ英語にも言えると考えている」

全訳

スー　　　：楽しい新年の休暇をすごした？

ブライアン：うん，そうだね。フロリダへ旅行したよ。君は？

スー　　　：日本を訪れて楽しいときをすごしたわ。でも，気に入らないことが１つあったの。日本に滞在するたびに，ばかげた和製英語の言葉にうんざりするわ。

ブライアン：和製英語の言葉がばかげていると思うのかい？

スー　　　：あら，[1] やめてよ，ブライアン。和製英語の肩を持つつもりだなんて言わないでよね。

ブライアン：えっ，[2] どうして？　和製英語には和製英語の役割があると思うよ。

スー　　　：まあ，ブライアン，英語は意思伝達のための世界言語になっているわ。だから間違った英単語を覚えると，英語を話す日本人は混乱してしまうわ。

ブライアン：うーん，[3] そうだね，君は正しいよ，──ある程度はね。そうだね，英語は世界中で話されている。でもそれぞれの場所に，別の英語を話す人たちには理解されない言葉があるよ。[4] つまり，イギリス人とアメリカ人でさえ，お互いに意思を伝え合うのに困ることがある。

スー　　　：そうね，でも和製英語には，変だと感じる例がたくさんあるわ。たとえば，「スマート」と言えば，それは「ほっそりした」を意味しているわけ。また，「私はマンションに住んでいる」と言うわ。それが意味することは，「私は集合住宅に住んでいる」ということなのよ。

ブライアン：うん，わかった，でも同じことが，その土地その土地で使われている独特の表現にも言えるよ。ねえ，どれだけ多くのアメリカ人がローリーをトラックだと知っているかな？　女の子の名前なんかじゃないよ。それはイギリスの純正英語だけれど，アメリカではフランス語のように思える。覚えておいてほしいのは，アメリカ英語もまた，１つの地域言語として始まったということだよ。

スー　　　：ええ。でも [5] これはどう思う？　アメリカのレストランに入って「ホットケーキ」や「ミックスサンドイッチ」を注文するのを想像してみてよ。何が起きる？③ぽかんとした顔をされてしまうだけよね。車には，ハンドルはなくて，ステアリングホイールがあるの。それに，スポーツで「ナイター」って何かしら？　英語ではナイトゲームよ。どうしてナイターをナイトゲームと呼ぶことぐらいできないの？

会話文 —— Step 3

26 アメリカの学校生活

出題校 —— 早稲田大学高等学院

●学習のポイント
- ➡会話文ではあるが内容・文体とも論説文に近い。話題ごとに整理して読もう。
- ➡< be to ～>の文

"Hey, Ken. I heard that you are planning to study abroad in the U.S. this year."

"Hi, Brian. That's right. I've just started going over some of the information about the school that I plan to attend from September. You are from California, so maybe you can tell me what you think about some of the policies of this school."

"Sure. First, let's look at this section on the dress code."

DRESS CODE

1. Clothing must be clean.
2. Shoes and socks must be worn.
3. Undergarments may not be worn as outer garments.
4. Hats are not to be worn in the building.

"Those rules seem pretty reasonable, don't they, Ken ? "

"I guess so, (1) that there is no school uniform required. I just cannot imagine someone wearing an undergarment as an outer garment ! So, what are the penalties if any of these rules are broken ? "

"Let me see.... Yes, here it is. It says that violators will be sent home quickly to change clothes. If a student breaks any rule again, that student will have to spend one hour in detention after school. 'Detention' means that the student has to sit in a special room after school for one hour without doing anything. This means no sleeping, no talking, and no moving from the seat."

"Really ? I can't believe it."

"Well, (2) <u>that may sound a bit severe</u>, but such a penalty is often given to students in many American schools."

"Really ? I guess I just expected that the schools in the U.S. had more freedom than those in Japan. What (3) your high school in California ? "

"Actually, my high school had quite a similar policy. From my experience, some schools in Japan really offer more freedom than some schools in the States."

"Thanks for warning me. (4) I never thought of the schools being so strict, Brian."

"We should also look over this section about homeroom. It is rather different from this school here in Japan."

HOMEROOM PERIOD

The homeroom period is the time when attendance is taken and when announcements of importance are made for the students. Students have the responsibility to:

1. Arrive on time.

2. Recite or listen respectfully to the pledge of allegiance.

3. Remain quiet while homeroom announcements are being made.

4. Remain in homeroom for the entire period.

"What is the pledge of allegiance, Brian ? "

"We stand and put our right hand over our chest, face the flag in the classroom, and recite words of respect to our country. We do this every morning in homeroom."

"How long is homeroom ? "

"It's only seven minutes each day. We sit in the classroom and listen to the important information of the day."

"I see."

"The daily schedule is not at all the same as our school schedule. For example, it says that the school day starts at 8:00 a.m. Four classes and homeroom in the morning and 35 minutes for lunch. Then there are three classes after lunch. It may seem like a pretty busy schedule, but you will get used to it quickly. Another thing, Ken, is that you should expect to get a lot of homework to do each night."

"Oh, no ! (5) I wonder if I will be able to survive such a schedule."

"Don't worry. You will be fine. But students know that they have to work hard in order to enter a good university. (6) It is a myth to think that entrance to university is easy. It is true, however, that graduation is not certain."

"With all this new information and advice, I am becoming more nervous about studying abroad. (7)【㋐ by / ㋑ up / ㋒ with / ㋓ can / ㋔ given / ㋕ I / ㋖ keep / ㋗ I hope / ㋘ the teachers / ㋙ the work】."

"(8) Certainly the amount of homework given depends on the teacher, but generally you should expect to spend at least several hours per night doing homework and preparing for the next day's classes."

"Since (9) I have already made up my mind to study abroad, I will face up to the challenge of (10) the work that will come my way. I am really looking forward to learning a lot and having an exciting time in the U.S."

"Don't worry, Ken. With your (11) positive way of thinking, I am sure you will be successful in your studies there. It was not easy for me to adjust when I first came to Japan. It was simply a matter of time for me to get used to a new pattern of school life. I hope you'll remember to keep in touch with your friends here in Japan."

"[A]. Thank you so much for your advice, Brian. (12) I knew I could count on you. We had better hurry on to class before we are late."

"I'll talk to you later, Ken."

"Bye, Brian. Thanks again."

（注）undergarment 下着　violator 違反者　myth 神話　adjust 適応する

問１　本文中の（　1　）に入る最も適切なものを次のア～エから１つ選び，記号で答えなさい。　（　　）

ア to consider　イ to be considered　ウ considered　エ considering

問２　下線部(2)(5)(8)の内容を最も適切に表しているものを次のア～エから１つずつ選び，記号で答えなさい。

(2) that may sound a bit severe　（　　）

ア　そのような罰則は少し厳しいと思われるかもしれない

イ　そのような罰則はかなり大げさに聞こえるかもしれない

ウ　そのような罰則は少しばかりなまぬるく思われるかもしれない

エ　そのような罰則を受けると，どういうわけかすぐに周りに知れ渡ってしまう

(5) I wonder if I will be able to survive such a schedule.　（　　）

ア　そのようなスケジュールをなんとかこなしていけるかな。

イ　そのようなスケジュールに対応できれば，余裕もでてくるかもしれない。

ウ　そのような厳しいスケジュールに対して早急に対策をたてることができるかな。

エ　そのようなスケジュールを切り抜けるためにはできる限りのことをしなければならない。

(8) Certainly the amount of homework given depends on the teacher （ ）

ア なるほど宿題を出さない先生もなかにはいる

イ 先生から出される宿題が多様であるのは間違いない

ウ 確かに出される宿題の量は先生によってまちまちである

エ 宿題の難しさが先生によって共通していないのは明らかである

問３ 本文中の（ ３ ）に入る最も適切な１語を書きなさい。 （ ）

問４ 下線部(4)(6)(10)(12)の内容を最も適切に表しているものを次のア～エから１つずつ選び，記号で答えなさい。

(4) I never thought of the schools being so strict （ ）

ア I regarded American schools as strict

イ I did not expect American schools to be so strict

ウ I have never thought about the schools in America

エ I am pleased to know that American schools are not so strict

(6) It is a myth to think that entrance to university is easy. （ ）

ア Entrance to university seems to be rather easy.

イ It is true that the university entrance examination is difficult.

ウ They believe that university entrance is easy, but it is not true.

エ They think that American universities are too difficult to enter.

(10) the work that will come my way （ ）

ア the work that I will experience

イ the work that will go beyond my ability

ウ the work that will happen to me suddenly

エ the work that I will need to finish in my own way

(12) I knew I could count on you. （ ）

ア I knew that I could support your life.

イ I knew that I could trust you to help me.

ウ I knew that your first impression was so nice.

エ I knew that I could get better grades than you.

問5　下線部(7)が「先生から出される宿題を遅れずにやっていきたい」という意味になるように，【　　　】内の語（句）を並べ替え，4番目，6番目，8番目にくるものを記号で答えなさい。

4番目（　　　）　6番目（　　　）　8番目（　　　）

問6　下線部(9)とほぼ同じ意味になるように，空所にdで始まる最も適切な語を書きなさい。

I have already（d　　　　　　）to study abroad

問7　下線部(11) 'positive' の反対の意味を持つ語を書きなさい。ただし，'non-positive' は不可とする。（　　　　　　）

問8　本文中の［　A　］に入る最も適切な文を次のア～エから1つ選び，記号で答えなさい。（　　　）

ア　So will I　イ　Nor will I　ウ　Of course I will　エ　Yes, I will keep it

問9　Ken が留学を検討しているアメリカの学校において，ホームルームの時間に実施されていないことを，次のア～エから1つ選び，記号で答えなさい。（　　　）

ア　出欠確認　イ　服装検査　ウ　情報の伝達　エ　国家に対する忠誠の誓い

問10　次の1～4の問いに対する答えとなるように，空所にそれぞれ与えられた文字で始まる最も適切な語を書きなさい。

1　Q. What happens if a student breaks a dress code rule ?
　A. That student must go home at（o　　）to change clothes.

2　Q. Was the policy of Brian's high school like that of the school Ken is planning to go to ?
　A. Yes, the policy of Brian's high school was almost the（s　　）.

3　Q. Do students have more lessons in the morning or afternoon ?
　A. More than half of the schedule is（b　　）lunch.

4　Q. How long is lunch time ?
　A. It is 35 minutes; it is five（t　　　　　）as long as homeroom.

問 11　本文の内容と一致するものを次のア～コから３つ選び，記号で答えなさい。

(　　　)(　　　)(　　　)

ア　Ken has already gone to the U.S. in order to get some information about the school Brian attended.

イ　At the school Ken is planning to go to, students are not allowed to wear hats not only in the building but also in the school yard.

ウ　At the school Ken is planning to go to, detention is a penalty for breaking any of the rules in the school for the first time.

エ　At the school Ken is planning to go to, if a student who has broken a dress code rule then doesn't follow any other rule, he or she will have to spend one hour in detention after school.

オ　At the school Ken is planning to go to, students must sit in their own seats while saying the pledge of allegiance.

カ　At the school Ken is planning to go to, students need not remain silent while important information is being given to them.

キ　Once students enter a university in America, they are sure to be able to graduate.

ク　Brian says that students are supposed to study at least several hours per night not only for homework but also for preparation for the next day's classes.

ケ　After talking with Brian, Ken doesn't feel like going abroad to study in an American high school.

コ　Brian has already got used to school life in Japan although he had some difficulty at the beginning.

26 アメリカの学校生活

解説・解答

語句の整理

l.1 study abroad 留学する／l.2 go over ～を調べる

l.3 attend ～に出席する／l.4 policy 方針／l.5 code 規約

l.9 garment 衣類／l.17 detention 放課後の居残り／l.26 offer ～を提供する

l.32 attendance 出席／l.33 announcement 発表／l.34 responsibility 責任

l.36 recite ～を暗唱する／l.36 respectfully 敬意を込めて

l.36 pledge 誓い／l.36 allegiance 忠誠／l.55 graduation 卒業

l.62 face up to～ ～に立ち向かう

l.68 keep in touch with ～ ～と連絡をとりあう

構文の理解

l.10 Hats **are** not **to** be worn in the building.

➡be to ～は助動詞的な働きをし，＜ **be to＋動詞の原形** ＞の形で用いる。「～することになっている（**予定**）」「～すべきだ，～しなければならない（**義務**）」「～することができる（**可能**）」「～する運命だ（**運命**）」の意味があるが，ここでは「～すべきだ」と義務を表す。否定文なので「～すべきではない，～してはいけない」となる。

➡不定詞の名詞的用法が補語の文は，＜ be to ～＞の文と同じ形になることがある。＜ be to ～＞の文は，それを取り除いても意味が通じるが，名詞的用法の場合，be to を取り除くと意味が通じなくなるため，区別できる。

My hobby is **to collect** foreign stamps.　(to collect は不定詞で文の補語)

「私の趣味は，外国切手を集めることだ」

▶＜be to ～＞の文

＜予定＞ The mayor **is to** make a speech at the party.
「市長がそのパーティーでスピーチすることになっている」

＜義務＞ You **are to** leave this building immediately.
「ただちにこの建物から出てください」

＜可能＞ The key **was** not **to** be found anywhere.
「その鍵はどこにも見つからなかった」

＜運命＞ He **was** never **to** return to his country.
「彼は祖国に二度と戻らぬ運命であった」

l.32 The homeroom period is *the time* **when** attendance is taken **and when** announcements of importance are made for the students.

➡2つの when は**時**を表す**関係副詞**で，the time は when 以下の節に修飾される先行詞である。the time when ～で「～する時間」となる。

l.37 Remain quiet **while** homeroom announcements **are being made.**

➡ are being made は**現在進行形**の**受動態**である。進行形の受動態**＜ be 動詞＋ being ＋過去分詞＞**は「～されている（最中だ）」を表す。

l.56 **With all** this new information and advice, I am becoming more nervous about studying abroad.

➡ with all ～には「～（がある）ので（**理由**）」と「～（がある）にもかかわらず（**譲歩**）」の意味があるが，ここでは理由の意味。 参照 **13** 構文 *l.6*

➡**＜ become［grow, get］＋比較級＞**は「だんだん～になる」という意味。進行形では「だんだん～になっていく」となる。

l.65 **With** your positive way of thinking, I am sure you will be successful in your studies there.

➡この with ～は「～があれば」と**条件**を表す。この条件に対する**結果**の部分は you will be successful ～で，その前の I am sure「きっと～と思う」は，挿入句のように付け加えられたものである。

設問の解答

問1　エ　問2　⑵　ア　⑸　ア　⑻　ウ　問3　about

問4　⑷　イ　⑹　ウ　⑽　ア　⑿　イ

問5　4番目　㋖　6番目　㋒　8番目　㋔　問6　decided

問7　negative　問8　ウ　問9　イ

問10　1　once　2　same　3　before　4　times　問11　エ，ク，コ

設問の解説

問1　＜ considering that ～＞で「～ということを考えれば」の意味を表す。

問2　⑵　この sound は動詞で「～に聞こえる，～に思われる」という意味。形容詞 severe「厳しい」と助動詞 may ～「～かもしれない」に注意する。

⑸　I wonder if ～は「～かしら，～かな」と自問する言い方。survive「なんとか～を切り抜ける」の意味に注意する。

⑻　＜ the amount of ＋数えられない名詞＞で「～の総計（総量）」の意味。この過去分詞 given は，直前の名詞 homework を修飾する形容詞的用法で，the amount of homework given（by a teacher）「（1人の先生によって）与えられる宿題の量」と理解する。depend on ～「～による，～次第である」

問3　What about ～?「～はどうですか」

問4　⑷　全訳参照。＜ think of A as B ＞で「A を B とみなす，思う」の意味。B の部分に分詞が来る場合，as が省略される場合がある。アの＜ regard A as B ＞「A を B とみなす」もほぼ同じ構造。イは＜ expect ＋…（目的語）＋ to ～＞「…が～すると思う」の意味。

⑹　全訳参照。It … to ～の形式主語構文。myth「神話」は比喩的な表現で，「根拠がないのに皆が信じている事柄」の意味で使われている。
ウ「大学入学は簡単だと信じられているが，それは本当ではない」

⑽　全訳参照。come one's way「～の身に起こる」　ア　experience「～を経験する」

⑿　全訳参照。count on ～「～を頼りにする」　イ　＜ trust ＋…（目的語）＋ to ～＞「…が～すると確信する」

問5　I hope I can keep up with the work given by the teachers.
keep up with ～「～に遅れずについて行く」　given は直前の名詞 work を修飾する形容詞的用法の過去分詞。

問6　make up one's mind to ～＝ decide to ～「～しようと決心する」　現在完了形の文なので過去分詞 decided にする。

問 7　positive「積極的な，前向きな」の反意語は negative「消極的な，後ろ向きな」である。

問 8　直前のブライアンの I hope you'll remember to ～「～することを忘れないでほしい」に対する返答なので，Of course I will.「もちろんそうするよ」が適切。will の後ろには remember to ～が省略されている。

問 9　全訳の「ホームルームの時間」の部分参照。イ「服装検査」はない。

問 10　1「生徒が服装規則を破ったらどうなるか」「その生徒はただちに帰宅し，着替えなければならない」　本文中の quickly を at once「ただちに，すぐに」で書き換える。

2「ブライアンの高校の規則はケンが行く予定の学校の規則と似ていたか」「はい，ブライアンの高校の規則はほぼ同じだった」　本文中の similar を almost the same「ほとんど同じ」で書き換える。

3「授業が多いのは午前中か，それとも午後か」「時間割の半分より多くが，昼食の前にある」　午前中に 4 つ，午後に 3 つあるので，「昼食の前」が適切。

4「昼食時間はどのくらいの長さか」「35 分間で，ホームルームの 5 倍の長さである」　five times as ～ as …「…の 5 倍～」　ホームルームは 7 分間。

問 11　ア「ケンは，ブライアンが通っていた学校についての情報を得るために，アメリカにすでに行ってしまった」（×）　そのような記述はない。＜in order to ～＞で「～するために」の意味。

イ「ケンが行く予定の学校では，生徒が建物の中だけでなく校庭でも帽子をかぶることが禁止されている」（×）　屋外について禁止だとは書かれていない。

ウ「ケンが行く予定の学校では，初めて学校の規則を破ったときでも，居残りが罰則として課せられる」（×）　初めてではなく 2 回目に，居残りが課せられる。

エ「ケンが行く予定の学校では，すでに服装規則を破った生徒は，次にどの規則を破った場合でも，放課後に 1 時間の居残りをしなければならない」（○）

オ「ケンが行く予定の学校では，生徒は忠誠の誓いを言うとき，自分の席に座っていなければならない」（×）　座ってではなく，立ち上がって言う。

カ「ケンが行く予定の学校では，重要な伝達が生徒になされているとき，静かにしている必要はない」（×）　「ホームルームの時間」の 3. の文に「静かにしていること」とある。

キ「いったんアメリカの大学に入学したら，必ず卒業できる」（×）　確実に卒業できるとは限らない。接続詞 once は＜once ＋主語＋動詞＞で「いったん～が…すると」と条件の意味を表す。また，＜be sure to ～＞は「きっと～する，～するのは確実だ」の意味。

ク「生徒は，宿題だけでなく翌日の授業の予習のために，少なくとも一晩につき数時間は勉強しなければならないと，ブライアンは言う」（○）

ケ 「ブライアンと話をした後で，ケンはアメリカの高校へ留学したくなくなる」(×) feel like ~ing は「~したい気がする」の意味。

コ 「ブライアンは最初いくらか困難なことがあったが，日本での学校生活にもう慣れた」(○)　< get used to ＋名詞 >で「~に慣れる」の意味。接続詞 although は< although ＋主語＋動詞 >で「~は…するけれども（譲歩）」の意味。

全訳

「やあ，ケン。君が今年アメリカへ留学する計画を立てていると聞いたよ」

「やあ，ブライアン。そうだよ。9月から通う予定の学校について調べ始めたところだ。君はカリフォルニア出身だから，この学校の方針についてどのように思うか教えてよ」

「わかった。初めに，服装規則のこの部分を見てみよう」

服装規則

1. 衣服は清潔でなければならない。
2. 靴と靴下を履かなければならない。
3. 下着を上着として着用してはならない。
4. 屋内で帽子をかぶってはならない。

「これらの規定はかなり妥当なものだね，ケン」

「制服の着用が義務付けられていないことを⑴考えれば，そう思うよ。ただ，下着を上着として着る人がいるなんて想像できない。それでは，もし，これらの規則を破ったら，どのような処罰があるのだろう？」

「そうだね…。ああ，ここに書いてある。違反者は，着替えるためにただちに帰宅させられる，と書かれている。生徒がどの規則であってももう1度破れば，その生徒は放課後，1時間の居残りをしなければならない。『居残り』とは，生徒が特別室で放課後1時間，何もせずにいすに座っていなければならないことなんだ。これは，眠ったり，しゃべったり，席から離れたりしてはならないということだ」

「本当に？　信じられない」

「なるほど，⑵そのような処罰は少し厳しいと思われるかもしれないけれども，アメリカの多くの学校では，このような処罰が，しばしば生徒に与えられているんだ」

「本当に？　僕はアメリカの学校には日本の学校よりももっと自由があると，ちょっと期待していたんだ。カリフォルニアにある君の高校はどうなんだい？」

「実際，僕の高校もかなりよく似た方針だった。僕の経験から言うと，日本の学校の中には，アメリカの学校よりももっと自由がある学校もあるよ」

「知らせてくれてありがとう。⑷アメリカの学校がそんなに厳しいとは思わなかったよ，ブライアン」

「ホームルームに関するこの部分も一読すべきだよ。日本のこの学校とかなり違っているから」

ホームルームの時間

ホームルームの時間とは，出席が取られ，重要事項が生徒に伝達される時間である。生徒は以下の義務を負う。

1. 定刻に来ること。

2. 敬意を持って，忠誠の誓いを暗唱するか，あるいは傾聴すること。

3. ホームルームで伝達がなされているあいだは，静かにしていること。

4. その時間はずっと，ホームルームの教室にいること。

「ブライアン，忠誠の誓いって何だい？」

「立ち上がって，右手を胸の上に置き，教室にある国旗の方を向いて，国に対する敬意の言葉を唱えることだよ。毎朝，ホームルームのときに，これを行うんだよ」

「ホームルームの時間はどのくらい？」

「毎日，わずか7分間だ。教室で座って，その日の大切な通知を聞くんだよ」

「なるほどね」

「時間割は僕たちの（日本の）学校の時間割とまったく違う。たとえば，学校は午前8時に始まると書かれている。午前中に授業が4つとホームルームがあり，昼食は35分間。それから，昼食後に授業が3つある。かなり忙しい時間割のように思えるかもしれないけど，すぐに慣れるよ。ケン，それからもう1つ，毎晩，宿題がたくさんあることを覚悟しておくべきだね」

「えっ，いやだな。⑸そのようなスケジュールをなんとかこなしていけるかな」

「心配しないで。大丈夫だよ。しかし学生たちは，良い大学に入学するために一生懸命勉強をしなければならないことがわかっている。⑹大学入学が簡単だと考えるのは神話（根拠のない話）だよ。しかし，確実に卒業できるとは限らないということは，本当さ」

「こういう新しい情報や助言をもらって，僕は留学することがだんだん不安になってきたよ。⑺先生から出される宿題を遅れずにやっていきたい」

「⑻確かに，出される宿題の量は先生によってまちまちであるけれども，一般的に言って，少なくとも一晩につき数時間は，宿題をしたり翌日の授業の予習をしたりするようにすべきだ」

「僕は⑼留学するとすでに決心したのだから，⑽自分の身に起こる課題に正面から立ち向かうつもりだ。アメリカで多くのことを学び，ワクワクするようなときをすごすことを本当に楽しみにしている」

「心配しないで，ケン。君の⑾前向きな考え方があれば，きっと君はそこでうまく勉強していけるよ。僕が初めて日本に来たとき，適応するのは容易ではなかった。新しい学校生活に慣れることは，僕には単に時間の問題だったけどね。ここ日本にいる友人と絶えず連絡を取り合うことを忘れないでほしい」

「[A] もちろん，そうするよ。助言をいろいろとありがとう，ブライアン。⑿君は頼りになると思っていた。遅刻しないように授業に急いで行ったほうがいいね」

「後で話そう，ケン」

「じゃあね，ブライアン。重ねてお礼を言うよ」

手紙文 ── Step 1

27 三世代にわたる手紙

出題校 ── 明治大学付属中野高等学校

●学習のポイント
- ➡差出人（受取人）や日付が，読解の手がかりになることが多い。
- ➡感情の理由や原因を表す that 節

次の英文は William, Bill, Willa が友人に宛てた手紙です。William は Bill の父で Willa の祖父です。以下の３通の手紙を読み，あとの問いに答えなさい。

Letter 1

San Francisco, California
July 28, 1935

Dear Essie,

It was nice to meet you at Sandy's party. I was glad to give you a ride home. I am happy we are getting to know each other better.

Right now I am waiting on the platform for a train and writing you this letter. I'm taking a business trip to Los Angeles. The trip is 425 miles (680 km) long, and it will take about 14 hours. I got a ticket for the last sleeper car, so at least I will have a bed to sleep in.

My sister, Alice, lives in Los Angeles, so I will stay with her. I arrive at 7 a.m. Alice is going to meet me at the train station and drive me to her house. She just learned how to drive a few months ago and bought a new car for $500. I can't wait to see it. She is the first one of her friends to buy a car.

I hope to see you when I return from my trip. May I take you out to dinner on the 10th ?

Yours truly,
William

Letter 2

San Francisco, California
March 5, 1978

Dear Patti,

I'm sorry I had to cancel our lunch date today. What a day ! I got to work at 8 a.m. and there was a message from our office in Los Angeles. They wanted me there by noon for a business lunch.

Luckily my office is near a subway station, so I took the subway to the airport. I got to the airline terminal at 8:45 and checked in. My plane took off at 9:15. It was a direct flight, so I arrived in L.A. an hour later. When my father traveled from San Francisco to Los Angeles in the 1930s, it took 14 hours by train !

At the airport I got into a taxi. When we got onto the highway, the traffic was stopped. You could see the brake lights for miles. There were just too many cars and trucks on the road. We finally got off the highway and drove on city streets. At the first stop sign, the driver made a left turn instead of a right turn and we got lost. It took us more than an hour to get to the office. The flight from San Francisco to Los Angeles took less time than that ! Fortunately, I was on time for my meeting.

How about lunch next Tuesday ? I'll take you to your favorite restaurant.

Yours,
Bill

E-mail

To: Eric@wol.com
From: Willa@wol.com
Subject: Hi !
Date: September 12, 2020

Hi Eric,

I liked that movie we saw last week. It was fun to be with you.

I'm in Los Angeles for my weekly business meeting. I usually take the high-speed train from San Francisco to L.A. because it's so fast ! My grandfather would be surprised. The train he rode in 1935 took 14 hours. Now the high-speed train takes only one and a half hours !

Today I drove because I wanted to try the new automated highway. Have you tried it yet ? It uses computers to connect the cars and the highway. It took five and a half hours, but it was great. I turned on the computer in my sports car and got onto the highway. When I heard the beep, I slowly let go of the steering wheel. Then I took my foot off the gas pedal. My "smart" car drove, and I took a nap in the backseat. Can you believe it ? The alarm clock woke me up before I arrived in L.A., and I told the computer the name of the off ramp. When I got close, the computer beeped. I put my hands on the steering wheel again and got off the highway. I drove straight to my meeting and got there at exactly 1 p.m.

Let's have dinner when I get back to San Francisco, OK ?

See you soon.

Willa

（注）brake ブレーキ　connect ～をつなぐ　beep ビーッという発信音
steering wheel ハンドル　off ramp ハイウェーの降り口

問１ 本文の内容に合うように，表の（A）～（E）に入る最も適切な語または語句を，次のア～シから１つずつ選び，記号で答えなさい。＊に入るものは答える必要はありません。

	Letter 1	Letter 2	E-mail
What kinds of transportation did the writer use ?	＊	＊	(C　)
How long did it take the writer to get to Los Angeles ?	(A　)	＊	(D　)
What time did the writer arrive in L.A.?	＊	(B　)	＊
Where did the writer write the letter ?	＊	＊	(E　)

（注）transportation 輸送機関

ア car　イ 11:30　ウ five and a half hours
エ San Francisco　オ platform　カ one and a half hours
キ 10:15　ク 13:00　ケ subway
コ train　サ 14 hours　シ Los Angeles

問2　本文の内容に合うように，1～4の英語に続く最も適切なものを次のア～カから1つずつ選び，記号で答えなさい。

1　William needed a ticket for the sleeper car（　　　）.

2　Bill canceled their lunch date（　　　）.

3　It took more than an hour for Bill to get from the L.A. airport to the office（　　　）.

4　Willa took her hands off the steering wheel（　　　）.

ア　because the "smart" car was driving
イ　because the taxi driver took the wrong way
ウ　because the trip took a long time
エ　because she lived in Los Angeles
オ　because he had to go to Los Angeles for his meeting
カ　because the car was near the off ramp

問3　3通の手紙を通して言えることは何か，次のア～エから1つ選び，記号で答えなさい。（　　　）

ア　Traveling is fun in all ages.
イ　To keep promise is important.
ウ　It is important to make more time for your friends.
エ　Transportation is always changing.

手紙文 **Step 1**

27 三世代にわたる手紙

解説・解答

語句の整理

l.5 give ～ a ride　～を車に乗せる／l.9 sleeper car　寝台列車
l.9 at least　少なくとも／l.23 cancel　（約束を）取り消す
l.26 luckily　幸運にも，運よく／l.34 get lost　道に迷う
l.35 fortunately　幸いなことに，運よく／l.47 weekly　週に1回の
l.51 automated　自動操作の／l.54 let go of　～から手を離す
l.55 gas pedal　アクセル／l.55 take a nap　昼寝をする

構文の理解

l.5 I am *happy* we are getting to know each other better.
l.23 I'm *sorry* I had to cancel our lunch date today.

➡ happy と sorry の後に，それぞれ**接続詞 that** が省略されている。このように，感情を表す**形容詞**の後にその**理由**や**原因**を表す節が続くとき，接続詞 that を用いる。口語ではよく省略される。

▶感情の理由や原因を表す that 節

I'm *glad* **that** I can see you again.
「あなたにまたお会いできてうれしいです」

He's *sorry* **that** he didn't go to university.
「彼は大学に行かなかったことを後悔している」

She was *angry* **that** she was scolded in front of other students.
「彼女は他の生徒の前で怒られて腹をたてた」

We are *surprised* **that** Mike passed the exam.
「私たちはマイクがその試験に合格したので驚いている」

*l.*9　I got a ticket for the last sleeper car, so at least I will have a *bed* **to sleep in.**

*l.*14　She is *the first one* of her friends **to buy** a car.

➡ to sleep は**形容詞的用法の不定詞**で bed を修飾し，名詞 bed と不定詞句 to sleep in は＜目的語－動詞＋前置詞＞の関係にある。「ベッドで眠る」は sleep in a bed なので，不定詞の後ろに前置詞 in が必要になる。

➡ to buy も**形容詞的用法の不定詞**で the first one を修飾しているが，これは＜主語－動詞＞の関係にある。　参照 **6** 文法 BOX ②

*l.*9　and it will **take** *about 14 hours.*

*l.*29　it **took** *14 hours* by train !

*l.*34　It **took** us *more than an hour* to get to the office.

*l.*52　It **took** *five and a half hours,* but it was great.

➡「(人が) ～するのに〔時間が〕…かかる」というとき，It を主語にして，**＜It takes（＋人）＋時間を表す語句＋ to ＋動詞の原形～＞**の形をとる。また，「(人が) ～するのに〔金額が〕…かかる」は，動詞 cost を用いて**＜It costs（＋人）＋金額を表す語句＋ to ＋動詞の原形～＞**にする。両方とも「人」は，目的格になる。なお，「何をするのか」が文脈から明らかな場合は，＜ to ＋動詞の原形～＞が省略される。*l.*9，*l.*29，*l.*52 は＜ to ＋動詞の原形～＞が省略された文である。

*l.*48　My grandfather **would be** surprised.

➡ if 節が**省略**された形の**仮定法過去**の文。どのような仮定の内容が含まれているかは，前後関係から判断する。この場合は，My grandfather **would be** surprised *if* he **knew** the high-speed train.「もし祖父がその高速列車を知ったら，驚くでしょう」の if 節が省略されたと考えられる。2020 年に祖父は生きていないので，その高速列車の存在を知ることはなく，また驚くこともない。電子メールが送られた 2020 年の時点を「現在」とし，その時点における事実に反することを仮定した表現である。

参照 **10** 文法 BOX

設問の解答

問1　A　サ　　B　キ　　C　ア　　D　ウ　　E　シ

問2　1　ウ　　2　オ　　3　イ　　4　ア　　問3　エ

設問の解説

問1　質問は，上からそれぞれ「筆者はどんな種類の輸送機関を利用したか」「筆者がロサンゼルスに到着するのに，どれくらい時間がかかったか」「筆者は何時にロサンゼルスに到着したか」「筆者はどこで手紙を書いたか」である。

A　手紙1の第2段落第3文に，ロサンゼルスへ行くには14時間かかる，とある。

B　手紙2の第2段落第3，4文に，午前9時15分にサンフランシスコを離陸し，その1時間後にロサンゼルスに到着した，とある。よって，午前10時15分が適切。

C，D　電子メールの第2，3段落に，いつもは高速列車を利用して1時間半で行くが，この日は，自動ハイウェーを試すために，自動車で5時間半かけてロサンゼルスに到着した，とある。

E　電子メールの最後から2番目の文に，サンフランシスコに戻ったら夕食に行こう，とある。よって，手紙（電子メール）を書いたのはロサンゼルスとわかる。

問2　1「ウィリアムは寝台列車の切符が必要だった，なぜなら，その出張は長い時間がかかったからだ」　手紙1の第2段落に14時間かけて行くとあることから考える。

2「ビルは昼食のデートを中止した，なぜなら，会議のためにロサンゼルスに行かなくてはならなかったからだ」　手紙2の第1段落最後の business lunch「ビジネスランチ」とは，「仕事の打ち合わせを兼ねた昼食」のこと。

3「ビルはロサンゼルス空港から事務所へ行くのに1時間以上かかった，なぜなら，タクシー運転手が道を間違えたからだ」　手紙2の第3段落第6文参照。

4「ウィラはハンドルから手を離した，なぜなら，『利口な』車が運転していたからだ」　電子メールの第3段落第6～8文参照。

問3　ア「旅行はすべての年代の人にとって楽しいものだ」

イ「約束を守ることは大切だ」

ウ「友人との時間をもっと多く作ることが大切だ」

エ「輸送機関は常に変化している」

3通の手紙はサンフランシスコとロサンゼルス間の移動について述べている。1935年は列車で14時間，1978年は飛行機で1時間，2020年は高速列車で1時間半，自動ハイウェーで5時間半と，時代により輸送機関が異なっていることがわかるので，エが適切。

全訳

手紙 1

サンフランシスコ，カリフォルニア
1935 年 7 月 28 日

親愛なるエシーへ，

サンディーのパーティーで君に出会えてよかった。君を家まで車で送ることができてよかったよ。お互いのことをだんだんわかっていくのがうれしいよ。

ちょうど今，プラットホームで列車を待っていて，君にこの手紙を書いている。ロサンゼルスまで出張するところなんだ。その距離は 425 マイル（680 キロメートル）あって約 14 時間かかるだろう。最終の寝台列車の切符を買ったから，少なくとも眠るベッドは確保できるだろう。

妹のアリスがロサンゼルスに住んでいるから，彼女のところに泊まるつもりだ。午前 7 時に着くから，アリスは駅に僕を迎えに来て，彼女の家まで車で連れていってくれることになっている。彼女は数か月前に車の運転を習って，新車を 500 ドルで買ったばかりなんだ。その車を見るのが待ち遠しいよ。車を買ったのは，彼女の友達の中でも彼女が最初なんだ。

出張から戻ったら君に会いたいな。10 日に夕食に誘ってもいいかな？

敬具，
ウィリアム

手紙 2

サンフランシスコ，カリフォルニア
1978 年 3 月 5 日

親愛なるパティーへ，

今日の昼食のデートを中止しなくてはならなかったのは，残念だ。なんて日だ！　午前 8 時に会社に着いたら，ロサンゼルスの事務所から伝言があったんだ。ビジネスランチをとるために，正午までに来てほしいということだった。

幸運にも僕の会社は地下鉄の駅の近くだから，空港まで地下鉄に乗った。8 時 45 分に空港のターミナルに着いて，搭乗手続きをした。僕の乗った飛行機は 9 時 15 分に離陸した。直行便だったから，ロサンゼルスには 1 時間後に着いた。1930 年代に父がサンフランシスコからロサンゼルスまで旅行したときは，列車で 14 時間かかったのに！

空港で，タクシーに乗った。ハイウェーに乗ったら，交通が止まってしまった。何マイルも続くブレーキライトが見えたよ。路上にはあまりにも多くの乗用車やトラックがあった。僕らはやっとハイウェーを降りて，街路を走った。最初の一時停止標識で，運転手が右折するところを左折したから，僕らは道に迷ってしまった。事務所に着くのに 1 時間以上もかかったよ。サンフランシスコからロサンゼルスまでのフライトのほうがそれよりも時間がかからなかったなんて！幸運にも，会議には時間通り行けたよ。

次の火曜日にランチでもどう？　君のお気に入りのレストランに連れて行くよ。

敬具，
ビル

電子メール

送信先：　Eric@wol.com

送信者：　Willa@wol.com

件名：　こんにちは！

日付：　2020年9月12日

こんにちは，エリック，

先週一緒に見たあの映画，私気に入ったわ。あなたと一緒で楽しかったわ。

週に1回のビジネス会議でロサンゼルスにいるの。サンフランシスコからロサンゼルスまでは，私はいつもは高速列車を利用するの。とっても速いからね！　祖父だったら驚くでしょうね。1935年に彼が乗った列車は14時間かかったんですもの。今では，高速列車はたった1時間半しかかからないのよ！

今日は，新しくできた自動ハイウェーを試したかったから車を運転してきたの。あなたはもうそれを試した？　それは，車とハイウェーをつなぐためにコンピュータを利用してるの。5時間半かかったけど，すばらしかったわ。私はスポーツカーのコンピュータのスイッチを入れて，ハイウェーに乗ったわ。ビーッという発信音が聞こえたら，ゆっくりハンドルから手を離して，それからアクセルペダルから足を外したの。私の「利口な」車が運転して，私は後部席で仮眠をとってたわ。信じられる？　ロサンゼルスに着く前に目覚まし時計が起こしてくれて，私はコンピュータにハイウェーの降り口の名前を言ったの。そこに近づいてきたら，コンピュータがビーッという発信音を出したわ。再びハンドルに手を置いて，ハイウェーを降りたの。会議場まで直行して，午後1時ちょうどに着いたわ。

サンフランシスコに戻ったら，夕食に行きましょうね。

では，また。

ウィラ

MEMO

手紙文 —— Step 2

28 北海道からの手紙

出題校 —— 青山学院高等部

●学習のポイント
➡読解問題の形をしているが，時制の文法問題であることに留意する。
➡時や条件を表す副詞節中の時制

次の英文を読み，（ア）～（ク）に入る最も適切な語または語句を次の１～４から１つずつ選び，番号で答えなさい。

Dear Kate,

Hi, how have you been doing ? I'm sorry I（　ア　）to you for three months. I have been studying hard for the final exams. I'm now quite free from tests and school work. Spring vacation（　イ　）on March 20th.

Can you imagine where I am and what I'm doing right now ? Well, I（　ウ　）with my friends in Hokkaido. I just started it in the last season, and this is the second time for me. But I（　エ　）about it. I am in snowboarding school. The teacher（　オ　）me that I'm talented, and I'm proud of it. I（　カ　）to snowboard in a straight line and begun to learn several techniques. I will stay here one more week, and I will master snowboarding before I（　キ　）.

Soon the new school term will start, and I（　ク　）in Tokyo to study ! But right now, I'll enjoy myself as much as I can. I am waiting for your reply.

Yours truly,
Hiro

ア	1 haven't been writing	2 haven't written	( )
	3 wouldn't write	4 wasn't writing	
イ	1 has started	2 would start	( )
	3 started	4 has been starting	
ウ	1 have been snowboarding	2 was snowboarding	( )
	3 will be snowboarding	4 am snowboarding	
エ	1 am already crazy	2 was already crazy	( )
	3 have already crazy	4 will be already crazy	
オ	1 tells	2 will tell	( )
	3 can tell	4 should tell	
カ	1 have been already learning	2 have already learned	( )
	3 was already learning	4 am already learning	
キ	1 leave	2 will leave	( )
	3 left	4 have left	
ク	1 have been back	2 be back	( )
	3 was back	4 will be back	

手紙文 Step 2

28 北海道からの手紙

解説・解答

構文の理解

l.2 Hi, how **have** you **been doing**?

l.2 I **have been studying** hard for the final exams.

➡**現在完了進行形＜ have［has］＋ been ＋～ing ＞**は「今までずっと～している」という意味で，動作を表す動詞について，過去のある時点で起こった動作が現在まで**継続**していることを表す。know, see, want など状態，知覚，心情を表す動詞は，現在完了進行形をとらず，現在完了形**＜ have［has］＋過去分詞＞**で継続を表す。

l.9 I *will stay* here one more week, and I *will master* snowboarding **before I leave.**

➡この before は，直後に＜主語＋動詞＞が続いているので，「～が…する前に」を表す**接続詞**である。when, until［till］, before, after, as soon as などの接続詞を用いた，**時**を表す**副詞節**の中では，**未来**のことを表す場合に動詞は**現在形**を用いる。また，接続詞 if「もし～ならば」などを用いた，**条件**を表す**副詞節**の中でも，**未来**のことを表すのに**現在形**を用いる。なお，when, if を用いた節が**名詞節**の場合，未来のことは **will** を使って表す。

参照 **20** 文法 BOX

▶時や条件を表す副詞節中の時制

Let's begin the game **when** he **comes.**
「彼が来たら，試合を始めよう」

I have to wait here **until**［**till**］the bell **rings.**
「ベルが鳴るまで，私はここで待たなければならない」

I'll call you **as soon as** the game **is** over.
「試合が終わったらすぐに，あなたに電話します」

We'll go on a hike **if** it **is** fine tomorrow.
「明日晴れれば，私たちはハイキングに行くつもりだ」

設問の解答

ア 2　イ 3　ウ 4　エ 1　オ 1　カ 2　キ 1　ク 4

設問の解説

ア　現在完了形を使って「3か月間ずっと手紙を書いていない」という継続を表す文にする。

イ　直前の文に，今はテストも学校の勉強もないと書かれているので，もう春休みになっていることがわかる。よって過去形を選ぶ。

ウ　直前の文の，what I'm doing right now の答えとなる文なので，現在進行形を選ぶ。

エ　手紙の内容から，現在スノーボードに夢中になっているとわかるので，現在形を選ぶ。

オ　and の後に「私はそれを自慢に思っている」という現在形の文が続くので，先生が実際に現在，彼女をほめていることがわかる。よって現在形を選ぶ。

カ　同文後半の and begun という過去分詞に着目。現在完了形を入れて，have learned ~ and (have) begun という対の文にする。

キ　時を表す副詞節の中では，未来のことを現在形で表す。

ク　今は北海道におり，東京に帰るのは1週間後のことなので，助動詞 will を用いる。

全訳

親愛なるケイトへ，

こんにちは，元気にしていますか？　3か月間，お便りを出さなくてごめんなさい。期末試験のために，一生懸命勉強していたんです。今はテストと学校の勉強がまったくありません。3月20日に春休みが始まったんですよ。

今，私がどこにいて，何をしているか想像できますか？　そう，私は北海道で友達とスノーボードをしているところなのです。去年のシーズンに始めたばかりで，これは私にとって2度目です。でも私はもうそれに夢中です。私はスノーボードのスクールに入っています。先生は，私には才能があると言ってくれるので，それが自慢です。私はもう，スノーボードでまっすぐに滑れるようになり，いくつかのテクニックを学び始めました。もう1週間ここにいて，離れる前にスノーボードをマスターするつもりです。

もうすぐ新学期が始まるので，私は勉強をするために東京に帰るでしょう。でも今は，できるだけ楽しむつもりです。お返事待っています。

あなたの友達，ヒロ

資料読解 ―――― Step 1

29 宿泊希望ホテルの条件

出題校 ―― 法政大学高等学校

●学習のポイント ➡ホテルのサービスや設備に特有の表現を覚えよう。
➡形容詞的用法の現在分詞と過去分詞

あなたは旅行会社で個人旅行の手配をしています。(あ)～(お)のような要望・条件を出してきたお客様に対して，下のホテルリストの中から，それぞれのお客様に最もよいと思われるホテルの名前を英語で書きなさい。

①	Michigan	Ontario	Erie	Huron	Superior
②	$220 *Children Stay Free ―10 years and Under	$175 *Children Stay Free ―12 years and Under	$200 *stay 2 nights, get 20% off every night	$180 *stay 2 nights, get 10% off every night	$175 *Children Stay Free ―12 years and Under
③	*Macy's ―1 block *Blondway ―opposite the hotel	*Camonegie Hall ―2 blocks *Blondway ―1 block	*Camonegie Hall ―across the street *Timed Square ―1 Mile	*Timed Square ―1 Mile *Central Park ―across the street	*Camonegie Hall ―1 block *Blondway ―2 blocks
④	*Coffee shop *Daily newspaper *Doctor *Free Airport Shuttle *Gift shop *Hotel Parking ―$35(1 night) *Laundry service *Wake up service	*Coffee shop *Currency Exchange *Daily newspaper *Doctor *Free Airport Shuttle *Hotel Parking ―$30(1 night) *Restaurant	*Doctor *Gift shop *Hotel Parking ―$20(1 night) *Laundry service *Wake up service	*Coffee shop *Currency Exchange *Free Airport Shuttle *Gift shop *Hotel Parking ―$40(1 night) *Laundry service *Restaurant	*Coffee shop *Currency Exchange *Daily newspaper *Gift shop *Hotel Parking ―$15(1 night) *Restaurant

①： Name of the Hotel　　②： Accommodation charges (1 night)
③： Area Attractions　　④： Property Amenities

＊ただし，☆税金，サービス料金等は一切かからないものとする。
☆表中の料金はひとりあたりのものとする。
☆連泊する場合は同じホテルに泊まるものとする。

(あ) A friend of mine who plays the violin very well is coming to this city to join a music concert. She asked me to book a room for her. She is coming here by car, and needs a parking area in the hotel. She is a stranger around here, so a hotel near Camonegie Hall is better, so she can walk by herself. She thinks the laundry service necessary. (　　　　　　)

(い) We are planning to celebrate our golden wedding anniversary in this city. The main event is to enjoy a musical show at Blondway. We are too old to walk around to places that are a long way away, so it is desirable for us to have meals at a restaurant in a hotel. We don't much care about accommodation charge but daily newspaper is necessary. Among the hotels which meet these conditions, we want to stay at the closest hotel to Blondway. (　　　　　　)

(う) I have to go to this city on business, and stay two nights. I need to stay at a hotel with a parking area because I'm going there by car. The total amount including parking charge must be under $400. Both of the days, I will come back late at night after the business meeting, and it'll be too late to go out for dinner. So I want a restaurant in the hotel. (　　　　　　)

(え) My 10-year-old daughter and I are planning to go on a two-night trip to this city. We are going to go there by plane, so we are glad if we can use a free airport shuttle. We want to buy some souvenirs for my wife at a gift shop in the hotel. Among the hotels which meet these conditions, we want to stay at the cheapest one.

(　　　　　　)

(お) I am a university student, and this is the first visit to a foreign country. I don't know how much it'll cost me to spend two nights in this area, so currency exchange is the most important condition for me. I am going to this city by plane, so I would like to use a free airport shuttle. Among the hotels which meet these conditions, I want to stay at the cheapest one.

(　　　　　　)

資料読解 Step 1

29 宿泊希望ホテルの条件

解説・解答

語句の整理

l.2 book ～を予約する／l.5 laundry 洗濯，洗濯もの
l.6 anniversary ～周年記念日，記念行事／l.8 desirable 望ましい
l.10 meet （条件・要求など）を満たす／l.10 condition 条件
l.12 on business 仕事で，商用で／l.13 amount 総額／l.19 souvenir みやげ

構文の理解

l.4 She **thinks** the laundry service *necessary*.

➡＜**think**＋～（目的語）＋…（補語）＞「～を…と思う」の形。この文では形容詞 necessary「必要な」が補語。

l.10 Among the *hotels* **which** meet these conditions, we want to stay at the closest hotel to Blondway.

l.13 The total *amount* **including** parking charge must be under $400.

➡ which は**主格の関係代名詞**で，関係代名詞節 which meet these conditions は名詞（先行詞 hotels）を修飾する**形容詞節**である。

➡ including は名詞を後ろから修飾する**形容詞的用法**の**現在分詞**で，including parking charge が amount を修飾する。**主格の関係代名詞** which を用いて，which includes parking charge のように形容詞節に書き換えても，同じ意味を表すことができる。なお，現在分詞や過去分詞が単独で名詞を修飾する場合，分詞は名詞の前に置かれる。

▶形容詞的用法の現在分詞と過去分詞

The *girl* **talking**（= **who is talking**）with our math teacher is from Australia.

「数学の先生と話している少女は，オーストラリア出身だ」

Is this the *road* **leading**（= **which leads**）to the interchange ?

「これはインターチェンジへ通じている道路ですか」

➡この lead「(道が) 通じている」は状態を表す動詞で，進行形にしないので，関係代名詞を用いて表すときも進行形にしない。

She read the *story* **written**（= **which was written**）by Conan Doyle.

「彼女は，コナン・ドイルによって書かれた小説を読んだ」

*l.*17 My **10-year-old** *daughter* and I are planning to go on a **two-night** *trip* to this city.

➡10-year-old「10 歳の」は daughter を修飾する形容詞として，また two-night「2泊の，2 晩の」も trip を修飾する形容詞として用いられている。このように＜数詞＋名詞＞が形容詞的に他の名詞を修飾する場合，＜数詞＋ハイフン＋単数名詞＞の形になる。したがってこの表現では years や nights は不可。

*l.*22 I don't know **how much** it'll **cost** me to spend two nights in this area,

➡how 以下コンマまでは「どのくらい～か」という**間接疑問**。

➡**＜It costs（＋人）＋金額を表す語句＋ to ＋動詞の原形～＞**は「(人が) ～するのに〔金額が〕…かかる」を表す。ここでは金額に相当する表現が how much「どのくらい（の金額)」として主語 it の前に置かれている。cost は不規則動詞で，cost － cost － cost と活用する。

参照 **27** 構文 *l.*9

設問の解答

(あ) Erie　(い) Ontario　(う) Superior　(え) Michigan

(お) Huron

設問の解説

ホテルリストおよびそれぞれの要望や条件を整理し，検討すると以下の通り。

①ホテル名	ミシガン	オンタリオ	エリー	ヒューロン	スペリオル
②宿泊料金（1泊）	220ドル 10歳以下は無料	175ドル 12歳以下は無料	200ドル 2泊で20％引き	180ドル 2泊で10％引き	175ドル 12歳以下は無料
③周辺の名所	メイシーズ／1ブロック ブロンドウェイ／ホテルの向かい	カモネギー・ホール／2ブロック ブロンドウェイ／1ブロック	カモネギー・ホール／通りの反対側 タイムド・スクエア／1マイル	タイムド・スクエア／1マイル 中央公園／通りの反対側	カモネギー・ホール／1ブロック ブロンドウェイ／2ブロック
④ホテル内の施設や設備					
コーヒーショップ	○	○	×	○	○
新聞サービス	○	○	×	×	○
医者	○	○	○	×	×
空港バス	○	○	×	○	×
ギフトショップ	○	×	○	○	○
駐車場（料金／1泊）	○（35ドル）	○（30ドル）	○（20ドル）	○（40ドル）	○（15ドル）
ランドリー	○	×	○	○	×
目覚まし	○	×	○	×	×
両替	×	○	×	○	○
レストラン	×	○	×	○	○

（あ）　⑴駐車場があること。⑵カモネギー・ホールに近いこと。⑶ランドリーサービスがあること。　⑵⑶より，エリーが適切。

（い）　⑴レストランがあること。⑵新聞サービスがあること。⑶条件を満たすブロンドウェイに最も近いホテルであること。　⑴⑵より，オンタリオとスペリオルが該当するが，⑶より，オンタリオが適切。

（う）　⑴2泊する。⑵駐車場があること。⑶駐車料金を含めて400ドル以下。⑷レストランがあること。　⑷より，ヒューロン，オンタリオ，スペリオルが該当するが，⑴⑶より，スペリオルが適切。ヒューロンは2泊で10％引きだが，駐車料金を合わせると（180 − 18 + 40）× 2 = 404ドル，オンタリオは（175 + 30）× 2 = 410ドルで⑶に合わない。スペリオルは（175 + 15）× 2 = 380ドルとなる。

(え) ⑴親と 10 歳の娘の 2 人で 2 泊する。⑵無料の空港バスがあること。⑶ギフトショップがあること。⑷条件を満たす最も安価なホテルであること。⑵⑶より，ミシガンとヒューロンが該当するが，⑴⑷より，ミシガンが適切。＊印のただし書きにあるように「料金は 1 人あたりのもの」なので，ヒューロンは，2 人で 2 泊するのに，$(180 - 18) \times 2 \times 2 = 648$ ドルかかる。ミシガンは 10 歳以下が無料なので，1 人分で 2 泊することになり，$220 \times 2 = 440$ ドルでよい。なお，② Accomodation charges「宿泊料金」の 10 years and Under は「10 歳と 10 歳未満」，つまり「10 歳以下」を表す。under は「～未満で」という意味。

(お) ⑴ 2 泊する。⑵両替ができること。⑶無料の空港バスがあること。⑷条件を満たす最も安価なホテルであること。 ⑵⑶より，オンタリオとヒューロンが該当するが，⑴⑷より，ヒューロンが適切。オンタリオは $175 \times 2 = 350$ ドル，ヒューロンは 2 泊で 10 %引きになり，$(180 - 18) \times 2 = 324$ ドルでよい。

全訳

(あ)　私の友人で，バイオリンをとても上手に弾く人が，ミュージックコンサートに参加するために，この市に来ます。彼女は私に部屋を予約してくれるように頼んできました。彼女は車で来るのでホテル内に駐車場が必要です。彼女はこのあたりのことをよく知らないので，カモネギー・ホールに近いホテルのほうがいいです。そうすれば彼女は一人で歩いて行けます。彼女は，ランドリーサービス（洗濯サービス）が必要だと考えています。

(い)　私たちは，この市で金婚式のお祝いをしようと考えています。主要な催しはブロンドウェイでミュージカルを見ることです。私たちは年をとっていて遠くの場所を歩きまわることはできないので，ホテル内のレストランで食事をとることが望ましいです。宿泊料金についてはあまり気にしないのですが，新聞は毎日ほしいです。これらの条件を満たすホテルの中で，ブロンドウェイに最も近いホテルに宿泊したいと思います。

(う)　私は仕事でこの市に行かなければならず，2 泊します。私は車で行くので，駐車場のあるホテルに宿泊する必要があります。駐車料金を含めて合計 400 ドル以下にしなくてはなりません。2 日間とも，仕事の会議のあと夜遅くに帰ってくるので，夕食に出かけるには遅すぎます。だからホテル内にレストランがあることを望みます。

(え)　10 歳の娘と私は，この市に 2 泊の旅行をしようと考えています。私たちは飛行機で行くつもりなので，無料の空港シャトルバスがあるとうれしいです。ホテル内のギフトショップで妻におみやげを買いたいと思います。これらの条件を満たすホテルの中で，最も安いホテルに宿泊したいと思います。

(お)　私は大学生で，これが初めての外国旅行です。この地域で 2 泊するとどのくらいお金がかかるかわからないので，私にとっては両替があることが最も重要な条件です。私は飛行機でこの市に行くつもりなので，無料の空港シャトルバスを使いたいと思っています。これらの条件を満たすホテルの中で，最も安いホテルに宿泊したいと思います。

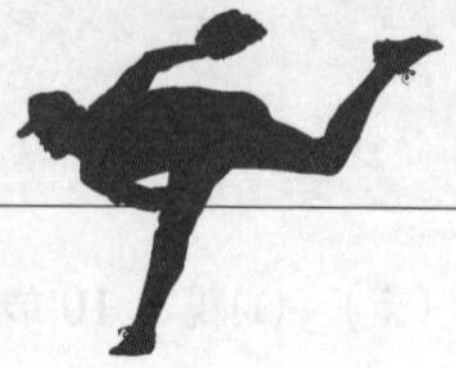

資料読解 ――― Step 2

30 世界の農産物生産量

出題校 ― 中央大学附属高等学校

●学習のポイント
➡グラフと本文を読み比べ，解答しやすい段落から始めてもよい。
➡数量の表現

次のグラフを参考にして，本文中の［ 1 ］～［ 7 ］に入る最も適切な農産物を，ア～キから１つずつ選び，記号で答えなさい。それぞれの記号は１度しか使えません。ただし，同じ番号の［　］内には同じ農産物が入るものとします。

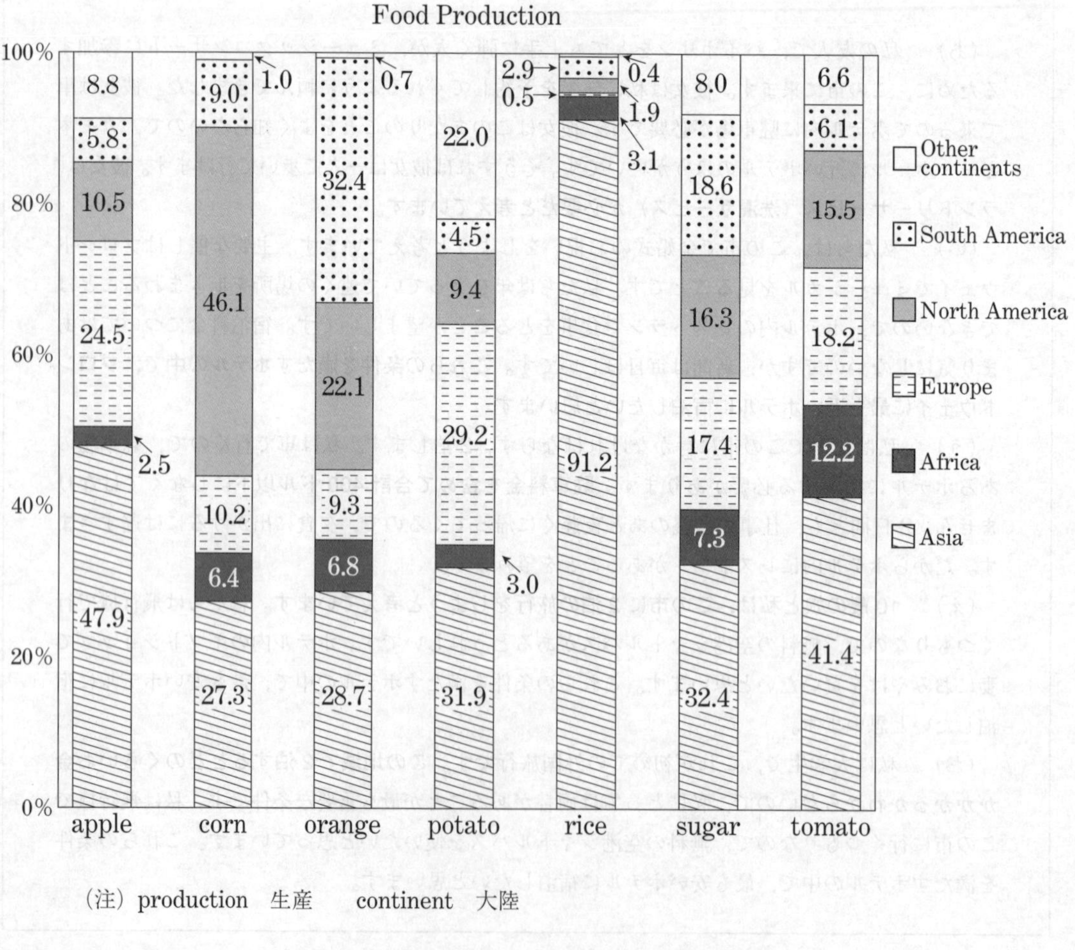

（注）production　生産　　continent　大陸

ア apples	イ corn	ウ oranges	エ potatoes
オ rice	カ sugar	キ tomatoes	

Here is some data about different foods and how much they are produced in the world. Each example is quite common in our everyday life. Today, we are going to look at [1], [2], [3], [4], [5], [6], and [7].

In the case of [1], it is produced mainly in Asia. In fact, most of the [1] in the world is produced in this area. It is also produced in Africa, but not so much. You can see that [1] is very closely related to Asian history and culture.

In the case of [2], the situation is quite different. It is grown in many parts of the world, but mainly in North America. About half of the [2] in the world is produced in North America, and only about a quarter is produced in Asia.

[3] are very popular around the world, and you may think that they are most popular in America. But in fact, more [3] are produced in Asia and in Europe than in America. About thirty percent of the [3] in the world are produced in Asia and Europe, while only about ten percent are produced in North America.

Next, let's look at the situation of [4]. About half of them in the world are produced in Asia. The second most popular place for producing [4] is Europe. If we put these two places together, more than seventy percent of the [4] are produced in these areas.

On the other hand, the No.1 place for producing [5] is South America. Asia is No.2, and No.3 is North America, and if we put North America and South America together, more than half of the [5] in the world are produced in these areas.

[6] are popular in Italian cooking, so you may think that Europe is the No.1 place, but in fact Europe is No.2, and more [6] are produced in Asia. North America is No.3 and about fifteen percent of them are produced here.

The last data is about [7]. About a third of the [7] in the world is produced in Asia, but more than fifteen percent of it is also produced in Europe, in North America, and in South America. [7] is very important in our everyday life, so maybe that is the reason why it is produced in most of the places in the world.

1 (　　　)　2 (　　　)　3 (　　　)　4 (　　　)
5 (　　　)　6 (　　　)　7 (　　　)

30 世界の農産物生産量

解説・解答

語句の整理

l.1 data データ，資料／ l.2 everyday 毎日の（形容詞）
l.4 in the case of～ ～に関しては／ l.4 mainly 主に
l.4 in fact 実は，実際は／ l.6 be related to～ ～と関係がある
l.7 situation 状況／ l.7 quite すっかり，かなり／ l.8 half of～ ～の半分
l.19 on the other hand これに対して，他方では

構文の理解

l.5 It is also produced in Africa, but **not so much.**

➡主語 It は rice「米」を指す。but 以下には**省略**されている部分があり，それは前半と対比することで，but (it is) not (produced) so much there (＝in Africa).「(そこでは) それほど多くは (生産されてい) ない」という文であることがわかる。

l.16 **The second most popular** *place* for producing apples is Europe.

➡**＜the＋序数詞＋最上級＞**は「～番目に最も…」を表し，ここでは名詞を修飾している。**序数詞**とは，first，second，third，…のように順序を表す数詞のこと。

l.29 so maybe that is *the reason* **why** it is produced in most of the places in the world.

➡**＜the reason why＋主語＋動詞＞**で「～が…する理由」という意味になる。このwhy は**理由**を表す**関係副詞**で，reason は why 以下の節に修飾される先行詞である。the reason と why のどちらか一方を省略することもでき，口語ではふつう the reason が省略されて，that is why ～「そういうわけで～だ」と訳されることが多い。

▶数量の表現

<分数>

$\frac{1}{2}$ = a half, one(-)half

$\frac{1}{3}$ = a third, one(-)third　　$\frac{2}{3}$ = two(-)thirds

$\frac{1}{4}$ = a quarter [fourth], one(-)quarter [fourth]

$\frac{3}{4}$ = three(-)quarters [fourths]

$\frac{1}{5}$ = a fifth, one(-)fifth　　$\frac{2}{5}$ = two(-)fifths

➡分数は，**<分子(基数詞)＋ハイフン＋分母(序数詞)>**の形で表す。ハイフンは省略されることもある。分子が2以上のときは，分母にsをつける。
half, quarter は序数ではなく，$\frac{1}{2}$，$\frac{1}{4}$ を表す単語である。

< percent >

About thirty **percent** of the potatoes「ジャガイモの約30％」 l.12
➡ percent は単複同形なので，s をつけない。

< more than ～>

more than seventy percent of the apples 「リンゴの70％より多く」 l.17
more than fifteen percent of it 「それ(砂糖)の15%より多く」 l.27
more than half of the oranges 「オレンジの半分より多く」 l.21
➡**< more than ＋数詞>**は，厳密には数詞の表す数を含まないので，「～以上」とはせずに，「～より多く，～を上回って」のようにする。

< No.～>

the No.1 place, No.2, No.3,
➡**< No.＋数詞>**は「～位，～番」を表し，無冠詞で用いる。 l.19 の the No.1 place の the は，place にかかる冠詞である。

設問の解答

1 オ　2 イ　3 エ　4 ア　5 ウ　6 キ　7 カ

設問の解説

1 第2段落第1，2文とグラフから，オ「米」が適切。「米に関しては，主にアジアで生産されている。実際，世界の米のほとんどはこの地域で生産されている」

2 第3段落最終文とグラフから，イ「トウモロコシ」が適切。「世界のトウモロコシの約半分は北アメリカで生産されていて，アジアで生産されているのは，わずか4分の1くらいの量だ」

3 第4段落最終文とグラフから，エ「ジャガイモ」が適切。「アジアでもヨーロッパでも世界のジャガイモの約30％が生産されているが，一方，北アメリカでは，わずか10％くらいが生産されているだけだ」

4 第5段落第2文とグラフから，ア「リンゴ」が適切。「世界のそれら（＝リンゴ）の約半分がアジアで生産されている」

5 第6段落第1文とグラフから，ウ「オレンジ」が適切。「これに対して，オレンジの生産で1位の地域は南アメリカだ」

6 第7段落とグラフから，キ「トマト」が適切。「…実際にはヨーロッパは2位で，アジアのほうがトマトをより多く生産している。北アメリカが3位で，その約15％がここで生産されている」

7 最終段落第2文とグラフから，カ「砂糖」が適切。「世界の砂糖の約3分の1がアジアで生産されているが，ヨーロッパ，北アメリカ，南アメリカでも15％より多く生産されている」

全訳

様々な食料と，それが世界でどのくらい生産されているかについての資料が，ここにある。取り上げたものはそれぞれ，私たちの毎日の生活に非常によく見られるものだ。今日は，米，トウモロコシ，ジャガイモ，リンゴ，オレンジ，トマト，砂糖を見てみよう。

米に関しては，主にアジアで生産されている。実際，世界の米のほとんどはこの地域で生産されている。アフリカでも生産されているが，それほど多くはない。米はアジアの歴史や文化と密接に関係していることがわかる。

トウモロコシに関しては，状況はかなり異なる。世界の多くの場所で栽培されているが，主に北アメリカで栽培されている。世界のトウモロコシの約半分は北アメリカで生産されていて，アジアで生産されているのは，わずか4分の1くらいの量だ。

ジャガイモは世界中でとても人気があり，北アメリカで最も人気があると思うかもしれない。しかし実際には，アメリカよりもアジアやヨーロッパのほうが，ジャガイモの生産量が多い。アジアでもヨーロッパでも世界のジャガイモの約30％が生産されているが，一方，北アメリカでは，わずか10％くらいが生産されているだけだ。

次に，リンゴの状況を見てみよう。世界のリンゴの約半分がアジアで生産されている。リンゴの生産が2番目に多い地域はヨーロッパだ。これら2つの地域を合わせると，70％を上回る量が，これらの地域で生産されていることになる。

これに対して，オレンジの生産で1位の地域は南アメリカだ。アジアが2位で，3位が北アメリカである。北アメリカと南アメリカを合わせると，世界のオレンジの半分を超える量が，これらの地域で生産されていることになる。

トマトはイタリア料理でよく使われるので，ヨーロッパが生産量1位の地域だと思うかもしれないが，実際にはヨーロッパは2位で，アジアのほうがトマトをより多く生産している。北アメリカが3位で，その約15％がここで生産されている。

最後の資料は，砂糖についてである。世界の砂糖の約3分の1がアジアで生産されているが，ヨーロッパ，北アメリカ，南アメリカでも15％より多く生産されている。砂糖は私たちの毎日の生活にとても重要であり，そのことが世界のほとんどの地域で砂糖が生産されている理由かもしれない。

資料読解 —— **Step2**

31 ピザの注文

出題校 —— 中京大学附属中京高等学校

●**学習のポイント**
➡**資料読解では料金計算がよく出題される。割引の適用条件に注意しよう。**
➡**部分否定と全部否定**

以下の会話文は，田中家（The Tanaka family）の父（Mr. Tanaka）母（Mrs. Tanaka），娘（Emi），息子（Yuji）の会話である。会話と，その次の広告文（flyer）を読み，以下の各問いに答えなさい。

Emi: Yuji, can I use your English dictionary?
Yuji: (　　　A　　　)
Emi: (　　　B　　　)
Yuji: (　　　C　　　)
Emi: (　　　D　　　)
Yuji: (　　　E　　　)
Emi: (　　　F　　　)
Yuji: (　　　G　　　)
Emi: (　　　H　　　)
Yuji: (　　　I　　　)
Emi: OK, then I will ask her.

TWO HOURS LATER

Yuji: Have you finished your homework, Emi?
Emi: Yes. I've just finished it. I don't like being a junior high school student any more. We have too much homework. Mom, I finally finished my homework with your dictionary. Thank you very much.
Mrs. Tanaka: You're welcome.
Yuji: It's already 11 am. I'm very hungry. Let's eat lunch.
Mr. Tanaka: It's Saturday. I don't want to make lunch today. Shall we eat out?
Mrs. Tanaka: That's a good idea, but it's very cold today. How about ordering

delivery service?

Mr. Tanaka: Delivery service?

Mrs. Tanaka: They will bring food from a shop to our house if we order delivery service.

Yuji: Sounds nice. I want to eat pizza!

Emi: Me too. I found this flyer in today's newspaper. They have free delivery. It means it doesn't cost any money for delivery.

Mr. Tanaka: We can also get the student discount and family discount!

Mrs. Tanaka: Read the flyer carefully.

Mr. Tanaka: You're right. But we can still get a good discount thanks to our children.

Yuji: What shall we eat?

Mr. Tanaka: I want to eat a honey pizza. I've never eaten that one before.

Emi: I want to eat a Margherita pizza. It is a simple one and everyone likes it.

Yuji: You can choose any pizza. I like every one of them. I want to eat fried chicken, too.

Mrs. Tanaka: Then, I think Set (ア) is the best for us.

Yuji: Wait. Our cousins Satoru and Maki are going to visit us soon. We need more food.

Mr. Tanaka: That's true.

Emi: They like mushrooms. How about ordering an M size mushroom pizza and Set (ア) ?

Mrs. Tanaka: But I want to eat salad, and you like French fries, Emi, don't you?

Emi: Yes, you're right. That means we need Set (イ). Then M may be too big. We can order Set (イ) and an S size mushroom pizza. Now we can eat everything we want.

Yuji: Sounds perfect. Let's call the pizza shop now.

Flyer

HAPPY DELIVERY PIZZA

SPECIAL DISCOUNTS

<Pizza>

	Margherita	Sausage	Mushroom	Honey
S (18 cm)	1,400 yen	1,500 yen	1,600 yen	1,400 yen
M (25 cm)	2,200 yen	2,300 yen	2,300 yen	2,200 yen
L (36 cm)	3,200 yen	3,400 yen	3,400 yen	3,200 yen

<Side Menu>

	S	M	L
Fried Chicken	200 yen	500 yen	1,000 yen
French Fries	150 yen	250 yen	320 yen
Salad	450 yen	600 yen	800 yen

<Set Menu> (You can choose any pizza from the pizza list)

Set A	3,500 yen	A Pizza (M) + Fried Chicken (L) + Salad (M)
Set B	3,900 yen	A Pizza (L) + French Fries (M) + Salad (M)
Set C	4,900 yen	Two pizzas (M) + Fried Chicken (L)
Set D	5,800 yen	Two pizzas (M) + Fried Chicken (M) + French Fries (L) + Salad (M)

Free Delivery

All the prices include 8% tax

Student Discount: 10% off if you are under 18 years old

Family Discount: 5% off if you are family

Weekend Discount: 500 yen off (From the total price after discounts)

You cannot use both the student discount and family discount. You have to choose one of them. Choose the one which gives you a bigger discount.

Call 0123-3456-6789 or order online: www.happypizza.com

(注) discount 割引　mushroom マッシュルーム　include ～を含む　tax 税

問１　初めのEmiの言葉に続いて，EmiとYujiの会話が成立するように，①～⑨を最も適切な順番に並べ替え，空所（　A　）～（　I　）に入る言葉の番号を答えなさい。

① When will he bring it back to you?
② He lost his one week ago.
③ What? Where is it then?
④ I guess so. She is an English teacher.
⑤ I don't know. But I will see him at school tomorrow.
⑥ Why does he have your dictionary?
⑦ Sorry, I don't have it now.
⑧ My friend Jun has it now.
⑨ Tomorrow? It's too late. Do you think Mom has one?

（　A　）　（　　）
（　B　）　（　　）
（　C　）　（　　）
（　D　）　（　　）
（　E　）　（　　）
（　F　）　（　　）
（　G　）　（　　）
（　H　）　（　　）
（　I　）　（　　）

問２　空所（　ア　）に入る最も適切なものを１つ選び，番号で答えなさい。　（　　）

① A　② B　③ C　④ D

問３　空所（　イ　）に入る最も適切なものを１つ選び，番号で答えなさい。　（　　）

① A　② B　③ C　④ D

問４　The Tanaka familyは最終的にいくら払うことになるか，その金額として正しいものを１つ選び，番号で答えなさい。　（　　）

① 5,025円　② 5,225円　③ 5,350円
④ 5,790円　⑤ 6,160円　⑥ 6,290円

問５　以下のア～カの各文について，本文の内容と一致している場合は①を，矛盾している場合は②を，本文からは判断できない場合は③で答えなさい。

ア　Mr. and Mrs. Tanaka's children are students.　(　　)

イ　Emi doesn't like mushrooms.　(　　)

ウ　The Tanaka family can get two different discounts.　(　　)

エ　No one from the Tanaka family wants to eat salad.　(　　)

オ　Emi finished her homework with no dictionary.　(　　)

カ　Yuji is not interested in choosing a pizza because he doesn't like pizza.　(　　)

MEMO

資料読解 Step2

31 ピザの注文

解説・解答

語句の整理

*l.*19 eat out　外食する／*l.*20 order　注文する／*l.*21 delivery　配達
*l.*26 flyer　チラシ／*l.*28 discount　割引
*l.*42 mushroom　マッシュルーム，キノコ
*l.*44 French fries　フレンチフライ（細長のフライドポテト）

構文の理解

会話文

*l.*14 I do**n't** like **being** a junior high school student **any more**.

➡ **not 〜 any more** は「もう〜ない」という**全部否定**の意味。

➡ being は「〜であること，〜でいること」という意味の動名詞で，being 以下が動詞 like の目的語になっている。　参照 **24** 文法 BOX

*l.*27 it doesn**'t** cost **any** money for delivery

➡ **< not any +名詞>**は「1つの〜もない」という**全部否定**の意味。**< no +名詞>**に書き換えることができ，it costs no money for delivery となる。　参照 **8** 文法 BOX

*l.*30 But we can **still** get a good discount **thanks to** our children.

➡ still はここでは「それでもなお」を表す副詞。田中氏は最初，学生割引と家族割引の両方を受けることができると思ったが，割引率の大きいほう（学生割引）しか受けられないとわかった。そこで，「それでもかなり良い割引だ」と言っている。

➡ thanks to 〜は「〜のおかげで」という意味。

チラシ

l.24 You can**not** use **both** the student discount **and** family discount.

➡ not both A and B は「A と B の両方とも～というわけではない」という**部分否定**を表す。both「2 つとも，両方とも」，all「全部の」，every「あらゆる，すべての」，always「いつも」などの語を not が否定する場合，部分否定となり，「～というわけではない」という意味になる。

▶部分否定と全部否定

I do**n't** like **both** of them.
「私はそのどちらも好きというわけではない」（部分否定）
I do**n't** like **either** of them.
「私はそのどちらも好きではない」（全部否定）
Not all of the students could finish the marathon.
「その生徒たち全員がマラソンを完走できたわけではなかった」（部分否定）
None of the students could finish the marathon.
「その生徒たちは誰もマラソンを完走できなかった」（全部否定）

設問の解答

問1 (A) ⑦ (B) ③ (C) ⑧ (D) ⑥ (E) ② (F) ① (G) ⑤
(H) ⑨ (I) ④

問2 ③ 問3 ④ 問4 ⑤

問5 ア ① イ ③ ウ ① エ ② オ ② カ ②

設問の解説

問1 全訳参照。①③⑦⑧の文中の it はユウジの辞書を指す。②⑨の one は dictionary のことである。

問2 父はハチミツピザ，エミはマルゲリータピザ，ユウジはフライドチキンが食べたいと言っているため，ピザ２枚とフライドチキンがセットになっているＣが適切。

問3 母がサラダを食べたいと言い，エミはフライドポテトが好きなので，ピザ２枚，フライドチキン，フライドポテト，サラダがセットになっているＤが適切。

問4 セットＤ（5,800円）＋マッシュルームピザＳサイズ（1,600円）＝7,400円 学生割引（10%引き）と家族割引（5%引き）のうち，割引率の大きい学生割引を利用する。土曜日なので週末割引（500円引き）も適用され，7,400円× 0.9 − 500円＝6,160円。

問5 ア「田中夫妻の子どもたちは学生だ」 ユウジは明日学校へ行くと言い，エミは中学生だとわかるので適切。

イ「エミはマッシュルームが好きではない」 エミはマッシュルームが好きか嫌いか言っていないため，判断できない。

ウ「田中家は２つの異なる割引を受けることができる」 問４より，学生割引と週末割引の２つを受けることができるので適切。

エ「田中家からは誰もサラダを食べたがらない」 母がサラダを食べたいと言っているので不適切。

オ「エミは辞書なしで宿題を終えた」 エミは母の辞書を使って宿題を終えたと言っているので不適切。

カ「ユウジはピザが好きではないのでピザ選びに興味がない」 ユウジはどのピザも好きだと言っているので不適切。

全訳

エミ　：ユウジ，あなたの英語の辞書を使ってもいい？

ユウジ　：(A) ごめん，今持っていないんだ。

エミ　：(B) 何ですって？　それならどこにあるの？

ユウジ　：(C) 今，友達のジュンが持っているんだよ。

エミ　：(D) どうして彼があなたの辞書を持っているの？

ユウジ　：(E) 彼は１週間前に自分の辞書をなくしたんだ。

エミ　：(F) 彼はいつあなたに返すつもりなの？

ユウジ　：(G) わからない。でも僕は明日学校で彼に会うよ。

エミ　：(H) 明日？　それでは遅すぎる。お母さんは持っていると思う？

ユウジ　：(I) そう思うよ。英語の教師だもん。

エミ　：わかった，では聞いてみるわ。

２時間後

ユウジ　：エミ，宿題は終わった？

エミ　：うん。ちょうど終えたところよ。**私はもうこれ以上，中学生でいたくない**。宿題が多すぎる。お母さん，私はお母さんの辞書でやっと宿題を終えたわ。どうもありがとう。

田中夫人：どういたしまして。

ユウジ　：もう午前11時だ。すごくお腹が空いたよ。昼食を食べよう。

田中氏　：土曜日だね。今日は昼食を作りたくないな。外食しようか？

田中夫人：それはいい考えだけど，今日はとても寒いわ。宅配サービスを注文したらどう？

田中氏　：宅配サービス？

田中夫人：宅配サービスを頼んだら，店から家に食べ物を届けてくれるのよ。

ユウジ　：いいね。僕はピザが食べたい！

エミ　：私も。このチラシを今日の新聞で見つけたよ。無料配達があるわ。**配達に費用がかからないって**ことね。

田中氏　：学生割引や家族割引も受けられるね！

田中夫人：チラシをよく読んで。

田中氏　：ああ，確かに。**それでも子供たちのおかげで結構な値引きが受けられるよ**。

ユウジ　：何を食べようか？

田中氏　：私はハチミツピザが食べたい。今までにそういうのを食べたことがないよ。

エミ　：私はマルゲリータピザが食べたい。それはシンプルで，みんなが好きよね。

ユウジ　：どのピザを選んでもいいよ。僕はどれも好きだから。僕はフライドチキンも食べたい。

田中夫人：じゃあ，セット（ア）Cが私たちにとって一番だと思うわ。

ユウジ　：待って。いとこのサトルとマキがもうすぐうちに来る。もっと食べ物が必要だよ。

田中氏　：そうだね。

エミ　：彼らはマッシュルームが好きよね。Mサイズのマッシュルームピザとセット（ア）Cを注文するのはどうかな？

田中夫人：でも私はサラダが食べたいし，エミ，あなたはフライドポテトが好きでしょう？

エミ　　：うん，そうね。ということは，セット（イ）Dが必要だわ。それだと，Mは大きすぎるかもしれない。セット（イ）DとSサイズのマッシュルームピザを注文すればいいわ。望むすべてのものを食べることができるよ。

ユウジ　：ばっちりだね。さあ，ピザ屋に電話しよう。

ハッピー・デリバリー・ピザ

特別割引

＜ピザ＞

	マルゲリータ	ソーセージ	マッシュルーム	ハチミツ
S（18cm）	1,400円	1,500円	1,600円	1,400円
M（25cm）	2,200円	2,300円	2,300円	2,200円
L（36cm）	3,200円	3,400円	3,400円	3,200円

＜サイドメニュー＞

	S	M	L
フライドチキン	200円	500円	1,000円
フライドポテト	150円	250円	320円
サラダ	450円	600円	800円

＜セットメニュー＞（ピザのリストからどのピザでもお選びいただけます）

セットA	3,500円	ピザ1枚（M）＋フライドチキン（L）＋サラダ（M）
セットB	3,900円	ピザ1枚（L）＋フライドポテト（M）＋サラダ（M）
セットC	4,900円	ピザ2枚（M）＋フライドチキン（L）
セットD	5,800円	ピザ2枚（M）＋フライドチキン（M）＋ フライドポテト（L）＋サラダ（M）

配達無料

価格はすべて税込（8%）

学生割引：18歳未満なら10%引き

家族割引：家族なら5%引き

週末割引：500円引き（割引後の総額から）

学生割引と家族割引の両方を使うことはできません。どちらか1つをお選びください。

割引の大きいほうを選んでください。

0123-3456-6789　にお電話ください。またはネットで注文してください。

www.happypizza.com

MEMO

メール・チャット —— Step2

32 飛行機での出張

出題校 —— 流通経済大学付属柏高等学校

●学習のポイント
➡チャットの読解は会話文読解と同じ要領でよい。
➡「移動手段を表す表現」

次のメッセージのやり取りに関して，質問に対する答えとして，最も適切なものを１つ選び，番号で答えなさい。

Dave
Hi, Mike. Are you going to the meeting in Las Vegas in June?
10:26

Mark
Hi, Dave. Yes, I am. I hear you are going, too. Are you flying there?
10:29

Dave
Yes, I am flying US Air, and it leaves Cleveland at 7:30 a.m. on Tuesday the 13th.
10:32

Mark
Really? That's the same flight I'm on! Do you want to share a taxi?
10:38

Dave
Actually, I'm going to drive and leave my car at the airport. Do you want a ride?
10:42

Mark
That would be amazing! Thanks, Dave.
10:44

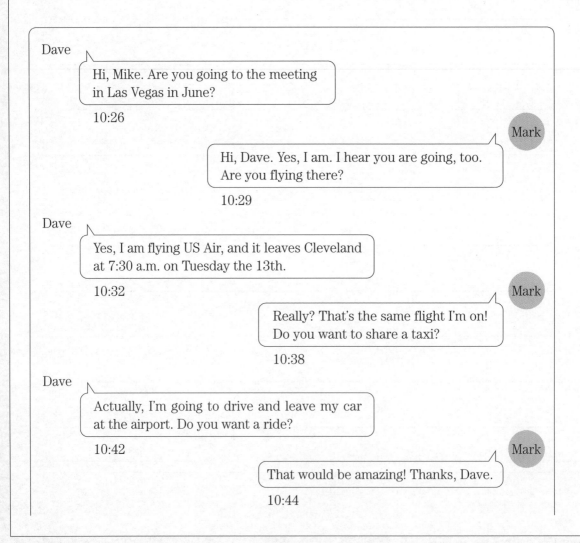

Dave

No problem. I'll pick you up from your house at 6:00 a.m.

10:45

問 1　Where are Dave and Mark going?　(　　)

1　To a meeting.　2　To a party.　3　To a park.　4　To a museum.

問 2　How do they go to the airport?　(　　)

1　By Dave's car.　2　By taxi.　3　By train.　4　By bus.

次の航空券とメールに関して，質問の解答として最も適切なものを選びなさい。（＊印の語は（注）を参考にすること）

AIR UK

Flight No: UK905

MR. TONNY HARRISON
MISS LISA PARK

LONDON Heathrow → TOKYO Narita
12/5/2021
13:10
Please be at the gate at least 30 minutes before departure.
*Luggage *limit 27kg.
If you need a special meal, please tell us as soon as possible.

To: parklisa@smail.com
From: tonyharr@smail.com
Date: October 11
Subject: Flight
:UK905TICKET.pdf

Hi Lisa,

I just got our flight tickets for the big meeting in Tokyo. I think we will have time to make the jet lag better this time!

It's also not too early, and it is good, I'll call before we fly and tell them you need a *vegetarian meal. I'll also try to get some seats with lots of space.

I'll get the bus to the airport now.
All the best for now,

Tonny

（注） luggage 手荷物 limit 制限 vegetarian meal 菜食主義者の食事

問 3　Where will they fly from?　(　　)

1　London.　2　Oxford.　3　Liverpool.　4　Birmingham.

問 4　How will Tonny get to the airport?　(　　)

1　By train.　2　By taxi.　3　By bus.　4　By bicycle.

問 5　What do we know about Lisa?　(　　)

1　She is short.

2　She is a manager.

3　She needs a special meal.

4　She is a flight attendant.

Step 2

32 メール・チャット
飛行機での出張

解説・解答

語句の整理

メッセージ

l.4 fly　飛行機で行く，旅行する

l.10 ride　（乗り物などに）乗ること，乗っていくこと

l.12 pick up ～　（人）を車に乗せる，（人）を車で迎えに行く

航空券

l.7 departure　出発／**l.8** luggage　手荷物

メール

l.7 jet lag　時差ぼけ

l.12 all the best　頑張ってね，幸運を祈ります（手紙の最後の言葉）

l.12 for now　さしあたり，今のところ

構文の理解

メッセージ

l.1 **Are** you **going** to the meeting in Las Vegas in June ?

l.3 **I hear** you **are going**, too.

l.5 I **am flying** US Air,

➡「近い未来の動作」や「予定」を表す，現在進行形の文。　参照 **22** 文法 BOX

➡I hear (that) ～は「私は～と聞いています」ということから，「～だそうですね，～らしいですね」という意味になる。

➡動詞 fly は「飛行機で行く」という意味で用い，「○○航空に乗る」という場合には**< fly ＋航空会社 >**または**< fly with ＋航空会社 >**とする。一般的に「～へ（乗り物）で行く」は**< go to ～ by ＋乗り物 >**と表せるが，口語英語では移動手段を表す動詞を使うほうが自然である。

▶移動手段を表す表現

I always **fly** US Air **to** NY. （= I always **go to** NY **on** US Air.）
「私はいつも US エアーに乗ってニューヨークへ行く」
I'll **fly to** NY. （= I'll **go to** NY **by plane**.）
「私はニューヨークへ飛行機で行くつもりだ」
He **drove to** the village.（= He **went to** the village **by car**.）
「彼は車でその村に行った」
He **drove** his car **to** the village.（= He **went to** the village **in his car**.）
「彼は自分の車でその村に行った」
if you **ride a bike to** work,（= if you **go to** work **by bike**,）
「もしあなたが仕事に自転車で行くならば」 （6 構文 **l.20**）

l.7 That's the same flight I'm on !

➡I'm の前に目的格の関係代名詞 that が省略されており，I'm on「私が乗る」が flight を後ろから修飾する。 参照 **22** 文法 BOX

l.11 That **would** be amazing !

➡英語における**「丁寧さ」**は主に**助動詞の過去形**によって表される。ここでは車に乗せてくれることに対する感謝の気持ちを表すため，助動詞 will を過去形 would にしている。

航空券

l.7 Please **be** *at the gate* at least 30 minutes before departure.

➡この be は「いる」という意味の動詞で，後ろには場所を表す語句が続く。

メール

l.9 I'll call **before** we **fly** and tell them you need a vegetarian meal.

➡等位接続詞 and は動詞 call と tell を結んでいる。 参照 **21** 文法 BOX

➡before we fly は**時**を表す**副詞節**。節中の動詞は未来のことを表す場合でも現在形を用いる。 参照 **28** 文法 BOX

➡them の後ろには接続詞 that「～ということ」が省略されている。 参照 **1** 文法 BOX

設問の解答

問1　1　　問2　1　　問3　1　　問4　3　　問5　3

設問の解説

問1　「デイブとマークはどこに行くか」「会議」 デイブの最初のメッセージと，それに対するマークの返答を参照する。

問2　「彼らはどうやって空港へ行くか」「デイブの車で」 デイブの３番目のメッセージ参照。デイブは空港まで車で行くつもりで，マークも乗せていくことになった。交通手段を述べるとき，「車で」は by car だが，「(人) の車で」というときは前置詞 in を用いて in one's car とする。

参照 **32** 文法 BOX

問3　「彼らはどこから飛行機に乗るか」「ロンドン」 航空券を参照する。

問4　「トニーはどうやって空港へ行くか」「バスで」 メールを参照する。

問5　「リサについて何がわかるか」「彼女は特別な食事が必要だ」 メールの文中の a vegetarian meal を a special meal と言い換えている。

全訳

メッセージ

デイブ：やあ，マイク。**君は6月のラスベガスの会議に行く？**

マーク:やあ，デイブ。うん，行くよ。**君も行くそうだね**。飛行機で行くの？

デイブ:うん，**USエアーで行く**。クリーブランドを13日木曜日の午前7:30に出発するよ。

マーク：本当？　**僕が乗るのと同じフライトだ！**　タクシーに同乗したい？

デイブ：実は，僕は車を運転して空港に車を置いておくつもりだ。君も乗りたい？

マーク：**そうしてもらえるとすばらしいよ！**　ありがとう，デイブ。

デイブ：問題ないよ。君の家に朝6時に迎えに行くよ。

航空券

エアーUK

トニー・ハリソン様

リサ・パーク様

便名：UK905便

ロンドン　ヒースロー　→　東京　成田

2021年12月5日

13時10分

出発の少なくとも30分前までに搭乗口にお越しください。

手荷物の重量制限は27kgです。

特別食が必要な場合は，早急にご連絡ください。

メール

受信者：parklisa@smail.com

送信者：tonyharr@smail.com

日付：10月11日

件名：フライト

添付ファイル：UK905TICKET.pdf

やあ，リサ

僕は東京の総会のために，僕たちの飛行機のチケットを買ったよ。今回は，時差ぼけをましにするだけの時間があると思う。

それに時間がそれほど早くないよ，良かった。**僕は出発前に電話して，君がベジタリアン・メニューが必要だと伝えるつもりだ**。ゆったりした座席も取れるようにやってみるよ。

これから，空港行きのバスも手配するよ。

では，元気でね。

トニー

33 メール・チャット —— Step2

ネットショッピング

出題校 —— 尚絅学院高等学校

●学習のポイント
➡メール文読解は，複数のやり取りを通じて，物事の推移を読み取ろう。
➡one，another，the other(s)，some，others の使い分け

次の英文は，メアリーさんとネットショッピングの会社とのメールのやりとりです。この英文を読んで，あとの各問いに答えなさい。

From: Mary Brown　To: New York Fashion Shop　Date: November 2 10:25
Subject: Sweater Size

Dear New York Fashion Shop,

Last Tuesday, I ordered a sweater on your website, and it arrived yesterday. The color is OK, but it's the wrong size. I ordered M-size, but it is S-size. Could you please send me an M-size ① <u>one</u> soon?

I often do shopping at your shop. However, this is your second mistake. Now I think that shopping through the Internet is sometimes（②役立つ）and sometimes not. I think there are three good points. One is that we can see many kinds of clothes on the website. Another is that we don't have to visit the shop. The other is that you send clothes to our house. We can use the time for doing other things. But there are some bad points. One is that we cannot look at and touch clothes directly. Another is that we have to wait for their arrival for a while. So, please don't make the same mistake again. ③ <u>(careful / want / be / you / I / to / more)</u>.

Mary Brown

From: New York Fashion Shop	To: Mary Brown	Date: November 2 11:03

Subject: We are sorry

Dear Ms. Brown,

Thank you for your e-mail. We are sorry about our mistake. We'll never make the same mistake again. We could learn from you about some good points and bad points of our shop. We are also sorry, but the kind of sweater that you want was sold out yesterday. We are now producing the ones in Los Angeles quickly. So it will take a few days to send it to you. Could you please wait?

Mike Smith（New York Fashion Shop）

From: Mary Brown	To: New York Fashion Shop	Date: November 2 11:40

Subject: Thank you

Dear Mr. Smith,

Thank you for returning my e-mail. I want the sweater by November 10th, but I think I can wait for some time. I'm looking forward（ ④ ）my new clothes.

Mary Brown

（注）subject 件名　directly 直接（的に）　arrival 到着
sold out 売り切れた　produce 生産する　Los Angeles ロサンゼルス

問１ 下線部①が指すものを，本文中の英語１語で書きなさい。
（　　　　）

問２ 本文中の（ ② ）内に入る単語（１語）を英語で書きなさい。
（　　　　）

問３ 下線部③の（　　　）内の語を正しく並べかえ，英文を完成させなさい。
（　　　　　　　　　　　　　　　　　　　　　　　　　　　）

問４ 本文中の（ ④ ）に入る最も適切なものを，次のア～ウから１つ選び，記号で答えなさい。（　　　）

ア to be seen　　イ to seeing　　ウ to see

問5　ネットショッピングの短所についてメアリーさんが述べている内容として最も適切なものを，次のア～エから１つ選び，記号で答えなさい。　（　　）

ア　We can save time to visit the shops and use the time for doing other things.

イ　We can get a lot of information about different kinds of clothes on the Internet.

ウ　We have to wait for the arrival of clothes, so it takes some time to receive them.

エ　We can feel excited when we are waiting for the arrival of new clothes.

問6　以下は本文の要約文である。本文の内容に合うように（　1　）～（　3　）に入る適切な語を，本文中の英語１語で書きなさい。

1（　　　　　　）　2（　　　　　　）　3（　　　　　　）

Mary Brown often buys her clothes on the Internet. But she thinks there are good points and bad points about that. It is good for her to get a lot of information about clothes on the Internet. But she cannot watch or touch clothes directly and she cannot get clothes (　1　). Those points are bad for her.

This time, Mary wants an M-size sweater, but the shop sent her an S-size one. That is the (　2　) mistake that the shop made. Also, because the kind of sweater that she wants was sold out, she has to wait for (　3　) days for the arrival of her clothes.

MEMO

33 ネットショッピング

解説・解答

語句の整理

l.2 subject 件名／l.13 directly 直接（的に）／l.13 arrival 到着
l.21 be sold out 売り切れている／l.29 for some time しばらくの間

構文の理解

メッセージ

l.7 Now I think that *shopping through the Internet* is **sometimes** *useful* **and sometimes** *not*.

➡ that 節中の主語は shopping through the Internet である。

➡ sometimes ～, and sometimes … は「～なこともあるし，…なこともある」。

➡ not の後ろには useful が**省略**されている。

l.9 I think **there** are three good points. **One** is ～ . **Another** is ～ . **The other** is ～ .

➡ 3者のうち，「1つは～，もう1つは～，残りの1つは～」という場合，**one**, **another**, **the other** を用いる。

▶one, another, the other(s), some, others の使い分け

＜2者のうち，1つは one，もう1つは the other＞

○　○

one　the other

＜3者のうち，1つは one，もう1つは another，残りの1つは the other＞

○　○　○

one　another　the other

＜多数のうち，1つは one，もう1つは another，残りすべては the others＞

○　○　○○○○○○○○○○○○○○

one　another　the others

＜多数のうち，いくつかは some，他のいくつかは others＞

○○○　○○○○○○○　○○○○　○○○

some　others

＜多数のうち，いくつかは some，残りすべては the others＞

○○○　○○○○○○○○○○○○○○○○○○○○○

some　the others

l.21 **We are also sorry, but** the kind of sweater **that** you want was sold out yesterday.

➡ We are［I am］sorry, but 〜は「申し訳ありませんが〜」という意味。

➡ that は目的格の関係代名詞で that you want が先行詞 the kind of sweater を修飾する。the kind 〜 want が but 以下の主語，was sold out が動詞部分である。

設問の解答

問１　sweater　　問２　useful　　問３　I want you to be more careful.

問４　イ　　問５　ウ　　問６　1　soon　　2　second　　3　some

設問の解説

問１　one は前に出た名詞の繰り返しを避けるために用いられる。ここでは sweater を指す。

参照 **1** 構文 ***l.19***

問２　useful「役立つ，便利な」

問３　**＜ want ＋人＋ to ＋動詞の原形＞**「(人) に～してほしい」

問４　look forward to ～ ing「～することを楽しみにする」　この ～ ing は動名詞である。

問５　ウ「私たちは服の到着を待たねばならない，そのため受け取るには少し時間がかかる」

＜ It takes ＋時間を表す語句＋ to ＋動詞の原形＞「～するのに〔時間が〕…かかる」

参照 **27** 構文 ***l.19***

問６　「メアリー・ブラウンはよく服をネットで買う。しかし彼女はそれについて良い点と悪い点があると思っている。彼女にとってインターネットで服に関する情報をたくさん入手できることは良い。しかし彼女は服を直接見たり触ったりできないし，(1) すぐに服を入手することはできない。それらの点は彼女にとって良くない。今回，メアリーはＭサイズのセーターがほしかったが，そのショップはＳサイズのものを送ってきた。これはそのショップがした (2) 2回目のミスだ。また，彼女がほしい種類のセーターは売り切れていたので，服が到着するのを (3) 数日間待たなくてはならない」

(1)　１番目のメールの下線部①の直後に soon「すぐに」とある。

(2)　１番目のメールの下線部①の２つ後の文に your second mistake とある。

(3)　２番目のメールの最後から２番目の文に a few days「数日」とある。a few「2, 3の」は２語なので，同じ意味の１語として，１番目のメールの最後から５番目の文の some「いくつかの」を抜き出す。

全訳

送信者：メアリー・ブラウン　受信者：ニューヨーク・ファッション・ショップ
日付：11月2日　10時25分　件名：セーターのサイズ
ニューヨーク・ファッション・ショップ様,
この前の火曜日に私は貴店のウェブサイトでセーターを注文し，昨日届きました。色は大丈夫でしたが，サイズが間違っていました。私はMサイズを注文しましたが，それはSサイズです。すぐにMサイズの①ものを私に送ってくれませんか。
私は貴店でよく買い物をします。でもこれはあなたがたの２度目のミスです。**私は今，ネットショッピングは②役立つこともあるし，役立たないこともあると思います。3つの良い点があると思います。1つは**，私たちはサイト上でたくさんの種類の服を見ることができます。**もう1つは**，店に行く必要がありません。**最後の1つは**，家に服を送ってもらえます。私たちはその時間を別のことをするのに使うことができます。しかしいくつかの悪い点もあります。1つは服を直接見たり触ったりできません。もう1つは服が到着するのに少し待つ必要があります。だから同じミスを２度としないでください。③私はあなたがたにもっと注意してほしいと思います。
メアリー・ブラウン

送信者：ニューヨーク・ファッション・ショップ　受信者：メアリー・ブラウン
日付：11月2日　11時03分　件名：申し訳ございません
ブラウン様,
メールをありがとうございます。手違いをお詫び申し上げます。同じ過ちは２度と起こしません。私たちはお客様から，我々の店の良い点と悪い点を学ぶことができました。**また，申し訳ございませんが，お客様のご希望のセーターは昨日売り切れました。**ただいま，ロサンゼルスで取り急ぎ生産しております。お客様に発送するのには数日かかります。お待ちいただけますでしょうか。
マイク・スミス（ニューヨーク・ファッション・ショップ）

送信者：メアリー・ブラウン　受信者：ニューヨーク・ファッション・ショップ
日付：11月2日　11時40分　件名：ありがとうございます
スミス様,
私のメールに返信いただきありがとうございます。私はそのセーターを11月10日までにほしいのですが，しばらくの間は待てます。私の新しい服④を見ることを楽しみにしています。
メアリー・ブラウン

高校入試特訓シリーズ
英語長文難関攻略33選 改訂版

2023年8月17日　初版発行
2024年4月19日　２刷発行
発行者　佐藤 孝彦
編　集　櫻井 麻紀
表紙デザイン　株式会社スマートゲート
発行所　東京学参株式会社
〒153-0043　東京都目黒区東山2-6-4
[編集部] TEL 03-3794-3002　FAX 03-3794-3062
[営業部] TEL 03-3794-3154　FAX 03-3794-3164
〈URL〉 https://www.gakusan.co.jp
〈E-mail〉 hensyu@gakusan.co.jp
印刷所　株式会社シナノ

ISBN978-4-8141-2568-5